守望者
The Catcher

阅读　你的生活

西塞罗
哲学文集

崔延强 主编

ACADEMICA

〔古罗马〕马库斯·图留斯·西塞罗 —— 著
(Marcus Tullius Cicero)

崔延强　张鹏举 —————— 译

论学园派

中国人民大学出版社
·北京·

"西塞罗哲学文集"总序

众所周知，马库斯·图留斯·西塞罗（Marcus Tullius Cicero，公元前106—前43年）是古罗马的政治家、法学家和演说家。但人们了解不多的是，他也是希腊文化拉丁化的"摆渡人"，他将希腊哲学引入罗马社会，塑造了罗马国家意识、民族精神和社会道德。他在政治方面的功绩和在学术方面的成就均源于他的"公民意识"，即汇众力以强国的自觉意识。他曾言："哲学应该为了国家的利益而被带到我们的同胞面前。因为我判定，一项如此重要和崇高的研究也应该在拉丁语文献中占有一席之地，这几乎关系到我们国家的荣誉和光耀。"（《论诸神的本性》1.7）由此，我们就不难理解为何西塞罗会持有一种折中主义的立场，因为凡是有利于罗马国家发展的思想都应该，也能够为他所用。具体说来，西塞罗在认识论上接近"新学园派"的怀疑论，怀疑即探究，探究和批判各种已有的观点，例示种种可能近乎真理的知识。他在自然哲学和神学上亲近斯多亚派的学说，即自然理性的"神"统摄宇宙万物，而论证神的存在、特征和权能不是出于迷信，而是在于罗马伦理道德的奠基。他在伦理学上也坚持了斯多亚派的一贯主张，即人的本性与自然和谐一致的德性生活就是善和幸福，而善和幸福不单属于个人，也归于整个国家，个人的义务与国家的正义是统一的。可见，西塞罗并非安于个体的灵魂宁静，也就突破了他所译介和研究的希腊化哲学的视野；相反，他试图将持有与自然一致的德性的人们凝聚在国家之中，兴新学、造新人、立新德，由此罗马才成其为罗马。故而，西塞罗可谓"古罗马"的"哲学家"。

从学术生涯看，西塞罗早年跟随斐德罗（Phaedrus）学习伊壁鸠鲁主义，但伊壁鸠鲁派的快乐主义显然未能湮没他雄心勃勃的政治抱负。后来，他师从柏拉图学园的掌门人拉利萨的菲洛（Philo），了解到"一切都不可知"的怀疑论，接受了由正反双方论辩以探究真理的辩证法的训练。更重要的是，他在这段时间树立了学术理想，立志成为拉丁文化中的"柏拉图"。同时，他也与斯多亚派的迪奥多图斯（Diodotus）经常往来，熟悉斯多亚派将智性、本性和德性相统一的学说。之后，他移居雅典，向那位具有斯多亚主义倾向的学园派安提奥库（Antiochus）学习希腊哲学；又赴罗得岛求教于重要的斯多亚主义学者波西多纽（Posidonius）。虽然哲学研究是西塞罗人生中的重要部分，但不是主要部分，他的大部分精力倾注在政治实践当中。直到公元前 46 年秋，由于政治上的失意和爱女的夭折，他退隐海边庄园，埋头于哲学著述，仅用不到两年的时间完成了其主要哲学著作。例如，《论学园派》、《论目的》、《图斯库兰辩》、《论诸神的本性》、《论预言》、《论命运》、《论老年》（*De senectute*）、《论友谊》（*De amicitia*）、《论荣誉》（*De gloria*）和《论义务》等。此外，他在公元前 1 世纪 60 年代还创作了《霍腾西乌斯》（*Hortensius*），作为一部哲学的劝勉书还曾激励奥古斯丁洁净灵魂，追求真理。

西塞罗从公元前 46 年到公元前 44 年撰写了三十多卷的哲学著作，其中主要作品按照主题可分为研究认识论的《论学园派》，自然哲学和神学方面的《论诸神的本性》《论预言》《论命运》，伦理学方面的《论目的》《图斯库兰辩》《论义务》。

《论学园派》是他为"新学园派"辩护的对话录，彰显了新学园派因"一切都不可知"而"存疑"（*epokhê*）的怀疑论精神；这部书更是西塞罗整个哲学思想的方法论导言，即"批判一切，不做定论"，让真理在论辩中显现出来，或者至少指示出接近真理的各种可能的途径。

《论诸神的本性》坚持新学园派的怀疑论立场，从神是否存在、神的形象、神的家园和居所，以及神的生活方式等问题出发，论述并批判了伊壁鸠鲁主义和斯多亚主义关于神的各种观点，其目的在于考察神学乃至宗教对于人的道德行为和幸福生活的意义。

《论预言》是在《论诸神的本性》的基础上继续研究神与人事之间的关系，西塞罗在此书中反对斯多亚派关于神谕和占卜的信仰，力图破除人们对神谕的迷信；同时，该书考察了古代神谕、占卜或预言的起源、功能、种类和影响，是有关古代罗马宗教信仰的"百科全书"。

《论命运》回答人之自由的可能性问题，西塞罗在书中运用新学园派的观点和方法，批判了斯多亚派通过划分"原因"和伊壁鸠鲁派用原子的偏斜运动来论证自由意志的做法；从根本上抨击了将"命运"等同于"必然"，或者将"自由"等同于"偶然"的错误观点。

《论目的》中的"finibus bonorum"（善端）即为亚里士多德所谓的"*telos*"（目的），这本书旨在考察善良和幸福的"准则"，展现人类实现自身充分发展的多种途径；书中也阐释并批驳了伊壁鸠鲁派的快乐主义和斯多亚派基于人之本性的伦理学，介绍了安提奥库转述的漫步学派的伦理学。

《图斯库兰辩》认为哲学是"医治灵魂疾患的良方"，理性能够战胜激情，从而排除灵魂的纷扰，使人最终过上自足的有德性的生活。尤其是，西塞罗在书中倡议发展拉丁哲学，指出"哲学在罗马至今隐而不显，拉丁语尚未为其增光添彩。如果我在忙碌时也曾服务于我们的同胞，那么我在闲暇时也应为了同胞的利益推动并倡议哲学研究"（《图斯库兰辩》1.6）。

《论义务》是西塞罗最后一部著作，借以勉励其子成为有益于社会的品德高尚的人。该书从根本上探究人们如何"正确"处理人与自己、人与他人，以及人与国家之间的关系的问题，主张义务是道德上的"正确"，就是遵从自然的法则，努力工作和生活，力所能及地帮助他人，做有益于国家共同体的事。

西塞罗的哲学研究根植于他本人拳拳的爱国之心，他将希腊哲学引入罗马，开拓了罗马人的眼界，也泽被后世，记述且保存了古希腊罗马哲学的主要观点。就当时而言，他的著作深刻影响了包括塔西佗（Tacitus）和塞涅卡（Seneca）在内的罗马知识分子。后来，他的作品也在基督徒的圈子中广泛流传，斐力克斯（Felix）、拉克坦提乌斯（Lactantius）和奥古斯丁等人都效仿西塞罗的论辩方法与当时流行的宗教进行斗争。在文艺复兴时期，西塞罗著作中传递的爱自然、爱生活、爱自由的精神滋养了当时新生的人文主义者，如彼得拉克（Petrarch）、蒙田（Montaigne）和伊拉斯谟（Erasmus）等。甚至哥白尼的"日心说"也在一定程度得益于西塞罗的著作中所记载的亚历山大天文学家的理论。在启蒙运动中，洛克、休谟、孟德斯鸠和伏尔泰也通过学习西塞罗的著作来探索与其时代相适应的宗教和道德。

此外，西塞罗的哲学著作也通过运用拉丁语让希腊人所讨论的主题更加明晰地表达出来。他对自己的母语深感自信，否认拉丁语不如希腊语，勇于直接用拉丁语表达相应的思想，如"qualitas"（质）、"essentia"（本质）和"officiis"（义务）等。这不仅扩大了拉丁语的适用范围，更让罗马能够用本民族的语言与希腊文明平等对话，由此造就了罗马的民族精神和国家意识。同时，西塞罗的雄辩文风也影响了文艺复兴时期各个民族的文化先驱，因而西方众多方言才逐渐发展为其所属民族的现代语言。

可见，作为哲学家的西塞罗并非试图独创一种新的哲学，而是汲取并融会希腊哲学众家之长以丰富罗马人的精神世界，确立罗马公民的行为准则，塑造罗马社会的道德伦理。正因如此，西塞罗的哲学著作具有极高的文献价值和思想价值，尤其是保存了现今遗失的希腊化各派哲学著作的大量信息，与第欧根尼·拉尔修、塞克斯都·恩披里柯、尤西比乌斯等人的著作构成希腊化哲学史料的最主要来源，因此对西塞罗哲学著作的深入研究和系统翻译具有重要意义。主编带领的希腊罗马哲学研究团队长期致力于希腊化哲学和西塞罗哲学思想的译介工作，现将其主要哲学著作合于"西塞罗哲学文集"，共分六卷，即《论学园派》《论诸神的本性》《论目的》《图斯库兰辩》《论预言》《论义务》。

本文集具有以下特点：第一，坚持将翻译与研究相结合。研究是翻译的前提，翻译是研究的体现。本文集力图在深刻理解西塞罗哲学思想的基础上，推出高质量、高水平的译著，为广大读者和专业人员提供措辞精准、表述通达、评注翔实的研究性译本。

第二，将主文献与相关文献的译注相结合。本文集特别辑录了与主文献相关的古代文本和现代论文，作为附录以供读者对比阅读和研究，以更准确地理解西塞罗的哲学思想。

第三，把拉丁文的直译与现代英译本对比校阅。本文集坚持从西塞罗的拉丁语原文翻译，以保证译文的原汁原味，但同时也不避讳相关的英译本，这有助于查漏补缺，吸收当代国外主流研究成果，形成中外哲学研究的有益互动。

因此，本文集的学术价值在于为研究西塞罗的哲学、古罗马哲学，乃至古典希腊哲学和希腊化时代哲学提供重要的基础性文献。

这是一项艰难的工作，但意义重大，诚如西塞罗所言，"确实再没有其他什么方式能像哲学一样对公民教育有所裨益了"（《论学园派》1.11），也再没有其他什么方式能像翻译一样对学术研究具有奠基作用了。本文集的译文凡数十万言，非一日所能成，其中的艰辛难以言说，但"忽闻八字超诗境，不惜丹躯舍此山"，唯心怀使命，砥砺前行耳！不过，要将西塞罗的著作从拉丁语原文迻译为中文，定然存在诸多困难，或因为两种文化之间本身的隔阂性，或因为我们对其文本和思想的理解尚待深入，故望方家不吝指正，共同推进希腊罗马哲学研究。

崔延强

希腊罗马哲学研究团队

译者前言

西塞罗不仅是一位杰出的政治活动家，而且因其对政治和法律问题的真知灼见，而被公认为政治学家和法学理论家。不过，通常被人们忽视的是，他总是谦逊地称自己是一个关心纯粹问题的"哲学学徒"。的确，他在哲学研究方面诚诚恳恳，并不拘泥于某家某派之见，而是兼收并蓄（这是折中主义的表现）——他关心斯多亚学派和漫步派的学说，而与"新学园派"意气相投。《论学园派》一书就是他为新学园派怀疑论辩护的哲学对话录。

所谓"新学园派"是"学园派"历史上的一个哲学派别。学园派由柏拉图开创，其外甥斯彪西波（Speusippus）继承了他的衣钵，大体上延续了柏拉图的主要思想。后来，学园派的思想在历史中发生了嬗变。他们受到苏格拉底"自知其无知"理念的鼓动,力图破除斯多亚学派独断论的执念,从而形成了以"存疑"为主要特征的怀疑论。因此,西塞罗针对他们的这一思想的新动向,将其冠名为"新",以之与那些所谓坚持柏拉图"正统"思想的学园派相区别。当时学园的掌门人是阿尔克西劳(Arcesilaus),之后由卡尔涅亚德(Carneades)接手,最后似乎在拉利萨的菲洛那里结束了这种怀疑论。至于"怀疑论",其词源自古希腊语"*skeptesthai*",本义是"考察"。既然是"考察",就需要提问,尤其要对那些所谓的人类认识的基础和根据展开质疑。在新学园派那里,这些基础和根据是不为人所知的,人并不能借以把握事物的真理。既然如此,他们实际上要求对任何事情都不做"赞同"或判断,因而不持有任何意见,当然也不可能获得知识。需要强调的是,皮浪主义从不会像新学园派那样绝对地声称"无物可知",甚至称这句话本身都是不可领悟或理解的;他们仅仅"无强烈意愿或倾向地跟随"生活经验,因而或许持有某种意义上的——定然不是理解或知识意义上的——"信念"或"意见"。因此,在研究新学园派的怀疑论时,我们应当注意到它与古代怀疑论的另一种形式即皮浪主义之间的差别。

西塞罗《论学园派》的成书几经周折,现在我们能看到的残卷来自两个不同的版本:第一版即《论学园派(前篇)》(*Academica Priora*),包括散佚的《卡图鲁斯》(*Catulus*)和现存的《卢库鲁斯》(*Lucullus*),第二版即《论学园派(后篇)》(*Academica Posteriora*),或称《论学园派(书卷)》(*Academica Libri*),有四卷,现仅存有其中第一卷的大部分，即《瓦罗》（Varro）。目前，学界习惯上按照《瓦罗》在前而《卢库鲁斯》在后的次序编排。

尽管如此，我们依然能从中窥见新学园派和斯多亚学派之间的思想冲突，以及新学园派自身学说之流变。首先，新学园派和斯多亚学派论战的主题集中于认识论的领域，总体上经历了四个论战阶段：第一，斯多亚学派的创立者芝诺（Zeno）和学园派怀疑论的鼻祖阿尔克西劳之辩；第二，克律西波（Chrysippus）为芝诺的学说辩护，以对抗学园派的诘难；第三，克律西波的学生第欧根尼和卡尔涅亚德论战；第四，安提帕特（Antipater）挑战卡尔涅亚德的论证，并且其怀疑论的因素也受到克利托马库（Clitomachus）和梅特罗多洛（Metrodorus）的反对。此外，学园派内部也存在争议，主要经历了五个阶段：其一，阿尔克西劳坚持严格的怀疑论，声称"无物可知"；其二，他之后的第四代学园掌门人卡尔涅亚德可能提出了一种"或然性"的理论；其三，最后的学园掌门人菲洛开始坚持一种温和的怀疑论；其四，埃奈西德谟（Aenesidemus）重申了严格的怀疑论传统，安提奥库放弃怀疑论的立场而走向斯多亚学派的认识论；其五，菲洛最终在"罗马书"中妥协，放弃自己的温和怀疑论，坚持一种知识可错论。

《论学园派》以对话的形式展现新学园派与斯多亚学派之间的思想交锋，所以他们各自的观念及其论证是借助书中的人物之口阐述出来的。因此，我们理解这部书，一定要从对话人物之间的"论辩"中梳理出他们各自的立场和观点，同时要分辨出这些观点是某位人物本身所持有的，还是为了争辩而采取的"权变之举"。

本书的《卢库鲁斯》卷是卢库鲁斯和西塞罗针对认识问题的论辩记录。鉴于菲洛在"罗马书"中放弃了怀疑论的立场，又摒弃了斯多亚学派知识标准中避免认识出错的限定条件，并且对学园派的历史进行了"统一性"的解读，安提奥库写出《梭苏斯》（Sosus）来批判菲洛的这一思想转变和"创新"。对此，卢库鲁斯赞同安提奥库的斯多亚主义的观点，认为对"可理解的表象（印象）"之"赞同"是获得确定知识的唯一途径。从根本上说，此标准包含了对象（object）、印象（impression）和主体（subject）之间的"O－I－S"三元关系。具体说来，它有三个条件：其一，印象来自"所是"（对象），即"ex eo quod esset"；其二，印象"跟随"对象，与之相符合，是对象的真实反映，即"sicut esset"；其三，该印象如此这般，以至于不存在一种与之类似，甚至相同的虚假印象。但是，菲洛正是摒弃了最后一点限定条件，因而知识就不再像斯多亚学派所谓的那样确定而坚实了。与卢库鲁斯相反，西塞罗则仍然坚持新学园派的怀疑论。他指出，所谓的真实反映现象的"可理解的印象"并不能与其他印象相区分（即"无差别性"，"a parallaxia"），因而它并不存在——我们只能"搁置判断"或"存疑"，而对任何事物都一无所知。

此外，在《瓦罗》中，西塞罗将"瓦罗"设置为对话的主角。瓦罗首先主要从伦理、物理和逻辑三个方面论述了老学园派的观点，之后又提到漫步派和斯多亚学派对老学园派的挑战。其观点仍然反映了安提奥库对斯多亚学派思想来源的理解，即斯多亚学派的芝诺继承了自己学园派老师波莱谟（Polemo）的观点。这样，安提奥库本人就为自己思想的斯多亚派倾向做了辩解，同时也为自己的思想正本清源，标榜自己确确实实是真正的"老学园派"。这种观点隐含的是对菲洛"统一性"解释的反动，认为所谓的"新学园派"实则是学园派的异端。相反，西塞罗在此重申了阿尔克西劳的怀疑论，主张对真理的获得应当"存疑"。重要的是，他强调新学园派的怀疑论不是空穴来风，而是源自苏格拉底和柏拉图，从而树立了怀疑论的合法性。

由此，《论学园派》一书至少包含三个层次的内容：第一，新学园派和斯多亚学派的对立；第二，老学园派和新学园派的分野；第三，新学园派内部严格的怀疑论和温和的怀疑论的差别。这三个层次也是分析和理解本书的三条线索。三条线索相互交织，环环相扣，既表现出本书的复杂性，也反映了当时哲学论辩之风采。

由上述可知，新学园派脱胎于柏拉图学园，是具有怀疑论倾向的柏拉图主义者，因而他们与苏格拉底和柏拉图在思想传承上的联系，与皮浪主义在怀疑论中的区别，以及与斯多亚主义和伊壁鸠鲁主义在认识论根本立场上的对立都是我们在阅读《论学园派》之前之后都必须深入思考的问题。另外，我们在此将本书视为一部认识论著作。但是，从整个希腊化时代，或者推而广之古希腊罗马哲学，都将"善"或道德目的的研究确定为哲学的目标，因而其中认识论上的探究是为了给伦理学奠基。由此，认识论上的"独断"和"存疑"势必开辟出两条截然不同的道德之路。总体上，新学园派和斯多亚学派之争至少给予我们两点启发：其一，知识不再像以往那样仅靠宣称或断言就能成立了，而需要"考察"和"确证"，就是说必须论证知识得以成立的原因和条件；其二，既然虚假实际上源自主体自身的"判断"，那么驱除心灵上的妄知妄见便会迎来无纷争、无纷扰的"宁静"。由此，"知"与"行"的关系是当时哲学隐藏的一条重要脉络。

回过头看，西塞罗通过写作此书，所要实现的目的绝非仅仅为了"记录"他的两位老师的思想，而是通过运用新学园派的怀疑论方法将当时流行的各种学说做一番考察，重估其价值，最终为处在历史转型期的罗马社会确立伦理道德的基础。因此，《论学园派》是西塞罗哲学著作中的方法论导言，读懂了这部著作，才能深刻理解他的其他哲学著作，如讨论自然哲学的《论诸神的本性》、《论命运》和《论预言》，以及研究伦理学的《论目的》、《图斯库兰辩》和《论义务》。

翻译说明

1. 译文依据文本

本书的翻译依据 Rackham，H. & M. A. ed.，*De Natura Deorum*，*Academica*，in Loeb Classical Library（Cambridge/Massachusetts：Harvard，1933），主要从拉丁语译出。此外，译注主要参考了 Brittain，C. trans.，with intro. & n.，Cicero，*On Academic Scepticism*（Indianapolis：Hackett，2006）；Rackham，H. & M. A. trans.，*De Natura Deorum*，*Academica*，in Loeb Classical Library（Cambridge/Massachusetts：Harvard，1933）。

2. 译文使用符号

[Ⅰ 1]为文内段落标号，前一罗马数字"Ⅰ"代表"章"，后一阿拉伯数字"1"表示"段"（贝克尔标准段数）。引述时按通行惯例一般表述为：文献缩略语＋卷数＋段数。例如，*Ac.*1.5，即《论学园派》第 1 卷，第 5 段。注意：由于参考的版本不同（一般为"洛布版"），另有引述格式，即文献缩略语＋章数＋贝克尔标准段数＋文中段数，如 *Att.* XII.6a.2，表示：《致阿提卡的信》第 12 章，第 6 大段，第 2 小段。

（ ）此表示相应的外语词。其中，希腊语用拉丁化写法，用斜体。

〈 〉表示为了方便理解所做的补充。

3. 文献缩略语

本书注释所涉及的参考文献较为丰富，主要分为两类：其一，西塞罗本人的相关著述、塞克斯都的《皮浪学说概要》和《反学问家》，以及第欧根尼的《名哲言行录》；其二，其他有关的古代文献。就前一类文献而言，全部使用缩略语标示，其他均在原处直接标注全名。相应的引述格式参见"译文使用符号"。

缩写说明如下：

Ac.   *Academica*，*Academica*（《论学园派》）

Att.   *Epistulae ad Atticum*，*Letters to Atticus*（《致阿提卡的信》）

Brut.   *Brutus*，*Brutus*（《布鲁图斯》）

Div.   *De Divination*，*On Divination*（《论预言》）

DND   *De Natura Deorum*，*On the Nature of the Gods*
（《论诸神的本性》）

Fam.   *Epistualae ad Familiars*，*Letters to His Friends*
（《致友人之信》）

Fat.   *De Fato*，*On Fate*（《论命运》）

Fin.   *De Finibus*，*On Ethical Ends*（*On Moral Ends*）
（《论目的》）

Inv.   *De Inventione*，*On Invention*（《论取材》）

Leg.   *De Legibus*，*On Laws*（《论法律》）

Luc.   *Lucullus*，*Lucullus*（《卢库鲁斯》）

Off.   *De Officiis*，*On Appropriate Actions*（*On Duties*）（《论义务》）

Or.   *De Oratore*，*On the Orator*（《论演说家》）

Orat.   *Orator*，*Orator*（《演说家》）

Paradoxa   *Paradoxa Stoicorum*，*The Stoic Paradoxes*（《斯多亚的悖论》）

Rep.   *De Republica*，*On the Republic*（《论共和国》）

Tim.   *Timaeus*，*Timaeus*（*On Universe*）（《蒂迈欧篇》）

Tusc.   *Disputationes Tusculanae*，*Tusculan Disputations*（《图斯库兰辩》）

Live   Diogenes Laertius，*Vitae Philosophorum*（*Lives of Eminent Philosophers*)（《名哲言行录》）

M   Sextus Epiricus，*Adversus Mathematicos*（《反学问家》）

PH   Sextus Epiricus，*Pyrrhoniae Hypotyposes*（《皮浪学说概要》）

DK   *Die Fragmente der Vorsokratiker* Vols. 1 – 3（Berlin，1952），edited by H. Diels and W. Kranz.（《前苏格拉底哲学家残篇》）

SVF   *Stoicorum Veterum Fragmenta*（Leipzig 1903 – 1924），edited by H. von Arnim.（《斯多亚学派残篇》）

Indagatio ipsa rerum cum maximarum tum etiam occultissimarum habet oblectationem; si vero aliquid occurrit quod veri simile videatur, humanissima completur animus voluptate. (*Ac.* 2. 127)

探究伟大（可能最为晦暗不明的）事物的过程自有乐趣；一旦我们碰到似真的东西，我们的心灵就会洋溢出人性深处的愉悦。

目　录

第一卷　瓦罗①

《瓦罗》内容结构②

---

① 本卷为西塞罗《论学园派》第二版的第一卷，即"瓦罗"（*Varro*）。有些编撰人将本版书命名为《论学园派（后篇）》或《论学园派（书卷）》。

② 改译自 Charles Brittain 版《论学园派》（*On Academic Scepticism*，2006），pp. lvii – lviii。

导言

[I 1] 最近，朋友阿提卡①与我栖居于我在库迈（Cumae）②
的庄园，得闻马库斯·瓦罗（Marcus Varro）③ 的音信，说他已于
昨晚由罗马而至，若不因长途跋涉而感到劳累，遂径直登门拜访。
刚听闻，我们便不再耽搁，要见到这位与我们志趣相投且交往多年
的挚友；于是，我们即刻动身前往，而快要到他的住处时，赶巧见
他也正奔赴我们。我们施以友人之礼，拥抱了他，然后略作休整，
就顺他返回住处。[2] 到达后，一开始寒暄，我打听罗马有没有什
么新闻④；这时，阿提卡插话说："不要问这些我们不能问或者不
会惹麻烦时才有答案的问题了；倒是可以问问他本人有没有什么新
情况。因为瓦罗的文思较往常凝滞得更久了，但我一直相信你的朋
友没有无所事事，一定瞒着我们写了什么。""你错了，"瓦罗答，
"我觉得莽汉才会把那些想隐瞒的东西写出来；其实，我手里正有

---

① 阿提卡（Titus Pomponius Atticus，公元前 110 年—前 32 年），是一位罗马的伊
壁鸠鲁主义者，也是西塞罗的友人和通信人。他从公元前 85 年到公元前 65 年流亡雅典，
无心于政治，过着伊壁鸠鲁式的生活。阿提卡在公元前 1 世纪 90 年代拜斐德罗（Phae-
drus）门下研习伊壁鸠鲁主义，在公元前 1 世纪 70 年代于雅典听过学园派哲学家安提奥
库的课。

② 库迈，今位于意大利那不勒斯西北。

③ 瓦罗（公元前 116 年—前 23 年），是罗马共和国时代杰出的学者，安提奥库的
追随者。

④ 这里的消息指公元前 45 年春恺撒通过长达四年之久的内战终于战胜庞培
（Pompey），成为罗马共和国的最高统治者。

一项大任务，已经倾力多时了：我已着手撰写一本书，献给我们在座的朋友（他暗指我），此书内容庞杂，我正费心雕琢呢"①。[3]对此，我说："瓦罗，你的大作，我已恭候良久，却没敢讨要；因为我从你的知交利波（Libo）② ——你知道他是热心肠，对这类事情，我们彼此知无不言——得知你的书稿还没有杀青，你仍在竭尽心力写作，简直手不释卷。

"不过，现在有一件事情，之前我从未想过来问你。你看，我已经开始记录你我一起学习过的学说，并试图用拉丁语阐明那些肇始于苏格拉底的旧哲学体系，所以我问：虽然你著述颇丰，但为什么略过了这类主题，特别是你本来就对此擅长，更何况探究这类主题的重要性远胜研究其他所有系统学问？"③

[Ⅱ4] 瓦罗回复："你的问题，我常常斟酌，也深思熟虑了。因此，我不会拐弯抹角地回答，想到什么就能立即作答，因为就像刚才说的，你提出的每一项问题我都再三思考过了。据我所知，希腊的论著详尽地阐发了哲学的奥义，我也看到，我们国家的一些人对哲学也饶有兴趣——如果他们从希腊语文教育中有所获益，那么就能读懂希腊语原著，比阅读我们自己语言的著作更便捷；

---

① 瓦罗的这本著作是多卷本的《论拉丁语》（*De Lingua Latina*），其中第二部分是献给西塞罗的。

② 利波（Lucius Scribonius Libo，公元前 90 年—前 20 年），罗马政治家，于公元前 34 年成为罗马执政官。

③ 西塞罗和瓦罗都听过安提奥库从公元前 79 年到公元前 77 年在雅典开设的专论"老学园派"的课程（参见 *Ac.* 1.5，12）。但是，瓦罗与西塞罗不同，他信服安提奥库的观点（参见 *Ac.* 1.5 - 7）。据说，他还在自己刊行的众多著作中阐释过安提奥库的哲学。

相反，要是他们排斥希腊的知识和学说，那么也不会关心哲学，因为没有希腊的教育，也理解不了哲学：这样一来，我就不愿写这些没受过此类教育的人不能读懂，而受过教育的人不想惹麻烦读的东西了。

[5]"你瞧，既然你本人也和我一样研究过同一种哲学学说，我们总不会和阿玛菲尼乌斯（Amafinius）或拉比里乌斯（Rabirius）差不多了吧①，他们用日常语言拉拉杂杂地讨论眼皮底下的事，不用任何技术手段，摒弃定义（definiunt）、划分（partiuntur），或者有条理的三段论证明（interrogatione）②；事实上，他们觉得不存在修辞和逻辑的知识。但是，就自己而言，我们要把逻辑学家和演讲家的规范当作律法那样遵守，就我们学派而言，将这些能力都视为德性（virtutem）；因而我们不得不使用新词——像我说的，受过希腊语文教育的人更喜欢从原著中找到相关术语，而没有受过此类教育的人甚至不能接受从我们转译过来的术语，我们的整个工作都是徒劳呀。[6]说到自然哲学，如果我赞同伊壁鸠鲁（Epicurus）的观点，或者说德谟克利特（Democritus）的观点，我当然会像阿玛菲尼乌斯那样将它写得明明白白；一旦你废弃了因果关系，即动力因（rerum efficientium），那么讨论粒子（corpuscu-

---

① 阿玛菲尼乌斯和拉比里乌斯都是罗马的伊壁鸠鲁主义者，他们用拉丁语撰写过关于伊壁鸠鲁哲学的著作（参见 *Tusc.* 4.6－7 & *Fam.* 15.19.2）。瓦罗轻视伊壁鸠鲁主义，因为他觉得伊壁鸠鲁派没有研究形式逻辑和修辞学，并且在自然哲学和伦理学上的观点相当幼稚。这引起了西塞罗的共鸣，以至于他在其他著作中反复强调。（*Fin.* 1.17－26）

② "interrogatio"是"ratio"的同义词，转译自希腊语"*erôtêma*"。

lorum）——他用以指代'原子'（*atomos*）——之间的偶然碰撞又有什么别有洞天之处？你清楚我们学派的自然哲学；它主张，将动力因和由之所塑形和左右的质料结合起来，也必定涉及几何学（geometria）①；但请问，人们用什么术语来解释几何学，或者他们又能让哪些人理解得了呢？

"甚至这些伦理学的部分，以及道德取舍的主题，在他们看来都是容易的，因为他们认为善对于人和兽毕竟是一致的，但你一定清楚我派的教师对此的研究有多么细致入微。

[7]"倘若某人推崇芝诺（Zeno）②，那么要紧的就是让人们理解他所谓的真实而简单的善不能与高尚（honestate）相分离到底是什么意思，因为伊壁鸠鲁甚至断然否认自己能设想出某种与刺激感官的快乐无关的'善'③；不过，如果我们打算跟随老学园派

---

① 参见 *Ac.* 1.24。瓦罗可能指的是老学园派对数理天文学（mathematical astronomy）的研究，也可能影射柏拉图《蒂迈欧篇》（*Timaeus*）中元素的几何学基础，尽管这似乎与 *Ac.* 1.27 提及的物质无限可分性不相容。（伊壁鸠鲁反对传统的几何学，参见 *Ac.* 2.106。）

② 芝诺，斯多亚学派的创始人。他的伦理学继承柏拉图笔下的苏格拉底对话中的思想，特别是《普罗泰戈拉篇》（*Protagoras*）。严格说，他的经验化的认识论也许才算得上创新，尽管其观点可追溯自柏拉图，即柏拉图的《泰阿泰德篇》（*Theaetetus*）。安提奥库强调了芝诺的柏拉图传统［例如，称芝诺曾随波莱谟（Polemo）学习］，以此将其归为老学园的"修正者"，而非原创哲学家。

③ 这转述了伊壁鸠鲁《论伦理之目的》（*On the Ethical End*）fr. 67（Usener）中的一句："就我而言，如果你抛了口舌之快、情色之乐、声响之悦或者与视觉相伴的快乐，那么我就不会相信这是善的。"伊壁鸠鲁坚持快乐主义伦理观，他对于芝诺的"善"之批驳见于 *Ac.* 2.140。

（Academiam veterem）①，你知道我认可的就是这个学派，想想我们对这派主张的阐明将是何等的精微！同时与斯多亚学派的论辩又将是何等的精巧，甚至玄奥！

"因此，为了自己，我投身于整个哲学的研究当中，让自己的生活尽可能地和谐，让自己的心灵感到快乐；我同意柏拉图的格言：神不会赐予人类比现在所拥有的更伟大、更杰出的天赋了。②[8] 不过，我把对哲学感兴趣的朋友都送到希腊去，劝他们接触希腊的原著，这样他们才能追本溯源，而不是求取拉丁文的派生品；尽管一些学说尚无人传授，或者有意者还不便向其讨教，但我已经竭尽所能地（因为我并不推崇自己的成绩）将其推介给我们的同胞了；因为这些学说，人们不能从希腊人那里获知，甚至在我们的同胞卢修斯·埃里乌斯（Lucius Aelius）去世后，也不能从拉丁语著作中获得。而且，甚至我在早年的讽刺著作——它们是对梅尼普斯

---

① "学园派"（Academics）就是柏拉图的追随者或者柏拉图学园（the Academy）的成员。学园派可以分为三组支派或阶段：其一，公元前390年—前275年，柏拉图及其独断论继承者；其二，公元前275年—前40年，"新学园派"，即阿尔克西劳到菲洛之间的怀疑论学园派；其三，公元前95年—前40年，安提奥库派（Antiochians）或（复兴的）"老学园派"。"老学园派"就是其初创的独断论阶段（公元前390年—前275年）的哲学家。这群哲学家包括柏拉图及其之后的掌门人，如斯彪西波、色诺克拉底（Xenocrates）、波莱谟、克拉底（Crates）和克冉托尔（Crantor）。在波莱谟、克拉底和克冉托尔的努力下，柏拉图的学说得到一定程度的系统化，特别是伦理学。安提奥库在公元前95年放弃怀疑论，他倚仗这些前辈的权威，要求复兴正统的学园派学说。但是，怀疑论学园派反对他对柏拉图和苏格拉底的独断论解读，因而并不将他归入"老学园派"。

② 柏拉图《蒂迈欧篇》47b1－2。

(Menippus)① 的模仿（而非翻译），还有些幽默——当中融合了大量深奥的哲学思想，也有好些辩证的言辞；我在致悼词（Laudationibus）中也用引人入胜的风格引导那些未受过太多教育的人，让他们更容易理解这些思想，但那时我还写了《古物》（Antiquitatum）的导言，我这样做就是为了哲学家而写作，但愿我事随心愿。"②

［Ⅲ9］接着，我回答："瓦罗，你言之有理。我们仿佛是迷途于故城里的异乡客，直到你的大作像主人一样将我们带领回家，我们才终于认清自己，认清自己身在何处。你为我们梳理了我国的纪元和历史，介绍了祭典和仪式的礼法，展示了民众和军事的操练，描绘了我国疆域的界限，并且阐释了一切世俗和神圣制度的术语、分类及其道德和理性基础；你也深刻地启发了我们的诗人，并广泛影响了拉丁文学和语文；你本人还几乎按照每一种格律书写了出神入化、文采斐然的诗篇，也在多方面用足以激发读者兴趣的方式介绍了哲学的基础内容，虽说这仅仅是领人入门还尚未登堂入室。

［10］"现在你对〈不用拉丁语讨论哲学的〉辩护着实强而有力：读者要么受到良好的教育宁可诵读希腊语原著，要么对此一无所知，也不会读我们的译著——只是，劳烦你告诉我，你能证明吗？真实的情况是，那些不能读希腊语著作的人也会读我们的译

---

① 梅尼普斯是犬儒派（Cynic）哲学家和讽刺作家，于公元前2世纪中叶生活在加大拉（Gadara）。

② 瓦罗众多的文学和古文物研究作品都已遗失。但是，如西塞罗在下一段强调的，瓦罗的《古物》（Antiquities，公元前47年）对罗马后来的文学和历史产生了重大影响。他的更具哲学味道的著作包括《论拉丁语》（On the Latin Language，前43年，参见 Ac.1.2）以及之后的漫谈作品，如关于教育理论的《修养》（Disciplines），还有坚持安提奥库派立场的《论哲学》［On Philosophy，由奥古斯丁总结于《上帝之城》（De CivitateDei）的19.1－3］。

著，而能读的人也没有忽略用他们自己的语言写成的著作。难道有理由说学习过希腊语的人读拉丁语诗歌，却不读拉丁语哲学著作？难道是因为他们从恩尼乌斯（Ennius）、巴库维乌斯（Pacuvius）、阿克奇乌斯（Accius）以及其他许多人重现希腊诗人气韵而非文字的作品里才能尝到甜头？他们像这样做会不会更能获益，譬如哲学家像诗人们模仿埃斯库罗斯（Aeschylus）、索福克勒斯（Sophocles）、欧里庇得斯（Euripides）那样以柏拉图、亚里士多德和第奥弗拉斯特（Theophrastus）为榜样？反正，我看到，我们的任何一位演讲家效仿希佩里德斯（Hyperides）或德摩斯梯尼（Demosthenes）时就受到赞扬。

[11]“但是，就我而言（老实说），尽管我过去身兼数职，负责选举、公共事务、法律案件，甚至得到了远超预期的共和国管理者的身份，我个人仍然保持对哲学的兴致，一旦有空就读书，重温哲学以避免才思枯竭；然而，我因命运的沉重打击而愁肠百结，只得倚靠哲学聊以慰藉；又因为得以从共和国的管理事务中抽身，我断定哲学一定是我闲暇时光放松身心的一剂良方。① 因为这消遣特别适合我的年纪；或许这尤其符合我值得称道的一贯所为；或许也确实再没有其他什么方式能像哲学一样对公民教育有所裨益了；再或许，以上种种理由都不成立，我再也找不到我们力所能及的消遣了。[12] 无论如何，我们的朋友布鲁图斯（他是一个集各种美德于一身的人）正在用拉丁语阐明哲学，他成绩卓著以至于凡他所涉

---

① 西塞罗暗指恺撒的独裁统治，这让他完全不可能继续从事法律和政治工作。同时，他的忧愁也来自女儿图利雅（Tullia）于公元前 45 年 2 月的逝世。

及的主题，你都不需要阅读希腊语原文；他其实也坚持和你相同的哲学观点：他曾经在雅典求学于阿里斯图（Aristus）好长一段时间，就像你师从阿里斯图的兄弟安提奥库一样。因此，请你也投身此类写作吧。"①

[Ⅳ13] 于是，瓦罗答道："我会好好斟酌的，尽管如此，要是没你的提点我不会考虑。不过，我听到了你的事，究竟怎么啦？"我答："是关于什么的？""听说你已经抛弃了老学园派，"他说，"正处理（tractari）新学园派②"。"如何呢？"我说，"我们的朋友

---

① 安提奥库，学园派哲学家。他起初跟随菲洛学习了学园派的怀疑论，但之后（即公元前 95 年）反对此主张而建立了自己的独断论学派，自诩"老学园派"。他要求回到老学园派和漫步派的主张上去，但也接受斯多亚学派的伦理学和认识论，以此作为对其学园派前辈的"合法的"重大修正。他曾写过一本名为《梭苏斯》（*Sosus*）的书来回应菲洛的"罗马书"。他在亚历山大里亚讲学（公元前 87/86 年—前 84/83 年），之后又在雅典授课，而西塞罗在公元前 79 年受教于他。他在亚历山大里亚和第二次米特拉达梯战争（the Second Mithridatic War，公元前 74 年—前 69 年）陪伴卢库鲁斯（Lucullus）左右。其著作包括论述认识论的书以及一部散论《论神》（*On the Gods*）。

② 这一疑问（以及随后西塞罗的回答）一直用于证明，西塞罗在公元前 1 世纪 70 年代至公元前 1 世纪 50 年代跟从安提奥库，之后在公元前 1 世纪 40 年代中期又主张新学园派怀疑论。但是，瓦罗在此所用的动词可以更自然地理解为，西塞罗近期写作主题的转变，以及他决定在作品中加入怀疑派的角色。参见 W. Görler, "Silencing the Troublemaker: De Legibus Ⅰ.39 and the Continuity of Cicero's Scepticism", in J. Powell (ed.), *Cicero the Philosopher* (Oxford 1995), pp. 85 – 113. （安提奥库自己的转变将在 *Ac.* 2.69 – 71 讨论）。"新学园派"是柏拉图学园怀疑论阶段（公元前 275—前 40 年）的一群哲学家。新学园派在柏拉图学园历史上的具体分期存在争议，有的将其称为"中期学园派"，或者学园的"第二代"、"第三代"和"第四代"。他们的怀疑论学说又可以细分三类：其一，严格的怀疑论，如阿尔克西劳，以及克利托马库所描述的卡尔涅亚德；其二，温和的怀疑论，如菲洛和梅特罗多洛所解释的卡尔涅亚德；其三，可错论，即菲洛在其"罗马书"中的观点。在菲洛去世之后，柏拉图学园可能就不再作为一个组织机构而存在了；但直到公元前 1 世纪仍有一些怀疑论"学园派"的踪影。

安提奥库离新家而返旧居可以，我从旧学园派转向新学园派就不可以了？难道最新的理论不总是合乎潮流且正确无误的吗？虽说安提奥库的老师菲洛①，你也认为他是一个卓越的人，在自己的书里——我也听他公开说过——否认存在两个学园派，并且证明反对意见是错误的"。"你说得对，"他说，"但我不相信你没注意过安提奥库写的那篇针对菲洛的绝妙驳文"②。[14]"事实上，要是足下不介意的话，我希望你能带领我回顾一下这些争论，以及老学园派的所有议题，你看我已经很久没接触这些了；与此同时，"我说，"要是你感兴趣的话，让我们坐下来好好聊一聊"。"不管怎样，我们坐下来吧，"他说，"因为我身体欠安。不过，我们看看阿提卡是否同意你要我做的事吧"。"当然，我同意，"阿提卡回答，"回忆很久以前从安提奥库那里听来的学说，难道我还找得到比这更想做的事情，而且我还可以看看这些观点能不能用拉丁语准确地表达出

---

① 菲洛（Philo of Larissa），怀疑论学园派。他是克利托马库的学生，并在公元前110/109 年接任最后一位学园派掌门人。在公元前 1 世纪 90 年代，他接受一种温和的怀疑论（基于梅特罗多洛对卡尔涅亚德的解释，参见 *Ac.* 2.78），即所谓"新学园派"的正统学说。不过，他之前的学生埃奈西德谟（Aenesidemus）却称其"恢复"了皮浪的怀疑论。后来，他在第一次米特达拉梯战争中逃往罗马，在公元前 88/87 年写成"罗马书"。他在书中拥护可错论，而拒斥怀疑论。他的学生批评他在书中的认识论创新，也反对他的学园派历史观（参见 *Ac.* 1.13 和 2.18）。西塞罗在现存的著作中并没有详细地讨论"罗马书"，但佚失的"卡图鲁斯卷"可能有过相关讨论。

② 这段话对于理解 *Ac.* 2.11 - 12 和 2.18 提到的发生于公元前 88 年或 87 年的"《梭苏斯》事件"至关重要。在此，我们得知安提奥库像老卡图鲁斯（Catulus senior，代表学园派的温和怀疑论者）那样因为菲洛在"罗马书"中误解学园派历史而大动肝火。据此，我们可以推测菲洛历史论的观点与学园派的统一性有关，他或许主张那些自苏格拉底以来的学园派可能都认可"罗马书"中的知识论（这是安提奥库驳斥的对象，见于 *Ac.* 2.18）。

来。"几番交流罢了，我们相视而坐。

瓦罗之言

[15] 然后，瓦罗如此开讲①："在我看来，当然人们也普遍同意，苏格拉底是第一位呼唤哲学远离那些为自然本身所隐匿的晦涩话题（他之前的哲学家都关注这些问题），使之走进日常生活主题的人，从而探究德性与罪恶，一般意义上的好与坏，并意识到天上的事物远离我们的认识（congnitio），或即便可以完全被认识，也与善的生活毫不相干。② [16] 在几乎所有为听众所记录的如此丰富多样的对话中，苏格拉底追求的论证方法都是，他本人不肯定任何东西，只是一味地反驳他人，声称自己一无所知，除了知道自己无知这点之外；并称，自己超过其他所有人的地方在于，那些人自以为知道那些自己本不知道的东西，而他却仅仅知道自己一无所知；他相信，正因如此，阿波罗才称他为最有智慧的人，因为不认

---

① "瓦罗之言"汇报了安提奥库的哲学史观。他的讲话分为两个主要部分：*Ac.* 1.15 - 32 记录了老学园派和漫步派关于伦理学（*Ac.* 1.19 - 23）、自然哲学（*Ac.* 1.24 - 29）和逻辑学（*Ac.* 1.30 - 32）的观点；*Ac.* 1.33 - 42 解释了漫步派（*Ac.* 1.33 - 34）和斯多亚学派的创始人芝诺（*Ac.* 1.35 - 42）对它的改动。安提奥库本人的哲学观点从这些总结中不易读出，这是因为他只接受上述"改动"中的部分观点，而非全部观点。

② 苏格拉底是将哲学从天上拉回人间的第一人，他反对物理学或自然哲学，而赞同关注日常生活的伦理学。这一观点也被记录在色诺芬（Xenophon）的《回忆录》（*Memorabilia*）1.1.10 - 16（参见 *Tusc.* 5.10）。同时，苏格拉底甚至主张自然哲学即使可知亦无用，见于上书 1.1.13（参见 *Ac.* 2.123）。

为你知道本不知道的东西乃是一切人类智慧的总和。① 他每每谈论，不断强调这点，尽管如此，他的所有讨论皆用于赞美德性，激励人们热切地追寻德性，这点可从苏格拉底门人，尤其是柏拉图的著述中看到。

[17]"但是，继柏拉图，这位多才多艺、富有创造力的思想家之后，一种哲学建立起来，尽管它有两个称号，但实则学说一统，即学园派和漫步派，两者尽管名称有别，但原理一致②；这是因为，柏拉图把他的外甥斯彪西波（Speusippus）作为其哲学的'继承人'，但还有两位能力和学识卓著的学生：卡尔西顿（Calchedon）的色诺克拉底（Xenocrates）和斯塔基拉（Stagira）的亚里士多德；于是，亚里士多德的同伴们被称作漫步派，因为他们经常在吕克昂（Lyceum）③ 散步时进行辩论，而其他一些学生则像柏拉图那样，在阿卡德米（Academy），另一个体育场附近聚会和讨论，他们获得与此地名一致的称谓。不过，两派都从柏拉图

---

① 瓦罗对苏格拉底的"自知其无知"的描述符合柏拉图《申辩篇》（Apology）。（最后一个分句暗指《申辩篇》23b）这里强调苏格拉底放弃了"第一序列"的知识，又突出了他的辩才，这与之后卢库鲁斯对他的讽刺（Ac. 2.14）形成鲜明的对比。西塞罗也赞同瓦罗的说法（见于 Ac. 2.74），尽管他在 Ac. 1.44 - 45 的态度有所不同。

② 老学园派和漫步派的基本观点一致，此观点是安提奥库"融贯说"（syncretism）的基本立场（参见 Ac. 2.15）。但是，安提奥库认为，亚里士多德削弱了柏拉图的形而上学和认识论，并且第奥弗拉斯特反对柏拉图的某些基本的伦理学主张（参见 Ac. 1.33 - 34）；加上两个学派对心灵或灵魂之本性的观点也有差异，因而融贯说很难被厘清。参见 Ac. 1.22, 39.（其中在 Ac. 1.18 中，瓦罗似乎认为两派在伦理学上是一致的。）

③ 这是雅典的一处著名体育场，亚里士多德所创立的学园也因此被称作"吕克昂学园"。

的精神财富中汲取养料，形成了一套清楚阐明的学说规则，讲得完完整整、清清楚楚，却放弃了苏格拉底以怀疑的方式讨论所有问题、不做任何肯定的习惯。它们成为苏格拉底常常指责的对象，一种哲学的系统技艺（ars），有规则的话题安排，固定的学说体系。

[18]"起初，如我所言，它们的确是有两个名称的一个体系，在漫步派和最近所谓的老学园派之间没有任何区别。亚里士多德，至少在我看来，以其富有创造力的心智更胜一筹，但两派拥有相同的来源，对我们应当趋避的事物做出了相同的划分。[V]"但我在做什么，"他说，"我干吗要教你们这些？就算这不是谚语所说的'猪在教育密涅瓦（Minerva）'，可任何人在她面前卖弄都是愚蠢透顶的"。阿提卡劝道："请继续，瓦罗，我深爱我们的语言和同胞呀，因而你用拉丁语像这样讲你派的学说，我会感到高兴。""那么看看我的想法，"我说，"我不是说好要向罗马人民阐释哲学了吗？"瓦罗说："好吧，让我们继续，如大家所愿。"

[19]"自柏拉图传承下来，哲学的三个部分既已存在：一是探讨生活和道德（vita et moribus），二是探讨自然和奥秘（natura et rebus occultis），三是探讨论证（disserendo），以及修辞中的真假判断、正确与谬误、融贯与矛盾。至于第一部分，即追求善的生活那部分，他们将出发点诉诸自然，并声称我们必须遵循自然的秩序，在自然中，也只有在自然中才会找到作为所有事物终极目标的最高的善；他们确信，欲望的限度和善的目的（finis）在于达致灵

魂、肉体和生活方面的自然。①

"在肉体的善方面，他们确信某些善寓于整个肉体，某些善则寓于肉体的某部分：健康、力量、美丽是整个肉体的善，而某部分的善则是感官的健全以及各个特殊部分的优越性能，如健步如飞，手上有力，嗓音清晰，以及说话时的抑扬顿挫和清楚明白。[20]灵魂的善是有助于我们理解德性的品质，这些品质被分成'自然的'和'倾向的'——他们将领悟的敏锐和记忆归为自然的善，因为两者都属于心灵或理智，而他们认为倾向的善是一种喜好或'习惯'（consuetudo＝*ethos*），一部分为勤奋的实践造就，一部分为理性造就，而实践和理性正是哲学分内的事。在哲学发展中尚未完成的起始阶段被称作通向德性的'精进'（progressio＝*prokopê*），一旦完成即为德性，也即自然的完满（absolutum＝*teleiôsis*），正如他们所定义的，这是所有灵魂品质的极佳状态。那么，这就是他们关于灵魂之善的解释。[21]他们称，生活领域的善，即第三种善是影响德性实践的环境条件。因为德性在心灵和肉体的善中彰显，当然也与某些与其说属于自然不如说属于幸福生活的环境条件有

---

① 老学园派和漫步派的道德目的就是获得与自然一致的所有的善或其中最根本的善（参见 *Ac.* 1. 22）。因为德性（virtue）是最根本的善，也是"高尚"（the honourable）的根源，所以其的道德目的也等同于"高尚地生活而享受自然所馈赠的主要事物"。这类道德目的可主要归于波莱谟，也可以归于亚里士多德和安提奥库（参见 *Ac.* 2. 131 - 132 和 2. 138 - 139）。安提奥库主张，波莱谟引出了斯多亚学派的"自然"（nature），特别是"亲缘"（*oikeiôsis*, self-appropriation）的概念。对此，西塞罗的著作中反复可见（参见 *Ac.* 1. 23 和 *Fin.* 2. 33 - 34, 4. 14 - 18, 5. 24 - 33, 74）。此外，普鲁塔克在《普遍概念》（*Common Conceptions*）1069e - f 中或许也同意上述观点。该观点是否符合历史仍存争议，参见 J. Dillon, *The Heirs of Plato：A Study of the Old Academy，347 - 274 BC*（Oxford，2003），pp. 159 - 166。

关。他们将人视为国家的一部分（meros），也是人类全体的一部分，并认为人依靠'人类的伙伴关系'（ê anthrôpinê koinônia）与他人结合（societate）在一起。① 这些就是他们探讨的自然所赋予的至善，而其他所有的善，他们则视为增益或守护这些善的因素，比如财富、资源、荣耀、权势。因此，他们介绍了善的三种分类。

［Ⅵ 22］"这些有关善的三种划分，大多数人将之归为漫步派。这没错，因为这种划分的确是他们提出的，但错误在于，他们认为那时的学园派与漫步派有别。这套理论为二者所共享，他们都认为道德目的在于获得自然所赋予的所有的或最好的基本事物（res prima），即因自身而被追求的东西②；其中最好的存在于灵魂本身和德性本身。相应地，种种古代哲学一致认为，幸福仅仅在于德性，但如果没加上肉体的善，以及上面提到的诸如适于德性实践的其他的善，这也算不上最幸福的生活。③ ［23］由这一划分，他们也会发现生活中的行为原则和义务（offici）本身的原则，即对自然所规定（preascriberet）事物的保存（conservatione）。由之产生了人们应当避免懒惰和纵欲的义务，它引导人们为了那些正确和高尚的东西，也为了那些与自然要求的规程一致的东西，经受千辛万苦，并

---

① "第三种善"包括关系的善，例如处于欣欣向荣的联合体中的友谊和团结（参见 *Fin.* 5.68）。斯多亚学派将其作为善者的心理状态，参见斯托拜乌的《牧歌》（*Eclogues*）2.7.11c p. 94.21，*SVF* 3.98。但是，漫步派和老学园派却视之为外在的善（external goods），这部分地取决于他人和世界的情形。

② 因自身而被追求的善包含于三类"至善"当中，与 *Ac.* 1.21 结尾提到的"其他的善"相对，参见 *Fin.* 5.68。后一种善的情况在这里和 *Fin.* 5 都不甚明朗。

③ 参见 *Ac.* 2.134，那里将幸福和最幸福的生活的区分归于安提奥库本人。

因此生成了友爱、正义和公平；并且，他们看重这些东西，远胜于对快乐和生活中诸多好处的享受。① 这就是他们的伦理学说，就是我列为哲学第一部分的规训框架。

[24]"有关自然的论题（哲学的第二部分），他们将自然分为两种本原：一是能动的（efficiens），一是受动的（huic se praebens），能动本原对被动本原施加影响，而实体则由此创造出来。② 他们认为，能动本原是力量（vis），由之运动的是'质料'（materiam）；但两者互为存在条件，因为如果不包含某种内在的力量，质料自身则无法聚合，而如果没有质料，力量也不能发挥作用（因为凡不在某处存在的东西一定是不存在的）。但是，当他们提到力量和质料的产物，才称之为'物体'（corpus），也称作'质'（qualitatem），如果我可以用这个词的话。

"（我确信你们会让我使用新词来阐明这些不大熟悉的主题，就像希腊人所做的那样——他们的是我们所用材料的母本——对

---

① 在安提奥库的伦理学或者他对古代伦理学的阐述中，快乐的地位不明确。在某些解读中，它是自然的基本事物（参见 *Fin.* 5. 45）。但是，这里区分了快乐和"好处"，表明瓦罗对他的观点并不赞同。

② 瓦罗在 *Ac.* 1. 24 - 29 对老学园派自然哲学的阐释过于简略，因而也饱受争议，参见 D. Sedley, "The Origins of Stoic God", in D. Frede and A. Laks (eds.), *Traditions of Theology* (Boston/Leiden, 2002), pp. 41 - 83。这一段对形而上学分析的概括同第奥弗拉斯特 fr. 230 (ed. Fortenbaugh = Simplicius *Commentary on Aristotle's Physics* 26. 7 - 15) 对柏拉图《蒂迈欧篇》的解读相符，也与 *Ac.* 2. 118 照应。但是，这也与斯多亚学派的观点非常相近。（这一句的最末尾的分句存在争议。里德（Reid）和其他编纂者认为，短语"efficeretur aliquid"——译为"以某种方式作用"——一定指"其他事物是产生的"，因而修改了这个短语。这就是该拉丁短语在 *Ac.* 1. 28 的含义。但是，它在 *Ac.* 1. 24 第二句中的用法却是上述不大常用的含义。）

吧？)"［Ⅶ25］阿提卡说："我们当然会，要是用拉丁语不贴切，只要你需要，甚至可以用希腊语嘛。""你真是个好人，但我还是尽量用拉丁语吧，除了像'哲学'（philosophiam）、'修辞'（rhetoricam）、'自然哲学'（physicam）或者'辩证法'（dialecticam）一类的词会用希腊语，因为它们和许多其他术语一样业已成为拉丁语的习语了。相应地，我用'质'（qualitatem）来表示希腊语的'*poiotêtes*'；它甚至在希腊语中本来就不是日常词汇，而是哲学术语，很多词的情况也是这样。① 不过，辩证法家的术语没有一个是希腊语的日常用语，他们用自己的术语；其实，这几乎是所有学问的共同特征：要么为新事物创造新词，要么就象征性地借用那些为别的事物所造的词。这是希腊人的做法，他们如此研究该主题长达几个世纪，那么当我们才接触到它的时候也这样做，岂不是更合情合理吗！［26］我说："瓦罗，一定如此，要是你能增加人们的词汇量，就像你丰富他们的见闻那样，你一定会切实地造福于你的同胞。""这样的话，"他说，"要是需要的话，我就托你的福斗胆使用新词了。"

"那么，这些'质'有两类，原初的（principes）和衍生的（ex his ortae）。原初的质是同质的和单一的，由之衍生出来的质则复杂而'多元'（multiformes）。相应地，气（aer）（该词也在拉丁语使用）、火、水、土是原初的；而其衍生物是各种生物和地上长出的东西。因此，前者被称作'本原'和'元素'（elementum，按

---

① 该希腊术语"*poiotês*"（质）最早由柏拉图在《泰阿泰德篇》（*Theaetetus*）182a中使用。

希腊语翻译）；在它们当中，气和火具有运动的和能动的力量，而其余元素，我指的是水和土，则具有接受性和'受动性'①。亚里士多德认为，存在某种'第五元素'，它自成一类，不与我上面提到的四种元素相同，是星体和思想的来源。②

[27]"但他们认为，万物之下存在一种称作'质料'（materiam）的基质（subiectam），没有任何形状，也缺失所有的'质'（让我们不断熟悉该词，用得更加得心应手）；由之构成和产生所有事物，因为这种质料作为整体，能够承受所有东西，并经受自己每一部分上发生的任何变化，甚至消解于部分，却不会归于'无'；它可被无限地切割和划分，因为事物在本性上没有任何最小的单元，也即没有任何不能划分的东西；所有运动的事物都是通过间隔（intervalla）运动的，这些间隔同样也是无限可分的。

[28]"既然我们称之为'质'的力量以这种方式运动，既然它〈通过质料〉如此循环往复，那么他们认为整个质料本身也是完全

---

① 在瓦罗口中，土和水似乎都像"物质"一样是惰性的和被动的，因而受制于气和火。但是，既然所有的元素都是"质"，那么它们在一定程度上都是主动的。斯多亚学派的观点与之类似，参见内梅修斯（Nemesius）的《论人性》（*On Human Nature*）5 p. 164. 15 - 18（Matthaei；SVF 2. 418）和普鲁塔克的《普遍概念》ch. 49 1085c - d（SVF 2. 444）。

② 亚里士多德在《论天体》（*On the Heavens*）中用第五种元素来解释天体的永恒的圆周运动，但是他并未表示它是心灵或灵魂的物质基础 [参见《论动物》（*Generation of Animals*）736b36]。西塞罗的谬误（*Tusc.* 1. 22 复述）也许是因为后期漫步派阐述了亚里士多德关于"普纽玛"（*pneuma*，燃烧的气）在人类心理中的作用的支离破碎的评述，以及混淆了"普纽玛"和第五元素。

可变的，并产生他们所谓的'质化之物'（qualia＝*poia*）。① 由之，在整个具体有形的基质〈即自然〉中，当其各个部分持续聚合时，便生出一个世界②；世界之外没有任何质料的部分，也没有任何物体，其中的每种东西都是世界的一部分；所有的部分都被具有感知力的自然（natura sentiente）聚合在一起，它有完善的理性，无所不在，不可改变，永远存在，因为再没有更强大的事物使之毁灭。

[29] "他们称这种力量为世界灵魂，也是完善的理智和智慧，他们也冠以'神'之名，是一种'神意'（procurans ＝ *pronoia*），洞悉其范围内的事物，尤其统摄天体，以及地上与人类相关的事物；他们有时也称之为'必然性'（necessitatem），因为无物能够产生，除非它受'命定的'（要是我可以这么说的话）、不可更变的永恒秩序的锁链的支配③；尽管如此，他们有时还称之为'运气'（fortunam），因为暗昧和我们的无知，它产生事物的活动，大多不

---

① 在 *Ac.* 1.24，"质"指"力量"与"质料"的混合，但它在此等同于"力量"，并在 *Ac.* 1.29 等同于"神"。（对"质"和"质化之物"的新划分可能与 *Ac.* 1.26 所讲的原初的质和衍生的质相对应。）这里所说的力量通过质料运动的方式或许暗指 *Ac.* 1.24 - 27 中所描述的两种自然的相互运动。质料中的力量循环往复产生了各个事物，此观点与斯多亚学派的"张力"（tonic force）学说类似，参见内梅修斯的《论人性》2 p.71.1 - 4 （Matthaei；SVF 2.451）和亚历山大的《论混合物》（*On Mixture*）p.224.23 - 26（SVF 2.442）。

② 本句的"自然"指"质料"，正如 *Ac.* 1.24 中所谓两种自然的第二种。下一句话将解释第一种自然的作用。

③ 普拉斯贝格在本句标注了"脱漏"，一些编辑想添加"命运"（fate）一词来表示"神"或者"力量"（它可能在斯多亚学派的语境中出现过，参阅 *DND* 1.39）。但是，本句所表达的仅是字面上的意思。

为我们所预见和期待。①

[Ⅷ30]"接下来是哲学的第三个部分，涉及理性和论证，两个学派讨论如下。② 真理的标准的确肇始于感觉，但不在于感觉：他们主张，心灵是事物的判断者③——他们认为，只有它值得相信，因为只有它才能辨识永远简单的、同一的、'如其所是'（tale quale esset）的东西。这种东西，他们称之为'理念'（idean），柏拉图早已给它命名，我们则正确地称之为'形式'（speciem）。[31] 他们认为所有感觉是迟钝的、无力的，完全不能领悟那些被认为发生在感觉领域内的所有事物，这些东西要么太小而不为感官所感知，要么运动剧烈而无一稳定，甚至不是同一个东西（ne idem quidem），因为万物皆流，潮涨潮落；相应地，他们称这个领域的所有东西都是意见的对象（opinabilem）。④ [32] 另外，他们认为知识（scientiam）除了存在于心灵的概念（notionibus）和推理

①　这段中"力量"的各种称谓和属性，斯多亚学派都将之归于他们所谓的"神"，参见第欧根尼·拉尔修《名哲言行录》Lives 7.147，149（SVF 2.1021，1132）和 DND 1.39（SVF 2.1077）。如果老学园派就像安提奥库（或瓦罗）在此处所说的认可普遍决定论，并将"世界灵魂"作为最高的神，那么他们的立场就预演了斯多亚学派的观点，并且其大部分都同柏拉图在《蒂迈欧篇》和《理想国》10 中所主张的观点相去甚远了。

②　瓦罗在 Ac. 1.30－32 对两派逻辑学的诠释完全是柏拉图式的（除了最后提到了漫步派的修辞学），正如他在 Ac. 1.33 暗中承认的那样。

③　其他任何地方的"orietur"，即"肇始于"（took its start from），都可译为"源自"（derived from）。本句暗示安提奥库认同经验主义的观点（参见 Ac. 2.21－22，30－31），但这显然与柏拉图在此处和 Ac. 1.31 的观点不相容。该短语在此可能指"知觉"（perception）在"回忆"（recollection）过程中的作用，参见柏拉图《斐多篇》（Phaedo）73c。

④　参见柏拉图《蒂迈欧篇》28a，对比《理想国》5.477－479。

(rationibus) 中，不会存在于任何地方；因而他们赞成定义事物的方法，并将这种'真实定义'用于其所有讨论的所有话题。他们也看重语词的由来，也即每一类的事物何以得名——他们称该主题为'*etumologian*'（词源学）；他们进而将其作为事物的'标志'或者说记号（notis = *sumbola*），作为指引以达到他们想要解释的任何东西的证明或结论；在这一论题下，传授的是辩证法的整个学说，即以逻辑论证的形式言说；与之对应的部分（*antistrophon*）是使用修辞术的能力，以之进行一系列适于劝说目的的演讲。①

[33] "以上就是他们继承自柏拉图的基本学说；要是你们愿意，我也可以继续就我所知道的情况来谈一谈它的沿革。"② "我们洗耳恭听，"我说，"亦可解阿提卡之惑"。"答得好，"阿提卡说，"这会是对漫步派和老学园派学说的精辟阐述吧"。[IX] "亚里士多德是第一个颠覆我前面提到的'形式'〈即理念〉的人，尽管柏拉图如此出奇地迷恋于它们，以至于称里面有神圣元素。③ 下一个是第奥弗拉斯特，他是一个风格迷人、品性正直、高尚的人，比其他人更猛烈地打破了旧有的规训的权威：他剥夺了德性的美，通过否定幸福仅依赖它而弱化了它。④ [34] 至于他的学生斯特拉图（Strato），尽管有着敏锐的心智，但确凿无疑地背离了该学派；他

---

① 该短语译为"与之对应的部分"，其相应的希腊术语是"*antistrophos*"，亚里士多德在《论修辞》（*Rhetoric*）1.1 使用了本短语。

② 从瓦罗在 *Ac.* 1.33 - 42 的报告中看不清安提奥库对这些"修正"的反应。

③ 亚里士多德批评柏拉图理念说的著名事例（或者相关的介绍）见于《尼各马可伦理学》（*Nicomachian Ethics*）1.6、《形而上学》（*Metaphysics*）1.9，以及残篇《论理念》（*On the Ideas*）。

④ 第奥弗拉斯特 fr. 497（Fortenbaugh），参见 *Ac.* 2.134。

否弃了哲学最本质的部分，也即伦理学的部分，全心致力于研究自然，即使在这个方面也与其同门大相径庭。① 然而，斯彪西波和色诺克拉底，柏拉图学说和权威的第一代继承人，以及之后的波莱谟和克拉底，连同克冉托尔，这些所有学园派门人，从前辈获得此学说，并锲而不舍地为之辩护。② 最后，波莱谟有两个勤奋努力的学生：芝诺和阿尔克西劳。③ ［35］但是，芝诺，这位年长于阿尔克西劳，极其精细的辩手和敏锐的思想家，竭力修正此学说。如果你愿意，我也会阐释这改造过的学说，就像安提奥库平常做的那样。"

"可以呀，"我说，"你看，彭波尼（Pomponius）也表示同意了"。

［Ⅹ］"好吧，芝诺绝不是割断德性的人，就像第奥弗拉斯特做的那样；而正好相反，他主张所有构成幸福的东西仅仅系于德性，不允许其他任何东西进入善的范畴，把统一的、唯一的、独有的善命名为'高尚'（honestum＝*kalon*）。④ ［36］他称，其他所有东西既非善也非恶，但这些〈中性事物〉中有些合乎自然，有些悖于自

---

① 斯特拉图（Strato）fr.13（Wehrli），参见 *Ac.* 2.121。

② 正如瓦罗对色诺克拉底及其前辈的评论所展现的那样（参见 *Ac.* 1.39），他没有详细阐述老学园派思想的原创性及其对柏拉图学说的不同解读。

③ 瓦罗削减老学园派的原创性，并淡化他们与柏拉图观点之间常有的差异，如他在 *Ac.* 1.39 评论色诺格拉底及其后辈时所为。阿尔克西劳（Arcesilaus，公元前 316/315 年—前 241/240 年），怀疑论学园派，他是波莱谟、克拉底和克冉托尔的学生。克冉托尔在公元前 268/267 去世后，他成为学园派的掌门人。他之前随第奥弗拉斯特学习，也许从克洛诺斯的狄奥多罗斯（Diodorus Cronus）了解了辩证法。他主导了柏拉图学园的怀疑论转变，旨在捍卫"不可理解性"和"存疑"。这让他饱受争议，但其主张或许能回溯到苏格拉底的方法。就是说，他并非真的持有这些观点，而是以之回应论辩。他的学生包括拉塞德（Lacydes），可能还有克律西波（Chrysippus）。

④ 芝诺对道德目的之定义，及其与老学园派和第奥弗拉斯特关于"善"的分歧，参见 *Ac.* 2.131－132，134。

然；在两者当中他又加入了另一个中间系列。他教导说，这些合乎自然的东西是值得选择的，并赋予某些价值，那些不合自然的东西，情况则相反，而两者都不是的东西，他置于中间系列。这些东西，他称其不具有任何实践价值。[37] 但在值得选择的〈或不值得选择的〉东西当中，一些价值（aestimatio）巨大，一些则价值小（aestimatio minor）；他称前者为'更喜欢的'或'优先选择的'（praeposita），而后者则为'可排斥的'（reiecta）。①

"因此，这个例子表明与其说芝诺更改了学说，不如说他换了词语②；因而他将'恰当之举'（officium ＝ *kathêkon*）和'不当之举'置于正确的（recte）和错误的行为之间，仅将正确的行为归为善，把不正确的行为，也即错误归为恶，认为〈不能归类的〉行为抑或忽视恰当的行为属于中间系列，如我所说。③

[38] "〈芝诺也进一步在四个方面修正了伦理学。〉虽然其前人声称并非所有的德性系于理性，而某些德性是由自然或者习惯

---

①　有关斯多亚学派的价值学说及其与善的关系的思想详见于 *Lives* 7. 101 - 107 和 *Fin.* 3. 16 - 25 及 3. 50 - 54。

②　安提奥库主张，斯多亚学派的价值学说仅仅转述了老学园派和漫步派的观点，即肉体的和外部的善与德性和高尚的素养和行为之间存在相对的意义，参见 *Fin.* 4. 68 - 72 和 5. 72 - 75。因此，安提奥库哲学史观的核心乃是，芝诺与"古代学者"的区别仅在于术语，参见 *Ac.* 2. 15 - 16 和 1. 43。

③　芝诺认为，诸如保持健康或者还债就任何人而言都是"恰当之举"，而这一类行为在道德上是"中性的"。每个具体的行为要么属于有德的行为（因而是好的），要么是恶的行为（因而是坏的）。参见第欧根尼·拉尔修 *Lives* 7. 107 - 110 和西塞罗 *Fin.* 3. 58（SVF 3. 493 - 98）。安提奥库认为，该观点是对柏拉图德性至上论的错误的转述，参见柏拉图《理想国》4. 443d - e。

（more）完善的，但他把所有德性都归结为理性①；尽管他们认为我上面提到的种种〈与理性无关的〉德性还可再细分，但他却声辩这绝对不可能；又称，不仅德性的活动像其前人所认为的那样是"美"（*kalon*），而且德性的状况本身也是'美'，尽管若没有持续地实践德性，则没人会真的具备德性。② 虽然他们没有根除人性中的情感（perturbationem＝*pathon*），且称悲伤、欲望、恐惧和欢乐是自然的，只是要求克制它们，缩小其范围，但芝诺却认为智慧之人没有一点儿这些疾病（morbus＝*pathos*）③；［39］老一代人称情感是自然的和非理性的，并把欲望和理性置于心灵的不同部分，但他不同意这点，认为情感也是自愿的（voluntarias），皆因意见的判断而生，并称一切情感之母是放纵无度。④ 这些或多或少是他的伦理观。

---

① 斯多亚学派的该主张在布鲁塔克的《道德德性》ch. 2 441（SVF 3. 255）有所记载。卢库鲁斯将此作为安提奥库的观点（参见 *Ac.* 2.31）。"古代的"（主要是亚里士多德的）观点在 *Ac.* 1. 20 有所提及。在 *Fin.* 5. 34，安提奥库承认 *Fin.* 5. 34 处的自然的德性，而不承认由习惯而来的德性。

② 斯多亚学派的这类观点在第欧根尼·拉尔修的 *Lives* Bk. 7 有更多的解释："德性不可分"，参见 7. 125（SVF 3. 295）；"德性自身状况的美"，参见 7. 94－97；"德性持续的操练"，见于 7. 128（SVF 1. 569）。安提奥库认同斯多亚学派上述前两种观点，至少在 *Fin.* 5. 66－67 如此表现。（柏拉图和亚里士多德都支持苏格拉底所说的德性不可分，见于《理想国》4. 443d－444c 和《尼各马可伦理学》6. 13；但他们却承认较低层次的德性可分。）

③ *Ac.* 2. 135 指出，安提奥库与斯多亚学派的该观点一致。

④ 芝诺认为，情感是自主的，因为它源于意见，即我们对印象的不牢靠的赞同，参见 *Tusc.* 4. 14 和 *Ac.* 1. 41。意见是虚假的信念，相信某些足够好或坏的事情正在或将要降临到我们身上，因而情绪波动，参见 *Tusc.* 3. 24－25。*Tusc.* 4. 22 论述了情绪的由来（比较 SVF 3. 379－85）。

[IX]"其自然观如下。首先，在讨论公认的四种基本元素时，他并未增加'第五元素'，即其前人视为感觉和心灵的本原的东西；他提出火是生成万物，乃至感觉和心灵的自然法则。① 他不同于那些思想家的另外一点在于相信没有形体的东西——正像色诺克拉底以及前辈们所声称的心灵那样——是不可能有任何活动的，而任何能动的和被动的东西无论如何也不会是没有形体的。②

[40]"芝诺在哲学的第三个部分做出了更为广泛的修改。③ 这里他首先就感觉本身发表某些新的论断，认为它是一系列外部的作用的联结——他称这种东西为'表象'（*phantasia*），而我们称作'印象'（visum）。（无论如何我们都要保留这个词，因为在余下的讨论中还会经常使用。）④ 不过，如我所说，他把这些由感官获得的印象与心灵的赞同（adsensionem），这种自主自愿的活动结

———————

① 参见 *Ac.* 1.26。芝诺将"神"定义为一种构成自然的理智的火，参见 *DND* 1.39 和 2.57–58（*SVF* 2.1077）。同样地，"普纽玛"（燃烧的气）也构成了自然和我们的心灵，参见 *Lives* 7.156（*SVF* 2.774）。

② 芝诺与前人在自然哲学方面的分歧仅限于心灵或灵魂问题。根据安提奥库的解释，老学园派是芝诺自然哲学主要观点的来源。但是，瓦罗此处意识到柏拉图和至少早期的老学园派主张心灵是不具形体的（色诺克拉底的定义见于 *Ac.* 2.124）。

③ 安提奥库回应芝诺的认识论革新，见于 *Ac.* 2.17–60；他至少在此接受，芝诺对柏拉图传统认识论的修正是毫无保留的。

④ 参见芝诺 fr.1.55（*SVF*）。芝诺将印象定义为"心灵上的印记（*tupôsis*）"，参见 *Lives* 7.50。并且，塞克斯都 M 7.228–241（*SVF* 2.55–56）指出，这一比喻所反映的感觉形成的心理学机制受到克莱安塞（Cleanthes）和克律西波（Chrysippus）的质疑。但是，此处强调的是印象的外在原因，参见 *Ac.* 2.34 和 *Fat.* 42–43。

合起来。①

[41]"他认为，并非所有印象都是可信的，只有那些以特殊方式揭示对象的清楚明白的印象才可信；这些可信的印象以其自身固有的本性而被感知，他称之为'能被理解的'（comprendibile ＝ *katalêptikê*）② ——你们会容忍这种造词？"阿提卡回答："当然能，难道还有别的词来翻译'*katalêpton*'（字面上，即'可把握的'）？""一旦印象得以接受和赞同，他就称之为'理解'或'把握'，就像某个东西被紧握在手里——实际上，他正是用手握东西〈的意象〉演绎出该词，在这之前没人在这个意义上使用该词，他还用了大量的新词（因为他的学说是新的）。好吧，为感官所把握的东西，他称其本身就是'感觉'（sensus），而一种感觉被如此确切地把握以至于无法为推理（ratione）所撼动，他则称为'知识'（scienti-

---

① 参见芝诺 fr. 1. 61（SVF），另参见 *Ac.* 2. 37 – 39。斯多亚学派主张，我们的理智能够接受和拒绝外界引起的印象，因而我们在世界中能对因果关系起到积极而具体的作用，参见 *Lives* 7. 85 – 86（SVF 3. 178）。但是，他们是融贯论者：我们的赞同是自发的或'由我们决定的'，因为它取决于我自己的品质或信念而非外在环境，参见 *Fat.* 39 – 43 和格留斯（Gellius）的《阿提卡夜话》（*Attic Nights*）7. 2（SVF 2. 1000）。其实，芝诺用"理解"表示印象和赞同的联合及其产物，参见西塞罗在 *Ac.* 1. 41 的解释。

② 芝诺 fr. 1. 60（SVF），参见 *Ac.* 2. 18，77，112 – 113。"能被理解的"（apprehensible）印象之自证性，*M* 7. 252 和早期斯多亚学派（参见 *M* 7. 257）用类似的术语加以强调。本段正好解释了西塞罗用被动语态来描述"能被理解的"印象的原因，尽管该词在希腊语中通常用作主动语态，即"*katalêptikê*"（可理解的），意为"提供"或"使领悟可能"。显然，西塞罗认为相应的希腊术语是被动形式，即"*katalêpton*"（能被理解的）。

am），不能被如此把握的感觉则为'无知'（inscientiam）①，由之生成意见（opinio），一种伴有虚假的（falso）和不可知的（incognitoque）不稳定的（imbecilla）印象。"②

[42]"然而，他把我刚才提到的'理解'置于知识与无知之间，认为它既非正确也非错误，而称它仅仅是可信的（credendum）。基于此，他认为感觉也是值得相信的（fidem），因为如我以上所述，他认为由感官所领悟到的东西是真的，是可靠的，这并非由于它把握了事物的所有特性，而是它不会省略任何为它所觉察的东西③；另外还因为自然赋予它作为知识的准则（normam＝gnômôn，kanôn）和起点（principium），由之事物的概念相继在心灵上打上印记，从中不仅确立了出发点，而且还开启了发现理性真理的康庄大道。④ 另一方面，芝诺把错误（error）、鲁莽

---

① 参见 Ac. 2.145。赞同"能被理解的印象"就是构成正确认识的一种理解，参见 Ac. 1.40，以及 Lives 7.52（SVF 2.71）。但是，这种"理解"要么构成圣贤（the sage）的知识，要么构成蠢人的无知，参见 M. 7.151－153（SVF 2.90）。

② 哲人的知识是稳固的，因为其信念基础完全由理解构成（参见 Ac. 2.23）。但是，常人的理解是不稳固的（或者就是无知），因为其信念基础不能防止他们同意那些不可理解的印象，即形成或真或假的意见（参见布鲁塔克的《斯多亚学派的悖论》1056f）。

③ 斯多亚学派认为，可理解的的印象到底能够呈现多少事物的特征是不清楚的。塞克斯都在 M 7.248－251 坚称，它复制了"其对象所有特性（idiômata）"，但是这也可能是说它复制了其对象的"所有区分性的特征"。

④ 参见 Ac. 2.21－26 和 2.30－31。"理解"产生了"前识"（preconception）或者"原初概念"，或者说产生了理智由之发展的"出发点"。请注意，理解作为非直接知觉性知识的"标准"或"准则"，这不同于自证的"可理解的印象"的标准功能，参见 G. Striker，"The Problem of the Criterion"，in S. Everson（ed.），*Epistemology*（Cambridge，1990），pp. 143－160。

（temeritas）、无知（ignorantia）、意见、假想，一言以蔽之，把一切有悖于坚定而恒常赞同的东西排除于德性和智慧之外。① 这些或多或少就是芝诺对前人观点所做的改变，就是他所有与其前人不一致的地方。"

插曲

[XII 43] 他说完了以后，我说道："好的，瓦罗，你的确对老学园派和斯多亚派的学说做了一个言简意赅的阐释；但正像我们的朋友安提奥库所相信的那样，我认为斯多亚学派的学说应当被认为是对老学园派的修正，事实上并非一套新的体系。"② 瓦罗回答说："该轮到你啦，既然作为古典传统的叛逆者和阿尔克西劳革新的支持者，应当就所发生的这场决裂的本质和原因做出解释，以便让我们看清这个离经叛道的做法是否有凭有据。"

---

① 参见 *Ac.* 2.77（比较 2.66–68）。这里提到的普通人在认知上的无能包括虚假信念（"错误"）和对不能充分确证之印象的盲目赞同（"鲁莽"），这都引发了真假未明的"意见"。上述提及的其余词语，其含义不清。所谓"无真知"（inscientia），就是普通人赞同虚假或不明确印象的倾向，而瓦罗却在此将其替换为"ignorantia"（无知），也许表明缺乏信念是当受责备的。

② 西塞罗在此同意安提奥库主要的历史观（参见 *Ac.* 2.16），而他在 *Ac.* 2 却持相反的观点。在本书的那一部分，他一直借用老学园派和斯多亚学派的分歧来削弱安提奥库的论证，参见 *Ac.* 2.69，112–113，143。

西塞罗之言

[44] 于是，我说："我们得知，阿尔克西劳涉足的这场与芝诺的论战，至少在我看来，并非出于固执己见和争强好胜，而是因为事物的晦暗不明，这个事实也让苏格拉底自认无知，甚至在他之前，德谟克利特、阿那克萨戈拉（Anaxagoras）、恩培多克勒（Empedocles）以及几乎所有早期哲学家完全否认一切认知、理解和知识的可能性，因为感觉是有限的，心灵是脆弱的，生命历程是短暂的，（如德谟克利特所言）真理如陷深渊（profundo），意见和习惯充斥一切，真理无立锥之地，万物都相继笼罩在漫漫黑暗之中。① [45] 因此，阿尔克西劳称无物可知（scire），甚至连苏格拉底本人留下来的知识遗产——其格言的真理性也是不可知的②：他相信一切都隐匿在晦暗当中，无物能被理解，因而他说人们不应肯定、确认、赞同任何命题，而应每每克制自己的鲁莽，力避任

---

① 参见 *Ac.* 2.14，72 - 74。这一连串文字概括了前苏格拉底哲学家具有怀疑论色彩的观点。这些观点具体归于德谟克利特（fr. B117 *DK*，参见 *Ac.* 2.32）、恩培多克勒、色诺芬尼和阿那克萨戈拉，参见拉克坦提乌斯（Lactantius）的《圣神原理》（*Divine In-stitutes*）3.28.10 - 13 和 3.30.6。

② 这里对苏格拉底观点的解释似乎不符合西塞罗在 *Ac.* 2.74 的表述，也不同于瓦罗在 *Ac.* 1.15 - 16 的解释。苏格拉底在那里是一个柏拉图对话故事中的诘难者，他用"无知"来表示让步是其论辩的策略。但是，西塞罗在这里却将苏格拉底的策略解释为，他接受其前辈所谓的事物不可知和理智不具理解性的观点。

何疏忽①；因为赞成虚假的和不可知的东西显然是鲁莽的，没有任何事情比赞同或认可知识和理解之外的东西更加可耻了。其实践和理论相符——通过反驳所有意见，让他的大多数听众放弃自己的成见，因此一旦发现同一论题的对立证明达致均衡（partibus momenta rationum），便很容易对任何一方存疑。②

[46]"他们称之为'新学园'，但似乎对我来说是'老的'，如果我们把柏拉图算作老学园的一员的话；因为在他的著作中什么也没有断定，倒是有大量正反相对的论证，一切处于探究（quaeritur）过程中，没有做出确切的陈述③；但是，权且就把你刚才阐释的学园称为'老的'，把这个称作'新的'吧；这个学园直到卡尔

---

① 西塞罗主张，阿尔克西劳要求存疑是因为他接受事物的普遍不可知，并认可这里有关理性的观点。他对阿尔克西劳动机的解释，有悖于他在 *Ac.* 2. 66 – 67 和 2. 77 不太独断的解读。在那里，双方的观点都源自阿尔克西劳和芝诺的"共识"（agreements）。同时，对此更具怀疑论色彩的解释，参见 *PH* 1. 232 – 233 和 *Lives* 4. 28。参见 J. Cooper, "Arcesilaus: Socratic and Sceptic", in J. Cooper, *Knowledge*, *Nature*, *and the Good*: *Essays on Ancient Philosophy* (Princeton, 2004), pp. 81 – 103。

② 马兹维（Madvig）尝试用"in eam"，即"接受他的（存疑立场）"替换掉短语"de sua"，也就是"放弃自己的（成见）"。

③ 参见 *Ac.* 2. 74（回应 *Ac.* 2. 15）。这是西塞罗对瓦罗在 *Ac.* 1. 17 解释的回应。关于柏拉图对话的其他怀疑论解读见于《评〈泰阿泰德篇〉》（*Commentary on the Theaetetus*）col. 54. 38 – 55. 13 和《柏拉图对话绪论》（*Prolegomena to Plato's Dialogues*）中第 10 章。参见 J. Annas, "Plato the Sceptic", *Oxford Studies in Ancient Philosophy*, suppl. vol. (Oxford, 1992), pp. 43 – 72。

涅亚德①，自阿尔克西劳继承下来的第四代，一直秉持阿尔克西劳的理论。卡尔涅亚德对哲学无所不知，就像我从他真正的听众那里，特别是从伊壁鸠鲁派的芝诺那里听到的那样，尽管此人与卡尔涅亚德分歧很大，但对他的溢美之词超过他人，因为他有着难以置信的能力……"②

---

① 卡尔涅亚德（公元前 214/213 年—129/128 年），怀疑论学园派。他跟随赫格西努斯（Hegesinus）学习，之后接掌学园。西塞罗在此处没有提到此人退休之后，有两位后继者短暂地继承过学园掌门职务，之后他的学生克利托马库才赢得掌门人之职。卡尔涅亚德因为在罗马做过论证和反驳"正义"的演讲而闻名于世。当时，即公元前 155 年，他带领雅典大使团出访罗马，随行成员还有第欧根尼（Diogenes of Babylon）和漫步派的掌门人克里托劳（Critolaus）。据克利托马库的记载，卡尔涅亚德复兴了阿尔克西劳的怀疑论，并提出了"有说服力的印象"的学说；但他的其他学生，如梅特罗多洛（Metrodorus of Stratonicea）认为他主张一种温和的怀疑论。如苏格拉底和阿尔克西劳一样，他没有写作任何哲学著作。

② 该手稿之后的内容遗失。遗失的部分可能是西塞罗指明卡尔涅亚德如何通过引入"有说服力的印象"（persuasive impressions）作为"实践标准"来加强学园派的怀疑论。参见 *Ac.* 2. 16, 32，以及奥古斯丁的《驳学园派》（*Against the Academics*）2. 12。

第二卷　卢库鲁斯①

《卢库鲁斯》内容结构②

---

① 本卷为西塞罗《论学园派》（*Academica*）第一版"卢库鲁斯"卷（*Lucullus*）。本卷书是西塞罗献给卢库鲁斯（Lucullus）的，并以此人命名。有些编撰人将本版称为《论学园派（前篇）》（*Academica Priora*）。

② 改译自 Charles Brittain 版《论学园派》（*On Academic Scepticism*，2006），pp. Iiv – Ivii。

导言

[Ⅰ1] 卢修斯·卢库鲁斯（Lucisus Lucullus）全然隔绝于罗马的公共生活之外了——他那时才识（ingenium）过人，渴求最具价值的系统学问，从那些值得出生优越之人从事的每一项自由而开明的研究中获取新知——而他本应该在公共领域里扬名天下。他年纪尚轻之时，就与自己的兄弟一道（都有孝心和同等的家族使命感）担当起父亲的宿仇，从而赢得了极高的声誉①；其后，他又外派亚细亚（Asiam）担任财务官（quaestor），在那里管辖行省多年，而广受称赞；之后他虽不在场而仍被推选为市政官（aedilis），不多时又晋升为裁判官（praetor）（他由特别立法机构获准破格就职）；后来，他调往亚非里加（Africam），再后来获得了执政权。每个人都敬佩他履责时的勤勤恳恳，却没有注意到他的才智。后来，元老院派遣他奔赴米特拉达梯（Mithridaticum）之战，他的军事才华（virtus）不仅优于常人，更胜过先辈。②

[2] 这一切令人惊叹，因为他早年从事法律工作；当穆雷纳（Murena）正在蓬托斯（Pontus）开战时，他又在亚细亚长期担任财务官，从未经历战事。③ 一般说来，帅才在这样的一个人身上出

---

① 老卢库鲁斯被检举揭发在公元前 103 年的西西里奴隶战争中行为不端。他的儿子凭借罗马人的子女义务，竭尽全力地毁掉此案的检察官塞维利乌斯（Servilius）。

② 即第三次米特拉达梯战争，始于公元前 74 年，那时卢库鲁斯任执政官。

③ 即第二次米特拉达梯战争，公元前 83 年—前 82 年。

现是超乎想象的。然而，要是才智出类拔萃，也用不着身经实战。由此，在航行远赴亚细亚的旅途中，他既向有经验的人请教，又阅读军事历史，到那里时俨然一名将军，尽管才离开罗马时还对军务一知半解。因为他记忆事实如有神助，虽说霍腾西乌斯更善于记忆言辞表达，但在实践中事实胜于雄辩，那么卢库鲁斯的记忆就更有用；据记载，特米斯托克利（Themistocles）——我毫不迟疑地将他列为希腊的人中之龙——把这种形式的记忆用得神乎其神；据说有人许诺传他记忆术（memoria technica）（那时还是新兴学问），他却回答说自己宁愿学会忘记——这定然因为，凡他所见所闻都会被牢牢记住①。卢库鲁斯也获得了这样的天赋，却仍然在特米斯托克利所摈弃的学问上勤加练习；因而他将事实都镌刻在脑子里，而我们则只能用笔把要记的事情写下来。

[3] 因此，卢库鲁斯在战争的方方面面堪为良将，他擅长格斗、奇袭和水战，精于统筹战争后勤；而他的对手，自亚历山大以来的最杰出的王说过，卢库鲁斯比他在历史上读到的任何一个领袖都要伟大。② 并且，他重建和规划亚细亚城市富有远见，又安排得当，甚至这些行省至今仍保持了卢库鲁斯设立的建制，（可以说）紧随他的步伐。然而，虽然这为共和国做出了巨大的贡献，但他服务于外省就意味着其高尚德性和过人才智为公共集会和元老院忽视得太久了，远超我的预期。更有甚者，他一从米特拉达梯之战凯

---

① 传授特米斯托克利记忆术的承诺来自诗人西摩尼得斯（Simonides），参见 *Fin.* 2. 104。

② 卢库鲁斯的对手是蓬托斯的米特拉达梯六世（Mithridates Ⅵ of Pontus）。

旋，便等了三年之久才获得早应得到的凯旋典礼，这都多亏了其政敌从中作梗；而我那时担任执政官，其实是我将这位英才的战车引到城中的；要是不用提到我自己的话，我要谈一谈他的建议和影响对身处至暗时刻的我产生了多大的作用①，不过这里并不需要这么做；那么，我姑且放下他应得的称颂，也不要絮絮叨叨来增进我自己的荣耀。

[Ⅱ4] 不过，卢库鲁斯赢得广泛赞誉的生涯已经在希腊语和拉丁语的著作中屡见不鲜了。我把自己所知道的关于他公共生活的事迹都分享给了好多人；下面是我和少数几人私下与他会面得知的好些不为人知的细节——卢库鲁斯对各类文学和哲学都抱有极大的热忱，比那些不了解其思想的人以为的强烈得多；其实，他无论在青年时期，还是在就任裁判官的那些年，甚至在战争期间（一个将军为军事所累，而少有闲暇，哪怕身栖于营帐之时）〈都是如此〉。事实上，卢库鲁斯不论是做裁判官，还是之后几年当将军，都会让安提奥库（菲洛的弟子）常伴身边，因为他认为安提奥库是才华横溢、学识渊博的哲学家；我说过他记忆敏捷，那些学说，他本在第一次听的时候就能明白，况且他还一次次地重复，理解起来便轻而易举了。此外，他还阅读从安提奥库那里得知的书，获得了极大的愉悦。

[5] 我时常担忧，自己希望给这位公众人物贴金，反而事实上给他抹了黑。因为太多人根本不爱希腊文学，更多的人厌恶哲学；

---

① "至暗时刻"指喀提林事件的爆发。

其余的人哪怕不排斥它们，也会觉得一国的首领就不适合谈论这些话题。然而，在我看来，当得知马库斯·加图（Marcus Cato）很老了还在学希腊文学；历史上也说，帕布利乌斯·阿非利加努斯（Publius Africanus）在就任监察官之前的那次著名的出使中仅仅邀请帕奈提乌（Panaetius）作为随行人员，就再用不着其他〈权威人士的〉例子来为学习希腊文学或哲学做论证了。[6] 这样，剩下就是回应那些以为重要人物不应谈论此类话题的人。说得就好像知名人物一见面就应当缄默不语，或者就要谈一些陈词滥调，说一些琐碎的事！事实上，如果我的某本书对哲学的称赞都是恰当的①，那么显然任何一位大人物进行这类研究都是适宜的；只有一个前提我们得重视，就是像我这样被罗马人民推举到这个位置的人应该保证自己不会因为私人的兴趣而荒废公共事务。② 不过，当对公共事务有义不容辞的责任时，我绝不会偏离正事，甚至不允许自己写些同公共事务无关的东西。因此，我不仅力图避免懒政惰政，还努力让自己的工作惠及尽可能多的人，为什么还有人指摘我的闲暇之趣呢？如此，当我把这些少有人知或未曾公开的颂扬加诸声名赫赫而妇孺皆知的人物时，我相信他们的声誉不仅不会削减，事实上还会得以彰显。[7] 还有一些人称我著述中的对话人物并不具备论题的相关知识；但是，这些批评在我看来既是对死者也是对生者的嫉妒。

---

① 即西塞罗的《霍腾西乌斯》。

② 西塞罗对哲学的溢美之词存于他（散佚的）规劝对话《霍腾西乌斯》（完成于公元前 46 年），《卡图鲁斯》和《卢库鲁斯》续于其后。

［Ⅲ］那么，剩下来的是不赞成学园派哲学学说的一类反面批评者。① 这就更让我们麻烦了：如果有人除了赞成自己所拥护的学说之外，还认同其他任何学说的话。但就我们而言，既然我们习惯于把自己的观点提出来与各派对立，那么就不会拒绝其他观点与我们不同；我们的做法直截了当，因为我们想发现毫无争议的真理，真诚而热切地进行探究。尽管知识疑难重重，事物本身昏暗晦涩，我们的判断力软弱无力，以至于最早的一批最有学识的思想家对他们是否能够发现他们想要发现的东西失去信心；就算这样，他们始终没有放弃，我们也不会因心神疲惫而失去研究的热情；我们讨论的唯一目的在于通过正反两方面的论证描绘或塑造（exprimant）出某种或为真或最有可能接近真理的结论。

［8］我们和那些自认为具有知识的哲学家之间的唯一区别在于，他们从不质疑自己信条的真假，而我们认为许多学说是可信的（probabilia），它们易于跟随（sequi），但难以确证（adfirmare）；不过，我们更自由，更无拘无束，因为仅就判断力而言全在我们自己手上，也不会受到强制的束缚而为一套如指令一般强加给我们的教条进行辩护。毕竟，那些哲学家受制于两种限制。首先，他们在能够判断什么是最好的学说之前就被束手束脚了。再者，他们在人生最不如意的时候，或为一些朋友所诱导，或为初次遇到的那位演讲者的高谈阔论所俘获，从而对他们一无所知的东西做出了判断；

---

① Ac. 2.7 - 9 对学园派怀疑论做了总体的辩护，参见 DND 1.10 - 12。学园派的哲学方法遭到卢库鲁斯在 Ac. 2.32 - 36，60 的批评，而 Ac. 2.98 - 111 得到西塞罗的辩护。批判信从权威的独断做法见于 Ac. 2.8 - 9，并在 Ac. 2.114 - 115 扩展。

他们抓住碰见的任何一种理论，就如同风吹雨打之下抱住一块礁石。[9] 当然，他们声称自己完全信任某个他们判定为智者的人；如果一个学养不足的新手有能力做出这种判断的话，我倒是愿意赞成这个做法，因为似乎只有智慧之人才能判定谁有智慧；但就算他们具有这种能力，也只有当听完所有论证，弄清他派观点之后才有判断的可能；但他们却在听了一次演讲之后就做出了判断，就让自己屈从于一个大师的权威。不知为什么，大多数人宁愿为自己打小就喜欢的观点竭力辩护而不惜误入歧途，也不肯不带一孔之见地去探求最为融贯一致的学说。

我长期考察和讨论这些主题，除了其他的一些相关情况，还有一次是在霍腾西乌斯于博利（Bauli）的庄园，卡图鲁斯（Catulus）、卢库鲁斯和我都一同前去，而我们之前在卡图鲁斯的家里。①其实，我们很早就到了，因为我们决定，要是顺风，卢库鲁斯会去那不勒斯（Naples），而我会去庞贝（Pompeii）。因此，我们在柱廊（xystus）闲聊了几句，大家都坐了下来。[Ⅳ 10] 然后，卡图鲁斯说："既然我们昨天的话题差不多讲清楚了，那么整个问题似乎就快解决了；但我兴致未减，卢库鲁斯，我一直在等你兑现诺言，告诉我从安提奥库那里听来的学说。"霍腾西乌斯补充道："就我而言，但愿我之前讲的话没有走得太远，因为这全部话题本应该原封不动地留给卢库鲁斯。不过，也许已经都留给他了，因为我只说了那些很容易弄懂的部分，而我现在很期待从卢库鲁斯那里听到

---

① 这里指"昨天"在卡图鲁斯庄园里的讨论，暗指散失的《卡图鲁斯》。

些更深刻一点儿的内容。"接着，卢库鲁斯回答说："你们的期待不会让我乱了手脚，确实如此，霍腾西乌斯，尽管对一个希望取悦听众的人而言，再没有比这更棘手的事了，但我不会太烦恼，因为我不在意自己所阐释的观点在多大程度上赢得〈别人的〉赞同；因为我打算陈述的观点都不是我自己的，也不是那些就算它们不对，我也不愿意被驳倒，仍想坚持的论点。"就我们现在立足的状况看，即便经过昨天的讨论它有些不确定，但我可以向你们保证它对我来说仍然是绝对正确的。因此，我将像安提奥库那样展开论述（因为我熟悉这议题，我曾经全神贯注并兴致高昂地听讲，也不止一次听他在同一个主题上的论述），这样你们会比刚才的霍腾西乌斯更期待我的论述！"当他说完这段开场白之后，我们就把注意力转移到他的发言上。

卢库鲁斯之言

[11] 卢库鲁斯继续说道①："我在亚历山大里亚当副财务官的时候，安提奥库陪伴着我，而安提奥库的朋友提尔（Tyrius）的赫

---

① 卢库鲁斯的发言汇报了安提奥库对学园派怀疑论的驳斥，其中部分回应了在遗失的《卡图鲁斯》中提到的内容。其发言可以分为三个部分：其一，导言，关涉在《卡图鲁斯》中提到的历史上的各种争辩（Ac. 2.11 - 18）；其二，辩护，广泛地论证斯多亚学派所谓的"理解"是可能获得的（Ac. 2.19 - 39）；其三，批判，对相应的怀疑论做出评论（Ac. 2.40 - 60）。

拉克利特早在亚历山大里亚了①；赫拉克利特已经拜在克利托马库门下多年了②，也是菲洛弟子；毋庸置疑，他在这个哲学学派中享有很高的声望，甚至威望极高，而该学派之前就快要消亡了，如今得以复兴③；我常常听安提奥库同赫拉克利特辩论，而他们的讨论都适可而止。事实上，后来菲洛的两卷书，就是卡图鲁斯昨日提起的书，传到了亚历山大里亚，第一时间就到了安提奥库的手里；尽管他是一位天生温和之人（没人能比他更温文尔雅了），却立刻大发雷霆。我也吓了一跳：我从未见过他那副模样；于是，他不断要求赫拉克利特回忆，问此人是否真的觉得书里的观点就是菲洛本人的，是不是从菲洛那里听到过，或其他学园派说起过。赫拉克利特一直说没有；不过，他确实认得出这是菲洛的著作，这是毫无疑问的，因为我的朋友帕布利乌斯（Publius）、盖乌斯·塞留斯（Gaius Selius）和德特里留·罗古斯（Tetrilius Rogus）（都是博闻强识之人）都在场，都说他们在罗马听到过菲洛的这些观点，还从菲洛那

---

①　赫拉克利特，怀疑论学园派。公元前 87/86 年，当安提奥库听闻菲洛的"罗马书"的时候，他在亚历山大里亚。西塞罗的报告表明，赫拉克利特在雅典师从菲洛，那时菲洛还拥护温和的怀疑论，此观点为"罗马书"所摈弃。他与安提奥库的辩论说明，他一直是怀疑论的学园派。

②　克利托马库（Clitomachus）是卡尔涅亚德的学生，他坚定地拥护对卡尔涅亚德的思想做怀疑论的解读。这与梅特罗多洛（Metrodorus of Stratonicea）相反。他阐释卡尔涅亚德的著作得到广泛的引用，如西塞罗、普鲁塔克和塞克斯都（Sextus Empiricus）。

③　菲洛在公元前 84 年或前 83 年逝世，在上述"《梭苏斯》事件"发生四年之后，柏拉图学园衰败，且可能在雅典不再作为一个有组织学派存在了。西塞罗决心复兴其怀疑论，并著书立说为之辩护，参见 *DND* 1. 11 - 12。（赫拉克利特和上文提到的其他哲学家为了避免深陷米特拉达梯之战，已从雅典逃往亚历山大里亚或罗马。）

里誊写过这两卷书。[12] 那时，安提奥库对菲洛提出了批评，卡图鲁斯昨天也提醒我们，他父亲还有好些人也都批评菲洛——其实，安提奥库迫不得已要出版一本题为《梭苏斯》（*Sosus*）的书来反对他的老师。因此，我用心听了赫拉克利特对安提奥库的反驳，也同样听了安提奥库对学园派的驳斥，而我那时却更关注安提奥库，以便从他那里周悉详情。我们像这样在某一个辩题上耗费了漫漫时光，讨论长达数天之久，〈对话者有〉赫拉克利特，还有很多其他学者，其中有安提奥库的兄弟阿里斯图（Aristus），也有阿里斯托（Aristo）和狄奥（Dio），他看重这二人，仅次于对自己的兄弟。然而，我们还是放过菲洛吧：既然他否认昨天谈到过的观点归学园派所有①，那么他还不是最难缠的论敌；虽然他说了谎，但仍是个容易对付的对手。我们转而讨论阿尔克西劳和卡尔涅亚德吧。"②

[V 13] 说罢，卢库鲁斯便如是讲："首先，你们引用早期自然哲学家的话，这样的做法"——这里他叫了我的名——"就我而言等于煽风点火：列举古代的名人，将他们装扮得和平民（popu-

---

① 该观点为"昨天"的对话人卡图鲁斯所持有，见于本书第一版中佚失的"第一卷"。

② 这段文字呈现了菲洛"罗马书"（成书于公元前 88 年或前 87 年）引发论战的主要证据。"罗马书"提出一种创新的认识论（参见 *Ac.* 2.18），其主要依据是学园派哲学传统统一性的历史观（参见 *Ac.* 1.13）。安提奥库失传的《梭苏斯》反对其创新，斥其不能自证，也反对其历史观，称其捏造事实（*Ac.* 2.12 和 2.18 中的"谎言"）。赫拉克利特和卡图鲁斯的父亲（都是忠实的学园怀疑派）（对比 *Ac.* 2.148）的反应，以及西塞罗辩护的无效都表明安提奥库拒斥"罗马书"关于早期学园派历史的解读是正确的。

laris）无异，以便让自己勉强同他们相提并论。① 他们先选出了帕布利乌斯·瓦列里乌斯（Publius Valerius），他在国王被放逐后的第一年里担任执政官；他们列举了其他所有执政官，这些人在位时提出法案允许平民有权申诉；其后，他们进一步举出更著名的例子：第二次布匿战争之前几年，盖乌斯·弗拉密纽斯（Gaius Flaminius）担任保民官，就在没有得到元老院同意的情况下提出了一部农业法，随后两次被选为执政官；还有卢修斯·卡西乌斯（Lucius Cassius），以及昆图斯·庞培（Quintus Pompeius）；他们甚至还经常将帕布利乌斯·阿非利加努斯归于其中。然后，他们断言那一对智慧而杰出的兄弟，帕布利乌斯·克拉苏（Publius Crassus）和帕布利乌斯·斯凯沃拉（Publius Scaevola）是提比略·格拉古（Tiberius Gracchus）法律的支持者（前者如我们所知是公开的，而后者他们怀疑是隐秘的）。他们也把盖乌斯·马略（Gaius Marius）算入里面——他们也确实没有将他归错类。他们列举的俊杰名单洋洋洒洒，宣称自己要继续前人开创的事业。

[14]"这就是你们的所作所为，你们想摧毁完善的哲学体系，就如同他们想颠覆这个政治体系一样，尽管它现在安然无恙；你们引用恩培多克勒、阿那克萨戈拉、德谟克利特、巴门尼德（Par-

---

① 卢库鲁斯在 Ac. 2. 13 - 15 批评了学园派对哲学史的解释，这抓住了 Ac. 2. 7 暗示的主题，而该主题毫无疑问在遗失的《卡图鲁斯》有详细的阐释，参见 C. Brittain and J. Palmer，"The New Academy's Appeals to the Presocratics"，*Phronesis* 46. 1（2001），pp. 38 - 72。西塞罗在 Ac. 2. 72 - 76 和 1. 44 - 45 辩护过学园派的历史。卢库鲁斯解释了一组政治比喻，指出这是如公元前 100 年的平民主义保民官萨图尼努斯的煽动类似的做法。西塞罗可能增加了其他例子，即克洛迪乌斯（Clodius）的事迹，参见 Ac. 2. 144 的注释。

menides)、色诺芬尼，乃至柏拉图和苏格拉底。相反，萨图尼努斯（Saturninus）——我们家族最大的敌人——与那些早期的先哲没有半点相似之处；阿尔克西劳的巧言令色又哪里比得上德谟克利特的温和和谦恭呢。① 诚然，当这些自然哲学家在某个问题上无法自拔的时候，常常会像一个疯子那样大声喊叫；其实，恩培多克勒就会这样，我有时觉得他是真疯了——他宣称万事万物都是隐匿的，我们什么都感觉不到，什么都认识不了，没有能力发现事物的真实本性；不过，可以说，他们——在我看来他们所有人——似乎把某些观点说得过于肯定了，还坦露自己比实际知道的多得多。[15] 但是，倘若他们那时的确迟疑过，像新生的婴儿在不熟悉的地方一样，那又如何？几百年来那么多的圣哲前赴后继都没有把任何事情解释清楚，我们该这么想吗？难道这不是确有其事吗？正像提比略·格拉古在一个伟大的国家里掀起了巨浪，一旦稳固的哲学理论建立起来，阿尔克西劳就跳出来将它推翻，藏在那些权威的身后——他说这些权威主张无物可认识或可理解。

"不管怎样，我们一定要把柏拉图和苏格拉底从这群人里移走：因为前者留下来一个最完备的哲学理论，又为漫步派和学园派所继承，二者名号不同，而实际一致。（甚至可以说，斯多亚学派虽不同意他们的观点，其实更多的是不同意他们的术语。）② 说到苏格

① 萨图尼努斯是马略的同事，之后与后者分道扬镳，最终为暴民所杀。另外，将阿尔克西劳和德谟克利特归入同一个哲学家并列，就如同将激进的煽动派与温和的民主政治家归为一类。

② 安提奥库的融贯论的要义就是，漫步派和老学园派本质上一致，参见 *Ac.* 1.16 - 42，尤其是 1.17。（安提奥库对斯多亚派的理解，参见 *Ac.* 2.16。）

拉底，他在论证中总是贬低自己的贡献，而把更多的贡献归于他所批驳的对方；因此，由于他是说一套想一套，那么他就常常爱用希腊人所谓的反讽（"*eirôneia*"）来伪装自己；法尼乌斯（Fannius）说阿非利加努斯也有这个特点，还说这种做法算不上一个错误，因为苏格拉底也有相同的习惯。①

[Ⅵ16]"如果你愿意，我们便承认那些古代的学说算不上知识；阿尔克西劳批驳芝诺（如众人所以为的），为了推翻芝诺的定义而试图让最清楚的事物蒙上一层阴影，从那时起这些主题就一直被探究，现在有任何改变吗？（尽管在我们看来，芝诺也没有什么新发现，只是改换了前人的术语，照本宣科而已。②）阿尔克西劳的观点并非一开始就得到普遍接受，尽管他由于智力超群、论证周密已经出类拔萃了；其后，只有拉居德斯（Lacydes）继承了他的观点；不过，阿尔克西劳之后的第四代传人卡尔涅亚德[因为他是海格西努斯（Hegesinus）的学生，后者又是艾文德鲁斯（Evandrus）的学生，而此人是受教于阿尔克西劳的拉居德斯的弟子]。卡尔涅亚德长久以来恪守学园派的立场——他享年九十岁——而其

---

①　卢库鲁斯将苏格拉底哲学方法的特征总结为修辞的伪装（"dissimulatio"）或"反讽"（参见西塞罗 *Or.* 2. 269 - 270 和 *Brutus* 202）。这与瓦罗在 *Ac.* 1. 16 - 17 的描述明显相对。卢库鲁斯利用"反讽"这个修辞概念，是为了减损苏格拉底自认无知在论证上的效力；而西塞罗在 *Ac.* 2. 74（对比 *Ac.* 1. 44 - 45）予以反驳。参见 J. Glucker, "Socrates in the Academic Books and Other Ciceronian Works", in B. Inwood and J. Mansfeld (eds.), *Assent and Argument*（New York/Leiden, 1997）, pp. 58 - 88。

②　卢库鲁斯是说，阿尔克西劳与芝诺辩论事实上是攻击 *Ac.* 2. 15 提及的"柏拉图哲学"，因为芝诺的斯多亚主义只不过是复述这种哲学的大部分内容。这是安提奥库的观点，参见 *Ac.* 1. 33 - 42 和 1. 43，*DND* 1. 16，以及 *Fin.* 5. 74。

弟子也不逊色；克利托马库最为勤奋，其著作等身，便是证明，而聪慧的哈格农（Hagnon）、雄辩的查马达斯（Charmadas）、魅力非凡的罗兹岛的墨兰提乌斯（Melanthius）也同样出色。① 不过，斯特多尼西亚的梅特罗多洛（Metrodorus）据说也很了解卡尔涅亚德的观点。② [17] 最近，你的老师菲洛与克利托马库共事多年，而菲洛在学园生活期间也不乏信徒。

"然而，我现在要做的就是反驳学园派，而一些哲学家——也非等闲之辈——却认为这么做完全没有必要；他们觉得，同那些宣称什么都不接受的人辩论，毫无由头；并且，他们批评斯多亚学派的安提帕特（Antipater），说他过于热心此事；他们声称，没必要去定义认识，就是说，定义'理解'（comprehensio，或直译为'把握'），即他们所谓的'katalêpsis'；还称要说服所有人相信一些东西是可知的（quae percipi posse）不是正道，因为没有什么比希腊人所谓的'enargeia'（clarus，清楚的）更清楚的了。[如果可以，我将其称为'明晰'（perspicuitatem）或者'明显的证据'（evidentiam）。若有需要，我会造词，这样西塞罗"——他微笑着喊我——"就不会觉得只有他自己允许这么做了。]因此，他们不认为有人可以找到比'明显的证据'本身更清楚的语言表述了，或者觉得像这样清楚的东西也用不着定义了。但另一群哲学家却说，

---

① "哈格农"一人是编辑的推测和补充，其在拉丁语原稿中语言并不连贯。里德建议，将其识作"埃斯基涅斯"（Aeschines）。二位都是不为人熟知的学园派。

② 梅特罗多洛，怀疑论学园派。他先为伊壁鸠鲁派，后成为卡尔涅亚德著名的学生。他反对其他学园派，如克利托马库对卡尔涅亚德的怀疑论解读。参见 Ac. 2.78 和 2.148。

他们本来就不会为'明显的证据'说什么话，但如果有人要反对它，他们理当回应，以免众人受到蛊惑。[18] 不过，哪怕是对明显事物的定义，其中很多哲学家也不会不同意，他们会认为该主题适于探究，而他们的对手也值得与之辩论。①

　　"然而，菲洛在这场关于的'理解'的辩论中引进了某种创新，因为他发现抵挡固执的学园派太难了；不过，他公开撒了谎，还因此遭到了老卡图鲁斯的批评；他还确实像安提奥库所说的那样掉入了令自己害怕的观点中。当他因而主张什么都不能被理解（这就是我对 akatalôpton 一词的翻译），如果它就是芝诺所界定的那种理解，也是所谓的那种印象（从昨天的谈话里我们已充分使用了 phantasia 一词）——由其所是的那个来源（ex eo unde esset quale）压印（impressum）、塑形（effictum）而成的，以至于它不可能来自'非其所是'的来源②（我们说，芝诺的定义是绝对正确的：任何事物如何能够凭借让你确信该事物可理解的方式为你所理

─────────────

①　这里关于定义或辩护"理解"概念的两个观点很难归于某位具体的哲学家。但是，西塞罗在 *Fin.* 1.30 - 31 记录了有关'善'的定义问题在伊壁鸠鲁派中存在的类似分歧。并且，因为斯多亚学派一致认可使用定义，所以安提帕特的批评者（第一类）是伊壁鸠鲁派。安提奥库的"明晰"——至少保证我们的某些知觉印象为真的清楚明白的特征——在 *Ac.* 2.45 - 46 有进一步的解释。

②　斯多亚学派对"可理解的印象"（在主体赞同后就可以提供关于某物或某事理解的印象）的定义详见 *Ac.* 2.77，比较 *Ac.* 2.112 - 13，2.145 和 1.40 - 42，以及 *M.* 7.248，*Lives* 7.46（*SVF* 2.65，2.53）。参见 M. Frede，"Stoic Epistemology"，in K. Algra，J. Barnes，J. Mansfeld，and M. Schofield（eds.），*The Cambridge History of Hellenistic Philosophy*（Cambridge，1999），pp. 300 - 316。短语"由……的来源"译自"ex eo unde esset"，本义是"由其所是"。这里，西塞罗用"能被理解"来表示理解性"印象"，而不是表示其对象，或许有误。

解，假如有某种虚假的东西与之相似的话?）——而当菲洛削弱和否弃这一点的时候，也就摒弃了不可认识（incogniti）与认识（cogniti）的判别标准（iudicium）；这就推出无物能被把握的结论，所以他一不留神又回到了他竭力避免的结果。① 出于这个原因，我反驳学园派的整个论说的目的在于坚持菲洛想要推翻的这个定义；除非我的论证无法支撑这个定义，否则我就承认无物能被理解。②

[Ⅶ19]"因此，让我们从各种感官开始讨论③，它们的判断如此清楚确切，纵使人类的天性可以选择——如果有神问我们是让感官健全完好就满足了，还是再要求些别的——我不知道还可以要些什么了。但不要指望我反驳弯曲的桨和鸽子的脖子之类的例证：我可不是那种人，认为所有东西都像我们的印象所呈现的那样。伊壁鸠鲁会这么认为，还有很多人也会这么认为；不过，就我判断而言，感官包含了最高的真理，要是它们都是健康的，能够正常起作

---

① *Ac.* 2.18 和 *PH* 1.235 类似的段落提供给了我们关于菲洛"罗马书"的认识论的仅有信息（参见 *Ac.* 2.11-12, 1.13）。安提奥库的批评表明，菲洛事实上去掉了芝诺定义中保证可理解的印象不会有错的条件——也许为了提供一种可为学园怀疑派所接纳的可错性知识。安提奥库反称，要是没有这个"条件"，那么我们绝不可能保证自己能够理解任何事情，因为那与我们公认的知识概念不相符。

② 以下的论证（*Ac.* 219-260）假定斯多亚学派所定义的"理解"是真的。因此，卢库鲁斯的其余发言剑指学园怀疑派（后者接受芝诺的定义，却认为这个定义永远不会被满足）——菲洛富有争议的"罗马书"成书以前的所有学园派（比较 *Ac.* 2.12），参见 *Ac.* 2.78。

③ *Ac.* 2.19-27 中对"理解"存在的论证是根据斯多亚学派对各种知觉状态的定义，如感知、技艺的感知、概念、记忆、艺术、知识等。卢库鲁斯没有定义这里的"感知"，因为它作为典型事例直接包含在芝诺 *Ac.* 2.18 的定义之中。

用，并且所有的阻碍和干扰都被排除了的话。因此，我们经常要调节光线，移动观察对象的位置，拉近或放远，还要改变许多条件，直到我们的视力可以确保判断无误为止。① 听力、嗅觉和味觉都是这个情况，因而我们没有谁会嫌弃哪种感官不太敏锐。

[20]"要是你再增加一些训练（exercitatione）和技能（arte），让我们的眼睛更能观察画作，让人的耳朵更能聆听歌曲，还有谁会不明白感官的作用呢？画家可以从明暗和空间中发现那么多我们见不到的细节！并且，音乐中有那么多精细之处逃过了我们的耳朵，而这个领域的专家则能轻易获得：笛子的第一个音符才响起，我们还一片茫然，他们却马上说'这么么是《安提奥帕》（Antiopa），要么是《安德洛玛刻》（Andromacha）'！② 更不必说味觉或嗅觉了，即使它们不大完美，但仍有些辨别力（intellegentia）。那么触觉呢，尤其是那些哲学家称作快乐和痛苦的'内在感触'呢？昔兰尼学派认为它是我们判断真理的唯一根据，因为它是我们亲身经历到的。③ [21] 难道真会有人说人所经历到的痛苦和快乐没有区别

---

① 安提奥库在此主张，当我们感官的恰当的功能未受阻碍时，它们就是真理的标准。这与 M. 7. 258 的早期斯多亚学派的观点十分近近。

② 斯多亚学派的技艺（或专家）印象在 Lives 7. 51（SVF 2. 61）得到证实。其中有一句补充："专家和外行观察雕塑的方式是不同的。"然而，M. 7. 248 指出，一般的"可理解的印象"通常为"专家"所获得。对此，西塞罗在 Ac. 2. 86 有所回应。《安德洛玛刻》是恩尼乌斯的剧作，可能改编自欧里庇得斯的《特洛伊女人》（Trojan Women）。《安提奥帕》是巴库维乌斯（Pacuvius）的拉丁语剧作，可能改编自欧里庇得斯的《安提奥普》（Antiope）。

③ 其他证据表明，昔兰尼学派的标准据说是主体的内部经验或者感受（pathos）。它包括知觉以及除快乐和痛苦之外的其他感觉，参见 Ac. 2. 76，142、M. 7. 191、Lives 2. 92 以及普鲁塔克的《驳克罗特斯》（Against Colotes）ch. 24 1120c。

吗？这么说的人怕是疯了吧？

"上述对象是由感官把握的。下面这类对象与之相似，但我们不说它们是由感觉本身把握的，而说它们是由某种意义上的（quo-dam modo）感觉把握的，例如'这是白的''这是甜的''这是悦耳的''这是香的''这是粗糙的'。我们的这类领悟来自心灵而非感觉。另如，'这是一匹马''这是一条狗'。那么，接下来的是联结在一起的更为抽象的概念系列，比如下面的这一概念系列似乎包含了关于对象的完整理解：'如果某物是人，那它是生命有限的理性动物。'正是通过这一系列〈印象〉，有关对象的概念才印在（imprimuntur）我们的心灵（animus）上，没有它们就不会有理解、探究和论证。①

［22］"但是，假如存在着错误的概念（你似乎用这个'noti-tias'来表示 ennoia）——那么，要是我们的概念是错误的，或是由无法与虚假印象区分开来的印象印在我们心灵上的，我们如何对待它们？我们又如何看出什么东西与当前的某物是一致的或是不一

---

① 这一段描述了斯多亚学派所认为的认知发展到理性阶段的过程，其依据是以这种方式获得的一系列概念，参见 Ac. 2. 30、艾修斯（Aetius）的《学述》（Doctrines）4. 11（SVF 2. 83）和 Lives 7. 49。如果第一阶段指仅有感官所把握的尚未概念化的感受——在感觉上对理性印象没有任何作用——这就是幼儿的前理性认知。斯多亚学派主张，所有成人的印象都是理性的，而理性印象至少有一部分是概念化的，参见 Lives 7. 51（SVF 2. 61）和 7. 63。参见 M. Frede, "The Stoic Conception of Reason", in K. Boudouris（ed.）, *Hellenistic Philosophy* Ⅱ（Athens, 1994）, pp. 50 – 63 和 C. Brittain, "Common Sense: Concepts, Definition, and Meaning In and Out of the Stoa", in B. Inwood and D. Frede（eds.）, *Language and Learning*（Cambridge: Cambridge University Press, 2005）, part Ⅰ。

致的？① 这种情况就不会给记忆留有余地，而它不仅是哲学，而且也是由生活和所有技艺（ars）而来的经验（usus）的仓库。如何可能存在着错误的记忆？一个人何以能够记住他不能理解和无法在心灵中存留的记忆？②

"又如何可能存在着并非由一两种而是由一系列理解构成的技艺系统（ars）？③ 如果你消除了技艺，如何会分辨行家与门外汉？我们不会偶然称一个人是行家，另一个人不是行家，而是看到一个人具有一系列感知和理解，另一个人却没有。有两类技艺：一类仅靠心灵辨识，另一类则是活动的和创制的；如此，就第一类而言，几何学家何以辨识那些或不存在或无法与假的区别开来的东西；对于后一类，一个乐师何以能够完成旋律，奏出妙音？同样的情况也会发生在那些仅靠创制和活动完成的其他相关的技艺上。如果不是技艺的践行者拥有许多理解，技艺如何能够发生？

［Ⅷ23］"不过，德性的研究也提供了许多东西是可理解的有力证据。实际上，在我们看来，知识不仅是有关某物的理解，而且是

---

① "如果某物是人，那它是生命有限的理性动物"（*Ac.* 2.21），是关于斯多亚学派概念观的可信事例。这种概念形式是为了说明获得概念同理性之间的关系，因为斯多亚学派将辨别结果之间的关系（*akolouthia*，即"一致性"）的能力当作实现理性的直接产物。例如，这些概念本身就已经表明"人"和"理性"之间的关系了。（参见 Frede，1994）

② *M.* 7.373（*SVF* 2.56）指出，芝诺称记忆为"我们印象的仓库"。后来的斯多亚学派将具体的记忆定义为，"对过去所确认之事的理解，它一旦出现就会被知觉所把握"，参见普鲁塔克《动物的灵敏》（*The Cleverness of Animals*）961c。西塞罗在 *Ac.* 2.106 回应此论证。

③ 斯多亚学派将技艺定义为"协调运用理解以造福生活的系统"，参见 *PH* 3.188（和 *SVF* 1.73，2.93 - 97）。西塞罗在 *Ac.* 2.107 和 2.144 - 146 对此有回应。

一种牢靠的和不变的理解，所以我们可以说知识像德性一样全靠这
种理解。① 智慧（sapientiam）即生活的技艺，让智慧之人持之以
恒，事实正是如此。假设这种'持恒'根本不在于任何理解或认
识，那么我想问问它来自何处，如何产生？我们想一想一个好人宁
肯承受种种苦难，遭受无法忍受的痛苦的折磨，也不愿抛弃他应尽
的义务或承诺——我要问，如果他没有把握、理解、认识并确立某
种可以解释其行为何以应当如此的理由，为什么他要给自己强加如
此沉重的负担？因此，必定有人会对公平和忠诚赋予如此高的价
值，以至于为了维护它们可以不惧任何苦难，除非他赞同了不可能
为真的〈印象〉。

[24]"至于智慧本身，首先，如果它不知道自己是不是智慧
的，那它何以博得智慧这一名头？② 其次，如果没有任何确切的东
西可以遵循，它何以敢将行动坚持到底，或者不懈地探究？其实，
若它迟疑于什么是至善，不知道所有活动所诉诸的最高目的，那它
何以是智慧的？此外，这点是显而易见的：必须有一个当智慧开始
活动时它可以跟随的初始原则（initium），这个原则必须合乎自然；

---

① "知识"是对希腊语"*epistêmê*"的翻译。斯多亚学派用以描述智慧之人理解所
达到的知识状态，也指他们所拥有的知识本身，参见 *Ac.* 2.145 和 1.41 - 42。斯多亚学
派认为，主要的德性是由智慧之人所理解的一套定理构成的知识或技艺（比较
Ac. 2.27）。尽管如此，他们也将心理健康和强壮定义为非理论性的德性，参见 *Lives*
7.90 和斯托拜乌的《牧歌》（*Eclogues*）2.7.5b p.62（*SVF* 3.278）。

② 斯多亚学派认为，智慧就是"关于神圣和人类事物的知识"，而哲学是将其用
以实践的技艺。参见 *M.* 9.13 和艾修斯的《学述》1 proem 2（*SVF* 2.35 - 36）。智慧的
内容包括斯多亚学派的自然哲学、伦理学和逻辑学中的定理，以及那些具体的道德德
性，参见 *Ac.* 2.114 - 17。

否则，内驱力或动机（appetitio）（这就是我们对"*hormê*"一词的翻译），这种迫使我们行动，趋向印象（visum）之对象的东西就不可能被启动①；[25] 而启动我们内驱力的东西必须先为我们所感觉，而且必须被相信，如果印象之对象与虚假的东西无法分辨，那么这一切就不可能发生；如果心灵不理解印象之对象究竟合乎自然还是悖于自然，那它何以启动以形成欲求？同样，如果没有合适的东西作用于心灵，心灵根本就不会做任何事情，就绝不会被驱使达致任何对象，绝不会产生运动；而心灵如果有所活动，那我们拥有的印象就一定要显现为真。②

[26] 再者，如果这些学园派的观点是真的，那么理性（ratio）——'生活之光的朗照和源头'③——就会被完全消除。你们学派会一直坚持这样一种悖谬吗？正是理性开启了研究，理性完善德性，因为它通过研究而强化自身；而研究是理解的内驱力，研究的目的在于发现；但没有人会去发现假的东西，而任何仍不确定

---

① Ac. 2.24 – 25 关涉斯多亚学派的理性行动理论。行动总体上由倾向某对象的"内驱力"（impulse）引起，内驱力让主体觉得此对象"本身是适宜的"。但就理性主体而言，行动由他们"赞同"这种"驱动性印象"引发。参见斯托拜乌（Stobaeus）的《牧歌》（*Eclogues*）2. 7. 9 和塞涅卡（Seneca）的《道德书简》（*Letter*）113. 18（*SVF* 2. 169），以及 T. Brennan，"Stoic Moral Psychology", in B. Inwood（ed.），*The Cambridge Companion to the Stoics*（Cambridge, 2003），pp. 257 – 294。斯多亚学派的"适宜行动"观点及其与"适于我们本性"的关系，在 *Ac.* 1. 36 – 37 有阐释。

② 这是斯多亚学派"无为"（*apraxia*）论证的第一个证明。但是，卢库鲁斯在此似乎混淆了两种说法。他正在论述的行动理论仅要求主体赞同驱动性印象，而不必赞同所谓的可理解的印象，参见 *Ac.* 2. 37 和普鲁塔克的《驳克罗特斯》（*Against Colotes*）ch. 26 1122a – c。不过，斯多亚学派的幸福理论也要求主体的行动依据智慧加以修正和选择，其前提便是行动受到理解的指导，参见 *Ac.* 2. 39。

③ 该短语似乎译自 "*phôs kai pheggos tou biou*"。

的东西是不能被发现的：发现就意味着'先前被遮蔽的东西得以揭示'；因此，〈理性〉既是研究的起始点，也掌握了理解的结果。因此，逻辑证明（argumenti conclusio，希腊语 *apodeixis*）被界定为'一种由已被理解的前提达致先前未被理解的结果的推理过程'。①

[Ⅸ27] "其实，如果所有印象都像学园派所说的那样可能为假，没有任何心灵过程可以区分它们，那我们如何能说有人证明了什么，发现了什么？我们又如何相信逻辑证明？既然哲学必须通过论证取得进展，那它如何找到出路？那对于智慧（sapiens）又将如何？智慧不应怀疑自己及其原则或教条（decretum，哲学家们也称之为 *dogmata*），凡是背弃原则，就是犯罪；因为背弃原则意味着背弃真理与道德的律令，而这种罪恶通常催生出对友爱和公共责任的背弃。② 因此，毋庸置疑，智慧之人的原则没有一条是假的，而对他们来说，不为假也远远不够，还必须是稳定的（stabile）、牢固的（fixum）、公认的（ratum）和不为任何论辩所动摇的；但对于学园派来说，它们不可能如此，甚至看起来也不像这样，因为这些人主张作为所有原则来源的印象无法与虚假的印象区分开来。

[28] "这引发出一个由霍腾西乌斯提出的要求：你们学派至少

————————

① 这段的依据是斯多亚学派对"研究"、"发现"和"证明"的定义（引于 *SVF* 2.103, 111）。前两个概念的定义类似于克莱门（Clement）的《杂记》（*Miscellanies*）6.14（*SVF* 2.102）。斯多亚学派将证明或论证定义为满足以下两种要求的真且有效的论证：其前提是明显的，并由于其本质而"对之前不明事物具有启发性"。参见 *PH* 2.140–143, *M*. 8.422（*SVF* 2.239），以及 *Ac*. 2.44。它们与理性的联系在 *Ac*. 2.30–31 有相关阐述。

② 参见 *Fin*. 3.48。西塞罗在 *Ac*. 2.133 对此有回应。

应当承认智慧之人能够理解'无物能被理解'这句话本身。不过，安提帕特曾提出过同样的要求，他说那些宣称无物能被理解的人尽管称其他东西是不能被理解的，却承认这句话本身是能被理解的，这是相融贯的（consentaneum）①；卡尔涅亚德强烈地反对他这个说法，声称这远非融贯，而是极其不融贯，因为一个人称无物可知，就没有任何例外，既然没有例外，就必然推出这句话本身也是不能被理解的。[29] 安提奥库的论证似乎更令人信服；他论辩道，学园派既然把'无物能被理解'当作原则或教条（decretum）（现在你就明白我翻译 dogma 一词的意思了），他们就一定不能在解释其他东西时对这个原则本身摇摆不定，何况它还构成他们学说的基础，对真与假、知与不知的断定毕竟是用于衡量任何哲学的准则或尺度（regulam）；既然他们采纳了这个观点，试图教给人们哪些表象是可接受的，哪些是要拒斥的，那么毫无疑问，他们应该能理解这个原则本身，这个所有真假标准的基础；他称，哲学上两个最重要的问题是真理的标准和善的目的。没有谁会成为智慧之人，如果他不知道认识过程的源头或欲求的目标（extremum），因而也不知道自己从哪里来，要到哪里去的话；而在这些问题上犹疑不定，对之也没有把握，则与智慧相差千里。因此，安提奥库更倾向于认为，学园派至少应当承认他们理解'无物能被理解'这

---

①　安提帕特论证，要将"无物可知"的观点从这个命题中移除出去。面对这里提及的不屑的言辞以及西塞罗在 *Ac.* 2. 109 的回应，这一论证目的很难实现。参见 M. Burnyeat，"Antipater and Self-refutation：Elusive Arguments in Cicero's *Academica*"，in B. Inwood and J. Mansfeld（eds.），*Assent and Argument*（New York/Leiden，1997），pp. 280 – 290。

件事本身。① 但我认为，有关他们整个观点的不融贯——如果不赞成任何观点的人被说成是有观点的，我谈得已很充分。

[Ⅹ30]"下一个论题尽管内容丰富但略显晦涩，因为它包含不少自然哲学的东西；因而，我担心这会让我的对手有更多机会肆无忌惮；我还会指望那些试图剥夺我们光明的人在深陷黑暗的主题上做些什么呢？然而，还是可以详细讨论一下自然在创造动物尤其是人方面充分体现出来的匠心（artificio），也解释一下感觉所具有的能力，印象如何先是打动我们，接着内驱力（adpetitio＝hormê）由印象的刺激而来，最后感觉把我们导向我们想理解的对象。② 心灵（mens）是感觉的源泉，甚至其本身就是感觉，具有一种导向那些触动自己事物的自然能力。③ 相应地，它抓住某些印象以便直接使用，而把另一些印象储存起来作为记忆的源泉，还根据它们的相似性，把所有剩下的印象合为一个体系，形成对象的概念（希腊语有时称之为 ennoiai，有时称之为 prolêpseis，即'前识'）。加上论证、逻辑证明和大量的事实之后，对所有这些东西的理解就变得清

---

① 安提奥库对安提帕特论证的修改所依据的观点是，哲学"派别"都由一套特殊的教条或学说作支撑，参见 Lives 1. 18 - 20。西塞罗在 Ac. 2. 109 - 110 回应了这个论证。

② 天意对人类的构成的"匠心独运"在西塞罗的 DND 2. 133 - 53，尤其是 2. 145 - 147 由代表斯多亚学派的巴尔布斯详细论述。

③ 斯多亚学派认为，五种感知能力是心灵或"主导原则"（hêgemonikon）生发出来的部分灵魂，而感知是心灵的功能，参见艾修斯《学述》4. 4 和 4. 21（SVF 2. 826, 2. 836）。卢库鲁斯将心灵和感官等同起来的观点与 M. 7. 307（SVF 2. 849）中的不知名的独断论者的观点类似，他认为"同一种官能一方面是思想，另一方面是感知"。

楚了，通过这一阶段得以完善的理性本身最终达致智慧。①

[31]"既然人类的心灵完全与事物的知识和生活的恒常相适应，那么它容易获取知识，它热爱你们的'*katalêpsis*'（如我所言，我们将它译为'把握'或'理解'），不仅为了它自己（因为没有什么比真理之光更亲近心灵的了），而且还为了它的效用。因此，心灵使用感官，创造出几乎是第二感官的系统技艺，它强化了哲学本身的结构以指明德性之所在，而德性让我们的整个生活始终如一。② 因此，那些否认事物能被理解的人恰好剥夺了我们生活的工具和手段，或更有甚者，从根本上推翻了整个生活，剥夺了动物之为动物的心灵，因而再怎么批评他们这种鲁莽都不够。③

[32]"尽管如此，事实上他们的目的或者想法，我不能完全弄清。④ 当我们这样来对学园派施压，'如果你们的结论成立，那么所有事情都会不清不楚了'，学园派有时会如此回答：'好吧，这和我们有什么干系？这肯定不是我们的错；要怪就去怪自然将真相隐

---

① 这一段总结了理性经由卢库鲁斯在 *Ac.* 2.21 - 23 和 2.26 所确定阶段的发展过程。理性的完善过程就是，先以一套基本的"前识"为起点（*Ac.* 2.21 - 22），继而通过研究或探究"细分为"各种专门的概念（*Ac.* 2.26），参见 *Ac.* 1.42，普鲁塔克 fr. 215f（ed. Sandbach = *SVF* 2.104），以及 Brittain，"Common Sense"，2005，part I。

② 斯多亚学派所描述的这一过程，即引导我们自然地热爱理解，继而发展出知识，最终让生活始终如一，就是获得智慧。这在 *Fin.* 3.17 - 21 有所解释。安提奥库提出了与之不同的描述，参见 *Fin.* 5.41 - 45。

③ "鲁莽"本来是怀疑派批驳独断哲学的惯用说法。

④ 在 *Ac.* 2.32 - 36，卢库鲁斯辩护斯多亚学派的真理标准，即"可理解的印象"。此外，虽然学园派对此存疑，但也找不到除此之外的"实践标准"来指导行动，只能"跟随"感觉或常识。

藏在深渊中，就像德谟克利特说的。'① 不过，其中有些人则更会
耍滑头，抱怨我们的指责，称在他们看来任何事物本来就是不清楚
的；他们又力图解释事物'不清楚'（incertum）和事物'不可理
解'是两码事，进而对二者加以区分。这样，我们来对付第二拨
人，就是做出此类区分的人。我们可以抛开另外一些人，他们说所
有事物都不清楚，就像要指出星星的数量是偶数还是奇数一样：他
们没有希望了。他们认为——其实，我注意到这观点最让你们学派
亢奋——存在'有说服力的'（probabile）或者'似真的'（veri
simile）印象；他们正是将这种印象作为自己生活、研究和论证的
指导规则（regula）。②

[ⅪⅠ33]"如果印象是不可区分的，这意味着我们对真与假没有
概念，那么他们所说的这些印象又怎么会成为辨识真假的法则？倘
若我们确实有真与假的概念，那么真与假就应该像对与错一样有差
别；不过，如果它们之间没有差别，那么这种法则就不存在；而某
人所持有的印象既是真的又是假的③，那么他就不会有任何真理的
标准或标志。当然，学园派称自己就是不接纳这种观点——印象可

---

① 德谟克利特 fr. B117（*DK*），更为翔实的版本见于 *Lives* 9.72，即"事实上，我
们什么都不知道，因为真理藏于深渊之中"，参见 *Ac.* 2.73。

② 第一组学园派是 *Ac.* 2.59 提到的阿尔克西劳的追随者；第二组的根据是卡尔涅
亚德借助区分"有说服力的"印象（还是"不可理解的"）与"不清楚的"印象，从而
给出一套"实践标准"。西塞罗在 *Ac.* 2.98 – 111 对 *Ac.* 2.32 – 36 提到的论证做了回复。
参见 J. Allen，"Academic Probabilism and Stoic Epistemology"，*Classical Quarterly* 44
（1994），pp. 85 – 113，and "Carneadean Argument in Cicero's *Academic Books*"，in
B. Inwood and J. Mansfeld（eds.），*Assent and Argument*（New York/Leiden，1997），
pp. 217 – 256。

③ 参见塞克斯都语："*koinē phantasia tou te alēthous kai pseudous.*"

能为真，只要没有一个虚假印象与之类似——而其他观点都可以商量；但是，当他们已经把判断事物的标准全都抛弃了，却又不承认自己同样抛弃了所谓的'其他观点'，这岂不幼稚；这就好比一个人夺走了别人的视力，却说自己没有剥夺可供以感知的对象一样！在这个例子中，我们的眼睛认出这个对象，因而我们也是靠某种印象来认出"其他观点"的——靠的是标志（nota）真实印象的东西，而不是既真又假的东西。① 因此，无论是卡尔涅亚德所说的'有说服力的印象'或者'未受干扰（impedire）而有说服力的印象'，还是你们提出的其他标准印象，你们都必定会返回我们正在讨论的这种印象上来。② ［34］然而，要是虚假印象也有与这个印象相同的特征，那么就不会有任何判断标准了，因为具有区别功能的特征不可能被共同的'记号'标出③；相反，如果这些特征不是共有的，那么我就达到目的了，因为我在寻找一个真实印象，它如此这般因而没有一个相应的虚假印象。

---

① 这段反对意见与 *M*. 7. 260 中的早期斯多亚学派的论证相同。盖伦（Galen）也用同样的方式反驳新柏拉图学园派的法沃里努斯（Favorinus），参见盖伦的《最优教学法》（*The Best Teaching-Method*）ch. 5。

② *PH* 1. 227 - 29 和 *M*. 7. 166 - 89 在论述卡尔涅亚德的"实践标准"时，更详细地阐释了"有说服力的印象"和"未受阻碍而有说服力的印象"之间的区别。该区别在 *Ac*. 2. 44, 59 还受到批评，而西塞罗会在 *Ac*. 2. 104 - 9 为此辩护。

③ 如果此观点无误，那么卢库鲁斯的话就表明，"可理解的印象"所具有的区分真理的标志就是一种"记号"（*Ac*. 2. 36 复述此观点）。这意味着，安提奥库采纳或掉入了学园派对斯多亚学派观点的误解中（参见 *M*. 7. 160 - 164 的卡尔涅亚德的论证）。斯多亚学派认为，"可理解的印象"是真理天然而自为的标准，我们不必根据所谓的"记号"推知其真理。参见 G. Striker，"Academics Fighting Academics"，in B. Inwood and J. Mansfeld（eds.），*Assent and Argument*（New York/Leiden，1997），pp. 257 - 276。

"他们还犯了同样的错误，由于求真的驱使，试图将'清楚的'印象从'可理解的'印象中区分出来；他们的这一观点是想说，有一种清楚的印象，它真实，且在我们的心灵和意识上打下了印迹，但仍不可理解。但是，当一个黑色的东西有可能引起白色的印象之时，你又怎么能说某个东西显然是白色的呢？还有，要是我们不清楚心灵是回应真实事物而被触动，还是空洞地（inanis）被触动，那么我们又怎么能说这些印象是清楚的，说它们在心灵上准确地打下了印迹？① 否则，色彩、物体、真理、论证、感觉，任何清楚的东西都不存在了。

[35]"这样一来，无论他们说什么，总有人反问：'如此，你们至少可以理解你们自己的观点吧？'然而，他们总是一笑而过；因为他们不是要证明：如果人们所支持的东西没有确定而独特的标志，那么他们就不能断言或主张什么。如此，这里的'有说服力的印象'究竟是什么意思呢？如果这是说，你们依赖这些一看就觉得有所触动，就感觉值得信服的东西，还有什么比这更蠢的吗？但就算他们声称自己是在深思熟虑之后才跟随这种印象的，仍然没有任何出路②；[36] 首先，因为我们相信那些没有分别的印象，同样会相信其他印象，所以我们的这种信任终究会被取代；其次，他们

---

① 斯多亚学派将知觉印象——外部事物以适当方式引起的知觉——与由"心灵的空洞运思"而造成的幻象或想象相区别，参见 *Lives*7.50 以及艾修斯《学述》4.12.1 - 5（SVF 2.54，2.55），以及接下来的 *Ac.* 2.47 - 54。

② 如此的异议亦见于 *M.* 7.435 - 438。西塞罗在 *Ac.* 2.98 - 101 轻蔑地回应了这种异议。这表明，他们反对的对象是温和的怀疑派，因为此类怀疑派越来越频繁地将某种"可信服印象"作为真理证据。参见 C. Brittain, *Philo of Larissa*：*The Last of the Academic Sceptics* (Oxford, 2001), Chapter 2。

承认，哪怕智慧之人将所有东西都做一番周密的考察（circumspec-
tio），他们获得的印象仍有可能只是近乎真理，而远远不是真理；
因此，即使他们像自己所说的那样确实在最大程度上接近了真理，
或者得到了最近似真理的东西，他们还是对自己的主张没有十足的
把握。如果他们要有把握，那么他们的印象就必须是区分真理的特
征标志；既然他们已经削弱或模糊了这种特征，那么他们还凭什么
觉得自己可以获得真理呢？确实，还有什么比如此狡辩更荒唐的
了——他们说：'我跟随这种印象，因为它事实上是那些东西的记
号（signum）或证据（argumentum），但那些被标记的东西最后也
许会是虚假的，或者完全是不存在的（nullum）。'于是，关于理
解，就说的差不多了；要是还有人打心眼里想要推翻我的论证，那
么真理本身就会为自己辩护，哪怕没有我的帮助。

[XII 37]"既然我们对那些我解释过的议题了解得很充分了，下
面让我们就赞同（adsensione）或认同（adprobatione）（希腊语称
为'sunkatathesis）谈一点看法——①虽说这是个大问题，但不久之
前我们已经做了铺垫。首先，当我解释感觉能力时，同时也表明许
多东西是通过感觉加以领悟和理解的，但如果没有赞同就不会实
现。再者，动物和非生命物之间的最大区别在于，动物可以进行某

---

① 卢库鲁斯在 Ac. 2.37 - 39 对"赞同"的讨论是根据芝诺提出的斯多亚学派的理
论，参见 Ac. 1.40 - 42。第一个论证（Ac. 2.37，在 Ac. 2.38 重复）的根据是，斯多亚学
派的"认识论"，即真实的可理解的印象就构成一种理解（如卢库鲁斯在 Ac. 2.19 - 21
论证的），因而要求赞同，参见 Ac. 1.40 和 2.108。本部分的第二个论证（在 Ac. 2.39
重复）是 Ac. 2.24 - 25 提出的"无为论证"的另一个版本。但是，安提奥库在此和
Fin. 5.38 将赞同和自主活动归于动物，就偏离了斯多亚学派的观点了。西塞罗在 Ac.
2.108 对此有回应。

些活动（完全无法想象一个动物竟然不能像这样活动），所以要么我们剥夺动物的感觉，要么承认作为自主能力（in nostra potes-tate）的赞同。[38]另外，某人拒绝感知或赞同在某种意义上（如阿尔克西劳做的那样）是对心灵本身的剥夺；就像一架天平当放上重物就会沉降，心灵必然也会顺从清楚的〈印象〉：因为正如动物不能不趋向某种似乎亲近于本性的东西（accommodatum ad natu-ram，希腊语称为 *oikeion*，即'亲缘'），因此心灵不能不认同呈现在它面前的清楚的东西。①

"尽管如此，假设我所讨论的观点是真的，那就没有什么必要讨论赞同问题了；因为但凡某人理解了某种东西就会立刻赞同。但是，还有以下系列结果需要明白：没有赞同就不可能有记忆、关于对象的心灵概念和技艺；至关重要的是，在不赞同任何东西的人那里也就不存在我们的自主能力了；[39]如果一切皆不由我们自主，德性何在？尤为荒谬的是，学园派认为人之恶（vitium）出于我们自己的能力，如果没有赞同就不会有人作恶，却不认为德性也会如此，而事实上德性的统一和力量是由它所赞同或者说认可的印象构成的。② 无论如

————————

① 该论述似乎相信安提奥库持有某种观点：可理解的印象必定伴随赞同。一些学者将此观点归于克律西波，并有所限制地归于 *M*. 7. 257 中的早年斯多亚学派。但是，*Ac*. 2. 53，2. 94 和 2. 107 暗示这并非斯多亚学派的观点。这样的话，此论证或指在此种情况下我们自然地倾向于（而不是"必定"）赞同。西塞罗在 *Ac*. 2. 108 回应了此论证。

② 斯多亚学派主张，自主行为和道德自然取决于赞同（对世界做出判断的能力），参见 *Ac*. 1. 40。既然"存疑"（悬置赞同）在斯多亚学派的理论中与赞同一样都是自主行为，那么卢库鲁斯的前一个论证似乎无法有效反对学园派。学园派认为，（知识的）德性和恶取决于赞同能力的运用，因为他们主张赞同也会导致意见或谬误（*Ac*. 2. 66 - 67），而"存疑"才是明智的（*Ac*. 2. 108）。

何，在我们活动之前必须获得一些印象，并予以赞同；因此，任何人消除了印象或赞同就消除了生活的一切活动。

［ⅩⅢ40］"现在，让我们考察一下这个站在我们对立面的学派通常反驳我们的论证。① 但在此之前，你们有机会了解他们整个学说的'根基'（fundamenta）。好吧，他们起先构建了一种处理我们所说的'印象的分级系统'，界定印象的特征和类型，尤其是界定那种能被理解的印象，甚至像斯多亚学派那样细致入微。其次，他们提出了两个命题，将整个探究统一起来：其一，当一种印象以这样一种方式呈现，以至于另一种印象也以同样的方式呈现，两者之间根本没有任何差别，那么一种能被理解而另一种不能被理解则是不可能的；其二，它们之间不仅在各个部分的特征上相似，而且不能被区分开来，那么它们就可以称为'没有区别'。提出两个命题后，他们把整个议题归结为一个证明式；该证明式如下：'（1）某些印象是真的，另一些是假的；（2）并且，假的印象是不能被理解的；（3）但是，每个真的印象总是如此这般，以至于其实存在一个相同的虚假印象；（4）这些印象之间没有任何差别，不可能发生一些印象能被理解而一些不能被理解；（5）因此，没有任何印象是能被理

---

① 在 Ac. 2.40 - 58，卢库鲁斯与学园派的"无区别"（aparallaxia）论证针锋相对。后者的论证旨在证明可理解的印象并不存在。Ac. 2.40 - 44 展现了学园派的"核心论证"以及安提奥库对其的总体反驳。Ac. 2.45 - 58 考察了学园派"无区别论证"的两种类型。

解的。'①

[41]"这里，他们以这两个命题为前提，推出想要得到的结论，还将其设定为公认的，的确没人会否认它们：虚假印象是不能被理解的；其次，对于相互间没有任何区别的印象，不可能一个能被理解而另一个不能被理解。但是，其余的前提，他们对此的辩护复杂而冗长，它们也有两个：其一，某些印象为真而某些为假；其二，每个来自真实存在物的印象如此这般以至于存在与之相同的虚假印象。②

[42]"对于这两个前提他们没有浮光掠影，而是专心致志且勤勤恳恳地拓展开去；他们将之分为若干部分，总体上是：首先是感觉；其次是来自感觉和日常经验（consuetudo）的产物，意在说明这些东西是模糊的；最后，他们达致第三个部分，证明哪怕通过理

---

① 两个对象完全相同，A 和 A' 呈现出一样的印象 a；但是，两个仅仅表面上类似的对象仍然可以如此；就是说，尽管他们并非完全相同，但人类的感官却无法将二者区分开来。譬如，X 和 Y 都呈现了相同的印象 x。当我们获得该印象 x 的时候，会认为它来自 X，而它实际上来自 Y，X 也不在这里。那么，在此时，我们就没有"理解"X。由此，如果我们获得了印象 x，并以为它来自 X，哪怕 X 也确实在这里，也不能说我们"理解"了 X。因此，理解是不可能的。这是学园派的"核心论证"，西塞罗在 Ac. 2.83 再次强调了此论证，比较 M. 7.154 和 7.160 – 164。参见 M. Frede, "Stoics and Skeptics on Clear and Distinct Impressions", in M. Burnyeat（ed.），*The Skeptical Tradition*（London, 1983），pp. 65 – 93。西塞罗用"能被理解的"来描述"理解性的表象"，即供以理解对象或事件的印象，而不是描述这些印象的对象，这无疑会引起歧义。这一论证的前两个要点是对"（4）"的解释，它是该论证至关重要的步骤。这个论证的第二个部分是说，形而上学的无区别和现象上的无区别之间是否有差别都与此论证无关，详见于 Ac. 2.52, 2.58 和 2.84。

② 比较 Ac. 2.44，且在 Ac. 2.83 会复述。

性和归纳（coniectura）也不能理解任何东西。① 他们把这些一般性的部分又进一步细分，对所有其他部分使用的方法同昨天在讨论感觉时你们所看到的一样；在对待细分部分的每一论题时，他们都意在证明所有真实印象都伴有与之无法区分的假的印象——既然印象本性如此，因而理解它们是不可能的。

[ⅩⅣ 43]"尽管我承认这样的精确对哲学来说再适合不过了，但鉴于学园派处理这类问题的立场，这种精确就大不合适了。定义（definitiones）、划分（partitiones），以及其他语言澄明（luminibus）的手段②——还有相似（similitudines）、相异（dissimilitudines），以及他们的细致区分（distinctio）——都是某种人的手段，这些人相信自己所捍卫的观点是正确的、稳固的（firmus）和确定的；而这些手段却不为那些宣称这些观点同谬见无异的人所有。毕竟，要是当他们定义某物的时候，有人问他们这个具体的定义是否适用于别的任何事物，他们该怎么办呢？如果他们说适用，他们有什么理由称这个定义是对的？如果他们说不适用，既然这个真实的定义不适用于虚假的对象③，那么他们就不得不承认这个定义所解释的对象是可理解的，而这是他们最不想要的结果！

———————————

① 学园派论证的三个部分对应卢库鲁斯在 Ac. 2.19 - 27 对领悟或理解的论证结构：Ac. 2.19 - 20 处理感觉问题，Ac. 2.21 - 22 处理其产物，Ac. 2.22 - 27 处理理性。同样，它也对应西塞罗在 Ac. 2.79 - 98 的驳论结构：Ac. 2.79 - 87 讨论感觉，Ac. 2.88 - 90 讨论产物，Ac. 2.91 - 98 讨论理性。Ac. 2.87 证实克律西波也采纳了这种划分。"归纳"（inductive inference）是对"coniectura"的翻译，通常在较弱的意义上表示"猜想"（guesswork）。但是，它在此语境中表示斯多亚学派用以进行理解的能力或方法。

② "lumina"是修辞学术语，译自"sksēmata"。

③ 这里的"虚假的对象"指"无法构想出的事物"，而非"不真实的事物"。

"他们论证的每一个步骤都可以这样反驳。[44] 如果他们声称自己可以清楚地辨识他们所论证的东西，不受真假印象之间交叠杂陈的阻碍，那么他们就得承认能够理解这些东西。但是，如果他们否认真假印象可以区分开来，那他们的论证如何推进？① 因为他们又会碰到前面所遇到的困境：既然一个论证是无效的，除非你承认拿来作为前提的命题已被充分证明不可能有一个与之类似的假命题：因此，如果一个推理过程是通过某个已被理解的前提展开的，而它却得出了没有东西是可理解的结论，还能发现比这个更自我矛盾的论证吗？严整演说（accuratae orationis）〈即形式论证〉的本性表示有意揭示非显明之物，为了达成此目的，就要使用由感觉而来的真理和显明的前提②；这些学园的思想家宣称一切与其说是存在的，不如说是看起来存在的，那么我们又该如何理解呢？

"不过，他们最严重的错误在于，把两个完全矛盾的命题当作融贯的，首先某些印象为假（这里显然蕴含了某些印象为真），与此同时在真假印象之间完全没有差别：但你的第一个命题蕴含了印象有差别——因而你的前一个命题同后一个命题相互矛盾。③

[45]"好吧，让我们抓紧点，尽量不要带有任何偏见；详细考察一下这些思想家的学说，千万别有什么遗漏。首先要注意的就是，我提到的'明显'（perspicuitas）本身强而有力，足以向我们

① 这个论证重申了 *Ac.* 2.33 - 36 在实践上反驳学园派方法的主张。埃奈西德谟也有类似的论证，参见佛提乌（Photius）的《群书摘要》（*Library*）212 170a. 31 - 38。

② 参见 *Ac.* 2.26 对"证明"的定义。

③ 埃奈西德谟也有类似的反驳，参见佛提乌的《群书摘要》212 170a. 26 - 31。西塞罗在 *Ac.* 2.111 对此有回应。

显现它就是如是所示的样子。① 不过，为了更坚实更持久地把握明显的东西，我们仍要完善方法或者继续努力——否则套路或者诡辩会将我们带离本身就明显的东西。（因为伊壁鸠鲁试图改正那些似乎妨碍我们把握真理的错误，称智慧之人最好将意见和明显的真理区分开；而他们没能成功，因为他们根本没能驱除意见本身的谬误。）② ［ⅩⅤ 46］如此，既然清楚明白的东西有两个阻碍因素，那么就需要两个方案。其中一个阻碍是，人们不能一门心思地关注明显的事物，从而认出这些事物展现出来的清楚明白的特征；另一个因素就是，一些人受到了难以对付的精巧论证的愚弄和欺骗，他们反驳不了就放弃了真理。因此，一方面，我们需要做出回应来为'明显'辩护（我已经做过了）；另一方面，还得拿起武器，以便应对他们的论证，清除他们的诡辩，这便是我马上要做的事。

[47]"因为学园派本身有一套有序的论证方法，所以我阐述他们的论证也要井井有条。首先，学园派试图说明这样一种可能，就是那些绝对不存在的东西看起来是存在的，因为我们的心灵会被那些并不存在的事物空洞地触动，就好像被真实存在的事物触动一样。③ 他

---

① 参见 *Ac.* 2.17。卢库鲁斯在 *Ac.* 2.46 末尾指出，他在 *Ac.* 2.19 - 27 的论证直接捍卫了关于"明显"的观点。

② 伊壁鸠鲁 fr. 223（Usener）。参见伊壁鸠鲁的《致赫罗多图的信》(*Letter to He-rodotus*) 49 - 52 (*Lives* 10. 49 - 52) 和 *Ac.* 2.79 - 80。

③ 学园派的第一类论证依据心灵的异常状态。*Ac.* 2.27 - 53 对此进行了考察。参见 *M.* 7. 402 - 408。对"有信服力"（有说服力）的补充在此十分必要，因为斯多亚学派（以及安提奥库）接受"空洞的印象"（vacuous impressions，来自不存在之物的印象）的存在，参见 *Ac.* 2.34（以及 *Ac.* 2.49）的注释。西塞罗对卢库鲁斯反驳的回应，可参见 *Ac.* 2.88 - 90。

们说，'你们毕竟声称一些印象是神明的赏赐，例如梦境和来自神谕、预测和占卜的启示'（他们强调，这些都是他们的论敌斯多亚学派所认可的）。他们会问：'神明有能力让虚假印象有说服力，却没有让有信力的印象极其接近真理，这是怎么回事？或者，要是他们能让这些虚假印象也有说服力，为什么不能让那些和虚假印象可区分的印象有说服力，尽管伴有巨大的困难？要是这样，为什么不能让和虚假印象不能区分开来的印象有说服力？'

[48]"他们接着会指出，既然心灵可以触动自己，就像我们心灵的幻想能力所表现出来的那样，再如睡觉的人或者疯子臆造出的无根无据的印象，那么心灵也会因为无法分辨印象的真假而被触动，甚至会以为某些印象与〈真实印象〉没有区别而被这些印象触动：比如，一个人打战或者面色苍白，我们也不能分辨他的颤抖和苍白是因为他自己的精神活动造成的，还是因为什么恐怖的东西把他吓住了，感觉的内部状态和外部因素造成的结果之间没有差别。他们总结，要是虚假的印象不会有说服力，就是另外一回事了；不过，如果它确实有信服力，那么为什么就不存在一种〈虚假〉印象，而它难以同〈真实印象〉区分开来呢？为什么就不存在这样的〈虚假〉印象，它确实不能与〈真实印象〉区分得开？特别是，你自己也说智慧之人处在疯癫状态会克制（sustinere）自己不做赞同，因为他的〈真假〉印象之间没有明显的区别。

[XVI 49]"安提奥库说了很多反对'空洞印象'的话——曾就此问题讨论了一整天——不过，我觉得自己用不着这样，把主要的观点摆出来就行了。首先要批评的就是他们的论证过于诡辩——通

常很难被哲学认可——在该论证中，事情总是一点又一点地或者逐渐地增加或减少。他们称这类论证为'堆积'（soritas）①，因为他们〈像是在〉聚集谷粒以成谷堆。这显然是错误且诡辩的论证方式！② 你们如此论证：如果神给睡梦中的人一个有说服力的印象，那又为何不给一个极其近乎真理的印象呢？又说，为什么不给一个难以和真实印象区分开来的印象呢？为什么不给一个不能和真实印象区分的印象呢？最后，为什么不给一个和真实印象完全没有差别的印象呢？

"如果你们可以一步一步展开论证，是因为我在每一步都做了妥协，那错在我；不过要是你们自己主动推展论证的，那么错就在你们。[50] 是谁让你们假设神可以做任何事情，可以随心所欲？③ 再来，你们假想若某物与他物类似，就可说此物难以和他物相区别，继而说它们甚至不能相区别，最后就说它们相同了，这是怎么推出来的？同理，如果狼和狗相似，你们最终也会说它们也是一模

①　即"sôreitês sullogismos"，一个论证的结论构成下一个论证的前提。其中，论证的每一环节都递进一小步，或者后退一小步。请注意，学界为了突显其论证特征，一般将其称为"连锁论证"，而非"谷堆论证"。

②　西塞罗在 *Ac.* 2.90 – 92 勾勒了形式逻辑中的"连锁论证"。卡尔涅亚德因在认识论中使用类似的非形式论证而受人诟病。参见 *DND* 3.43 – 52 和 *M.* 9.182 – 184 中记载的卡尔涅亚德的神学论证。

③　克律西波认为，神有时会用梦境和神谕给我们虚假的印象。不过，他并不觉得这是一种欺骗，因为神的意图不在于让我们赞同这些印象，而是影响我们对其做出回应并行动。参见普鲁塔克的《斯多亚的矛盾》（*Stoic Contradictions*）ch. 47 1055f 和 1057a – b （*SVF* 3.177）。西塞罗笔下的学园派通常设定斯多亚学派的神无所不能，参见 *DND* 3.92 和 *Div.* 2.86。但是，斯多亚学派否认神会做错事，参见塞涅卡的《道德书简》（*Letter*）95.47（*SVF* 2.1117）。

一样的。毫无疑问，一些不道德的行为和道德的行为类似，不好的事物会和好的事物类似，一些粗糙的产品会和精巧的产品类似；那么，我们为何迟疑于宣称这些例子里的事物之间没有差别呢？难道我们确实发现了其中的抵牾之处？事实上，从同类（genus）的东西里不能移出不同类的东西。但是，倘若你偏要证明不同种类的印象没有差别，我们会发现一些印象既属于它们自己一类，又属于别的一类；这情况会发生？①

[51] "下面，有一个回应适合所有的'空洞'印象，无论它是被想象臆造出来的（我们妥协，这种情况经常发生），还是在睡眠时，或是醉酒时，或是头脑不清时出现的：我们会说'清楚'——我们必须牢牢抓住的东西——消失了。任何人给自己展现什么东西，或者用想象描绘出什么东西，一旦他清醒过来，回想起自己的所作所为，还意识不到'清楚的'和'空洞的'印象之间存在差别吗？

"相同的论证还可用于梦境。当恩尼乌斯（Ennius）和邻居塞维乌斯·伽尔巴（Servius Galba）徜徉于花园，你会认为恩尼乌斯会说'我似乎觉得自己在同加尔巴散步'？不过，要是他在梦里，会如此说：

　　　　'好像诗人荷马莅临'②

---

　　① 卢库鲁斯论证的基础是斯多亚学派的事物严格区分的学说，即个体和各个种类都是独一的，参见 Ac. 2.56。真假印象不可能完全一致，因为它们归属于不同的"种类"，某一类会将另一类排除在外（并且具有将其区分开来的能力），参见 Ac. 2.54，2.56 和 2.58。

　　② 恩尼乌斯的《编年史》（Annales）Bk. 1 fr. 3（Skutsch）。

就像在《埃比查姆斯》（*Epicharmus*）里说的：

> '我恍若梦见自己的死亡。'①

我们醒过来，就马上会明白这些印象，因为我们不会觉得他们和我们在大庭广众之下做的事一样。

　　［XVII 52］"但你们会说，当我们持有这些印象，它们在梦中的'样子'（species）和我们清醒时看到的东西一模一样！② 首先，二者之间存在差别；但我们先留在一边，我们必须说的是，睡着的人的心灵和感官不如清醒的人那样有力和健全。甚至，醉酒的人在做事的时候都不如清醒时那样坚定：他们瞻前顾后，犹犹豫豫，一时间醒过来，也只是微弱地（imbecillius）赞同自己的印象——而当他们一觉醒来，就会意识到这些印象是多么模糊。神志不清的人亦是如此，因而当他们开始发作时，便会感受到，并嘟囔自己得到了一些空洞的印象；但当他们恢复神志，就会意识到发生了什么，并念叨阿尔克迈翁（Alcmaeon）的诗句：

> '但是，我的心一点儿不相信眼前的景象……'③

---

　　①　恩尼乌斯的《埃比查姆斯》fr. 1［*Varia* 45］（Vahlen）。

　　②　在这里以及 *Ac*. 2.58 中，卢库鲁斯使用的"species"都翻译成"样子"（look），意味着他驳斥的是一个新的学园论证，这个论证涉及他们所体察到的心理或现象上的内容。但是这个词又能被翻译为"种类"一词的变体，参见 *Ac*. 2.50 和 2.55。

　　③　恩尼乌斯的《阿尔克迈翁》（*Alcmaeon*）fr. 15a（Jocelyn）。参见 *Ac*. 2.89 - 90。"阿尔克迈翁"是恩尼乌斯同名剧作的主人翁，改编自希腊戏剧——可能是欧里庇得斯（Euripides）的《普索菲斯的阿尔克迈翁》（*Alcmaeon at Psophis*）。在剧中，阿尔克迈翁为报杀父之仇而杀死了自己的母亲厄里费勒（Eriphyle），因而受到复仇女神的蛊惑而发疯。最终，阿波罗和戴安娜在审判中宽恕了他的弑母之罪。

[53]"但你们会说,智慧之人即使身陷疯癫也克制自己,以免将虚假认作真实。① 要是他们的感官变得迟钝、不顺畅,或者他们的印象太模糊,再或者没时间仔细分辨,他们都会克制自己。尽管如此,这一点——智慧之人有时会克制自己的赞同——与你们学派全然相悖;因为如果印象之间没有差别,那么他就会一直克制赞同,或者从不赞同。

"不过,你们从这整套论证中就可以看出,学园派为了混淆视听做了什么样的蠢事。我们孜孜以求的标准是那个认真、持恒、坚定和智慧的人使用的,而我们找的例子都是梦中人、疯子和醉汉。难道我们不清楚这些论证充满矛盾吗?如果我们确实清楚,那么我们就不该这么荒唐地谈论喝醉酒的人、睡觉的人、神志不清的人,一时声称酒醒的、清醒的和心智健全的,以及受到其他影响的人所持有的印象有差别,一时又称他们的印象没有差别。[54]难道他们甚至没注意到自己正让一切都变得晦暗——想必这非其所欲(我用'晦暗'来表示希腊语的'adēla')?② 倘若事物如此这般以至于人们弄不清疯子和正常人所持印象的差别,那么谁还敢保证自己不是疯子呢?而试图做这番担保本身就是疯子的表现!

"〈学园派的第二类论证〉涉及双胞胎和图章印迹的相似性(这

---

① 虽然学园派的这个论证(*Ac.*2.48首次提及)没有得到西塞罗的阐述和辩护,但它也许暗示斯多亚学派的圣贤在某种情况下甚至会对"可理解的印象"存疑,参见*Ac.*2.94和2.107,及*Ac.*2.38的注解。

② 卢库鲁斯的反驳是说,学园派的第一类论证和卡尔涅亚德一类的学园派主张相矛盾,因为后者将"有信服力的印象"作为行动的标准。要是学园派的印象不比疯子的印象更为生动而连贯,那么他们就应该接纳阿尔克西劳的观点,即一切都是晦暗的,而不是急于在"晦暗"和"可理解的"之间插入一个中间状态。参见*Ac.*2.32和2.59。

未免显得幼稚）。① 这相似性显然多有发生，难道我们会否认？不过，要是因为许多事物彼此相似，〈凭此〉就足以抛弃理解，为什么你们还是不满足，哪怕我们已经做了让步？为什么你们还要步步紧逼，认为否认每种事物都如其所是地属于自己一类，就是否认两种或更多的事物之间没有不相区别的共性——这不是违背事物的本性吗？② 鸡蛋之间相似，蜜蜂之间相似，这理所当然，但你们要证明什么？你们用双胞胎的例子要说明什么？我们承认双胞胎相似——你们也会满意；但是，你们却认为他们并非相似，而是绝对一致，这简直痴人说梦。

[55]"接着，你们将话题转到自然哲学家身上，正是这批人遭到了学园派的嘲笑（而且，西塞罗，连你也不禁常常提起他们）；你们说，德谟克利特宣称存在无数个世界，并且其中的一些不仅彼此相似，而且它们还完美匹配，绝对契合，以至于它们之间简直没有一点儿差别，并称人类同样如此。③ 接着，你们要求，如果某个

---

　① 学园派依据事物之间相似性的第二类论证在 *Ac.* 2.54 - 58 中有所解释，参见 *M.* 7.408 - 410。西塞罗在 *Ac.* 2.84 - 87 回应了卢库鲁斯的反驳。

　② 卢库鲁斯的反驳方向有偏差：问题不在于事物的"共性"为他所认可的相似性提供了根据，而在于学园派所认为的事物之间可能会完全相同。参见 *Ac.* 2.33 - 34 和 2.44 中的相似论证。

　③ 参见德谟克利特 fr. A81（*DK*），另见 *Ac.* 2.125。在其他地方，据说德谟克利特主张存在无数的共在的（coexistent）世界，尽管它们会消亡；并且，同类的世界会重生，分别参见 *Lives* 9.44（fr. A1 *DK*）和希波吕托斯（Hippolytus）的《驳异端》(*Refutation of All Heresies*) 1.13（fr. A40 *DK*），以及辛普利希司（Simplicius）的《评亚里士多德的〈论天体〉》(*Commentary on Aristotle's* On the Heavens) p. 310（fr. A 82）。不过只有西塞罗——也许还有希波克拉底（Hippocrates）*Letter* 10（Littré 9.322）——指出他论证过无数的、共在的和同质的世界存在。这段文字颇不连贯，也许因为多个短语遗漏，而其意思从 *Ac.* 2.56 可知。

世界和另一个世界相互契合，甚至彼此之间没有一丝区别，就应该承认：在我们生活的这个世界中，两个事物彼此匹配，不能相互区分，因而没有任何差别；因此，你们会问，既然在另一个世界（确实，在其他无数的世界）中不仅可能而且事实上存在千千万万个昆蒂·鲁塔蒂·卡图里（Quinti Lutatii Catuli），他们由德谟克利特所说的万物由之生成的原子构成，那么为什么在我们所处的这个世界里不能有另一个卡图鲁斯产生呢？

［ⅩⅧ 56］"好吧，首先，你们要求我认同的人德谟克利特，我并不认同，我其实反对他的观点，因为具体事物有其个性（proprietas）——这已经被杰出的自然哲学家解释清楚了。① 你想，古代著名的塞尔维利兄弟（他们是双胞胎）就像口口相传的那样长得相似，你就会认为他们其实一样吗？他们在众人面前分不清，但在家里却可以分清楚；别的人家分不清，但他们自己的家人却分得清。难道我们看不到这种情况——我们一旦多加练习，便可以很容易地区分那些我们本以为分不清的人——如此容易，以至于我们不会觉得他们再有半点儿相似了？

［57］"要是你们愿意，就在这一点上驳斥我们：我们不会反击；我甚至会承认，智慧之人——我们整个讨论里的主题——当遭遇到相似的东西而不能区分清楚的时候，会存疑（悬置自己的赞同）；并且，除了那些不可能为假的印象之外，他绝不会赞同任何

---

① 卢库鲁斯指的是斯多亚学派，如西塞罗在 *Ac.* 2.85 阐述的。参见普鲁塔克的《普遍概念》Ch. 36 1077c（*SVF* 2. 112）和 *SVF* 2. 376 – 398，以及 D. Sedley, "The Stoic Criterion of Identity", *Phronesis* 27（1982），pp. 255 – 275. S. Menn, "The Stoic Theory of Categories", *Oxford Studies in Ancient Philosophy* 27（1999），pp. 215 – 247。

印象。只是，他有一种特别的技巧，据此在〈正常情况下〉能将真假印象区分开来，并且一定会将经验用于分辨相似的特征上去。①正如一位母亲已经习惯了分辨自己的双胞胎，要是你多多练习，也可以分得出来。你看，鸡蛋之间相似，这众所周知吧？就算这样，我还是听说，在德洛斯（Delos）有许多人趁年景好的时候饲养了很多鸡来谋生活；这些人端详鸡蛋之后，通常便可以认出这是哪只鸡下的。

[58]"这也驳不倒我们，因为分不清鸡蛋对我们还好：哪怕分不清，我们也不会把这个鸡蛋认作那个鸡蛋，仿佛它们之间没有差别；我自有法则判断印象是真的而不是假的——（如他们所说）我不会丝毫偏离我的法则，以免混淆视听。如果〈真假印象〉之间没有差别，那么我们不仅不能理解印象的真与假，而且连真假本身都理解不了了；因而，你们有时说的另一个观点也很荒唐——当印象印刻在我们的心灵中，你们断言这些印迹之间没有差别，有差别的只是它们的'样子'或者其所是的'样式'（formas）。②说得好像我们不能靠'样子'来判断印象！并且，一旦真与假的特征被清除，那么印象就完全不可靠了。

[59]"而尤为荒唐的是，你们声称如果没有任何障碍的话，会

---

①　智慧之人的技巧在于其高度发达的识别能力，该能力以一套构成心灵和避开意见（对不可理解印象的赞同）的理解为基础。参见 Ac. 2.107。但是，卢库鲁斯在此认为，他们的识别能力受到其具体经验的限制。

②　参见 Ac. 2.52 的注释。这里的"species"含有"样子"和"种类"的意思，其译自"eidē"。"formas"是相应的同义词。

遵从有说服力的印象。① 首先，当真假印象之间没有任何差别，你怎么会没有障碍？其次，什么东西能够成为真实印象的标准，要是它可以同时被虚假印象所分享的话？这必然生出存疑（'epokhê'），即'搁置赞同'（adsensionis retentio）；如果某些人谈到的有关卡尔涅亚德的观点是真实的，那么阿尔克西劳对此的主张则更为融贯。如果无物能被理解（这是他们两人的观点），那么赞同必然被消除；因为还有什么比赞同不可知的东西更无意义的吗？但是，我在昨天不断听到，卡尔涅亚德对智慧之人是否持有意见（opinio），即是否会犯错一直闪烁其词。② 然而，在我看来，我确信存在着能被理解的东西（这一观点我已论证很久），更确信智慧之人绝不会持有意见，就是说永远不会赞同任何虚假或不可知的东西。

[60]"剩下来的就是，他们声称，即为了发现真理必须从正反两个方面对所有问题进行论证。③ 那好，我倒想看看他们发现了什么。他会说：'展示我们的观点并非我们的习惯做法。'这有什么可神秘的？为何你们把自己的观点藏着掖着，好像羞于见人？他说：'这正是为了我们的听众可以为理性所引导，而不是为权威所左

① 参见 Ac. 2.33-36 和 2.104。

② 这里暗指卡图鲁斯在遗失卷《卡图鲁斯》中对其父亲的温和怀疑论的讨论，参见 Ac. 2.12，2.18 和 2.148。这一学园派观点在 Ac. 2.78 被菲洛和梅特罗多洛归于卡尔涅亚德，而被西塞罗在 Ac. 2.66-67 予以反驳。

③ 学园派一直宣称，他们自己从正反两方进行论证的方法旨在探索真理。一些晚期学园派也将其视作教授哲学的最佳方式。参见 Ac. 2.7-9 和盖伦的《最优教学法》（The Best Teaching-Method）1。学园派对"权威"的批评在 Ac. 2.62-63 得到演绎。奥古斯丁用此段文字论证学园派持有独断的柏拉图学说，参见《驳学园派》（Against the Academics）3.37-43 和 fr. 35（比较 PH 1.234）。卢库鲁斯在此批评的是，学园派所谓的怀疑论暗含不可知论，因而学园派的观点并不融贯。

右。'两者都起作用，又如何？这有什么不好？有一个观点是他们藏掩不住的：无物能被理解。在这点上他们的权威就没有指手画脚？在我看来似乎是大吹特吹；如果没有阿尔克西劳的权威论证和滔滔雄辩，以及卡尔涅亚德更为强力的论辩，谁还会追寻如此显而易见的谬误和怪论？

[ⅩⅨ 61]"这大致上就是安提奥库在亚历山大里亚时说的话；多年以后，他和我同在叙利亚（Syria），临终前一段时间坚定地复述了这番话。① 不过，现在我已经论证结束，但因为你是好友，又比我年轻几岁"——他对我说——"我会毫不犹豫地劝告你：你慷慨激昂地颂扬哲学，已经动摇了我们的朋友霍腾西乌斯，尽管他之前并不同意你的观点②；你怎么能跟随这种混淆真假，糊弄我们的标准，剥夺我们的认同，让我们丧失感觉的哲学呢？西麦里亚人（Cimmeriis）要么被神明或自然剥夺了阳光，要么因为居住地的方位不佳而照不到阳光③；尽管如此，他们还是有火可以用来照明；但是，你所拥护的人将一切都抛向黑暗，甚至没有给我们留下一点儿星火，以获得些许光明；事实上，如果我们遵从他们，我们就会被缚住手脚，动弹不得。[62]这是因为，抛弃赞同就等于抛弃了

---

① 卢库鲁斯和安提奥库于公元前 1 世纪 80 年代中叶在亚历山大里亚待在一起，期间爆发了第一次米特拉达梯之战。他们又于公元前 1 世纪 70 年代晚期第二次米特拉达梯之战期间在叙利亚是同伴。参见 Ac. 2. 4。

② 卢库鲁斯暗指西塞罗在《霍腾西乌斯》（佚失）中成功地塑造了霍腾西乌斯。该卷可视为《论学园派》指南性对话。

③ 西麦里亚人，他们在荷马史诗，即《奥德赛》（Odyssey 11. 14）中是一群生活在终日不见阳光之地的神秘居民。奥德修斯（或者尤利西斯）在那里遇到并访问了著名人物的亡灵。

心灵的一切活动以及全部实践的行动——不仅不会做错事，而且什么都不会做！你也得想一想，这是不是一个可以为之捍卫到底的观点；难道你没有揭露深藏的阴谋，将它曝光，并发誓自己'查明'那件事了（我可以这么说，因为我是从你那里知道的）？①你现在还打算说无物可认识或理解吗？求你注意些吧，否则你的言辞会将你从丰功伟绩而来的威望全断送掉。"他说了这番话，就闭口不谈了。

间歇

[63] 听完卢库鲁斯的讲话，霍腾西乌斯大为触动，甚至多次举起双手以表示钦佩（这样理所当然，因为反驳学园派的讲话从来没有像这样切中要害），又开始劝我放弃自己的观点，这仅是玩笑之谈，还是真心如此，我不确定。这时，卡图鲁斯对我说："如果卢库鲁斯的讲话动摇了你——这简直是一项集记忆、精确和优雅于一体的演讲——我无话可说：你不要生怕改变自己的观点，要是你觉得应当如此的话。但我要劝告你，千万别被他的'威望'所左右；他刚才就要警告你"——他微笑着说——"当心卑鄙的保民官（你也见识到，这种人总是比比皆是）；其中有人会把你架去议会，

---

① 卢库鲁斯暗指西塞罗在公元前 63 年担任执政官期间拆穿并扼杀了"喀提林阴谋"（Catilinarian conspiracy）。但西塞罗对自己的功绩却大吹大擂，因而让同事们很不愉快。不久，他们就开始用西塞罗宣称"查明"的事情开玩笑。参见 *Att.* 1.14.5 和 *Fam.* 5.5.2。

轮番盘问你的矛盾——你称没有什么东西可以被确定，之前你又说自己'查明'了某事！你不要被吓到了！就事论事，我宁愿你不同意卢库鲁斯的观点；要是你偏要屈服于他，我也不会大吃一惊；毕竟，我记得安提奥库一碰到合适的观点，就会放弃自己的观点，哪怕他深思熟虑多年。"① 卡图鲁斯说完后，所有人都看着我。

西塞罗之言

　　［XX 64］此时此刻，我感到紧张，丝毫不亚于处理法律要务的时候，因而我以下面这些话开场。② "卡图鲁斯，卢库鲁斯针对此问题的发言打动了我，因为他学识渊博，能言善辩，有备而来，对那些提出来能够支撑其观点的内容没有任何遗漏；不过，这还没到让我对自己的应对能力失去信心的地步；但他的威望如此煊赫，要是你没有用你自己毫不逊色的威望将他压制，我显然就会改变心意。因而，我会谈论这个问题的，不过要是可以，我先提一嘴我自己的声望。

　　［65］"倘若我是为了卖弄才学和争强斗狠才恪守这个哲学观点

---

　　① 参见 Ac. 2.71。
　　② 西塞罗的发言回应了卢库鲁斯在 Ac. 2.11 - 60 和《卡图鲁斯》（即"昨天"）中对学园派怀疑论的批评。其发言可以分为三个主要部分：其一，讨论历史上各种哲学争论（Ac. 2.64 - 78）；其二，重申并辩护了对斯多亚学派"理解"及其"实践标准"的批驳（Ac. 2.79 - 111）；其三，评论独断哲学家的分歧，旨在揭露他们在"理解"观上的失败，并且还扯下了安提奥库的伪装，指出他不是"老学园派"而是斯多亚派（Ac. 2.112 - 46）。

的，那么我会承认自己的品格和秉性理当受到谴责，而〈受到谴责的〉不只有我的愚蠢。哪怕在小事上，我都会谴责顽固不化，责罚弄虚作假，那么事关我整个生活的所有观点和原则时，我真的会和他人斗气，或者自欺欺人吗？在这场论辩中做一些事，就像在政治辩论中偶尔做的那样，除非我觉得这是愚蠢的，否则我会以朱庇特和祖先之名起誓，我会为了探求真理赴汤蹈火，并且我真的拥护我所阐释的观点。［66］如果当我发现了某种似真的东西都会高兴，我又怎么不会渴望探究真理呢？一如我把获得真理视为无上荣光，我也把以假为真当成莫大耻辱。无论如何，我本身也不是那种绝不认同任何假的东西，绝不做坚定的赞同，绝不持有意见的人；而我们要研究的是智慧之人。不过，我的确是一个意见持有者（opinator），不是智慧之人；我不会让小熊星座，也即北极星（Cynosure）为我的思想掌舵——‘黑夜里腓尼基人在它的指引下深信不疑’，如阿拉图斯（Aratus）所说，它指引直线距离，因为他们观察这颗星座‘按内圈，以短道运行’——①而我的思想是被闪耀的大熊星座（希腊语 Helikê），即北斗七星（Septentriones）指引，也即被宽泛便利的原则（而非精细狭窄几近于无的原则）引领。其结果是我可以驰骋，可以徘徊有余；因为如我所言，我们研究的主题不是我，而是智慧之人。当这些〈不大精准的〉印象强烈地打动我的心灵和感官，我接受它们，其实有时会赞同它们（尽管如此，我还是不理解它们，因为我认为无物可以理解）——我不是智慧之

---

① 该引语出自西塞罗对阿拉图斯《现象》（*Phaenomena*）1.37 - 44 的译文。这两句的完整版更为密集地引用是在西塞罗的 *DND* 2.106（*Aratea* fr. 7 Soubiran）。

人，所以我屈从这些印象，并不拒斥它们。①

"不过至于智慧之人，阿尔克西劳赞同芝诺的说法，认为他们最出色的能力在于小心谨慎以防上当，看清真相而不受欺骗②；因为没有任何东西比错误、轻率和鲁莽（temeritas）更背离严谨的智慧之人在我们心中的概念。关于智慧之人的定力（firmitas），我还会说什么呢？实际上，卢库鲁斯，即使你也会同意他绝不持有任何意见。既然你同意这点（又扯远了，我们一会儿再回来），首先考虑这个推理的有效性：[XXI 67]'（1）如果智慧之人曾赞同过什么，那么他有时会持有意见；（2）但他绝不会持有意见；（3）所以他从不会赞同任何东西。'阿尔克西劳赞成这个证明，因为他曾为第一和第二个前提辩护。卡尔涅亚德有时会对第二个前提做出让步，即同意智慧之人有时会赞同什么，由之推出他们会持有意见（这结论你是不会接受的，我想是这样的）。③ 但是，斯多亚学派及其支持者安提奥库都主张第一个前提——如果智慧之人做出赞同就持有意

① 据认为，这一段航海的譬喻解释了西塞罗在较弱的程度上接受克利托马库的严格怀疑论。他在此并在 Ac. 2.112-113 主张无物可知，认为持有意见是不理智的，而悬置赞同（存疑）是理智的。不过，他有时也承认自己被"有说服力的印象"打动，以至于不禁予以赞同，从而持有意见，尽管自己觉得这是不理智的（这与 Ac. 2.59 的温和怀疑论不同）。

② 参见 Ac. 2.77。Ac. 1.41-42 解释了芝诺的观点。有关阿尔克西劳赞同芝诺观点的解释，参见 Ac. 1.45。

③ 这是学园派"推论论证"（corollary argument）第一次明确的阐述，参见 G. Striker, "Sceptical Strategies", in M. Schofield, M. Burnyeat, and J. Barnes (eds.), *Doubt and Dogmatism* (Oxford, 1980), pp.54-83. 阿尔克西劳的版本也在 *M.* 7.155-157 得到佐证。卡尔涅亚德随意修改该论证的动机遭到了严格的和温和的怀疑论的共同批驳，参见 *Ac.* 2.59, 2.78 和 2.148。

见——是错误的，因为他们认为智慧之人能够区分真与假、可理解的与不可理解的〈印象〉。

[68] "但在我们看来，首先，即使有物能被理解，赞同的习惯本身似乎也是危险的和不可靠的①；因此，既然人们承认对任何假的或不可知的东西的赞同是严重的错误，那么对智慧之人来说最好搁置所有的赞同，以便不会因鲁莽前行而误入歧途；因为假的与真的、不可理解的与可理解的〈印象〉（假设这些东西是存在的，后面我们将会看到）彼此近似，因此智慧之人不应当让自己陷入这样不安稳的境地。相反，如果从我们一方承认（4）无物能被理解，并同意你们的（2）智慧之人不持有意见，则会推出（3）智慧之人将搁置一切赞同；那么，你们必须考虑究竟倾向于选择这个结论，还是选择智慧之人会持有意见的那个结论。你会说：'两者都不会选择。'因此，我将试图表明无物能被理解，因为整个争论肇始于它。②

[XXII 69] "但先提一提安提奥库吧，他跟随菲洛长期研究这个为我们所捍卫的观点，众所周知，没人比他们研究得更久了；他还用心地写书讨论过，但到了晚年又予以抨击，其用心程度不亚于之前的辩护。尽管他一如既往地论述精辟，但其前后矛盾也确实损害了他的威望。我想知道，究竟是哪一天的黎明，他灵光乍现看到了自己否认多年的东西，看到了真假〈印象〉区别的标记？难道他有

---

① 西塞罗在此用类似 *Ac*. 2.92 - 94 的"连锁论证"来反对"赞同"。连锁论证的详细版本见于 *M*. 7.415 - 422。

② 参见 *Ac*. 2.78。

什么原创的想法冒出了头？他说的不过是斯多亚学派的老话。① 或许他会因为之前的观点而感到羞愧吗？那么，他干吗不效忠其他学派呢，特别是斯多亚学派——因为对菲洛唱反调的正是斯多亚学派？难道他确实嫌弃当时斯多亚学派在雅典的领袖姆涅撒库斯（Mnesarchus）或达达努斯（Dardanus）吗？而他从不离开菲洛半步，直到他自己开始带学生了。② ［70］但那时候，'老学园派'为何突然之间回了魂？据说，他好像要背叛自己的学园，又想要保住这个学园给他的荣耀——至少有人说他这么做是为了沽名钓誉，甚至有人说他是想让自己的追随者拥有'安提奥库派'的名头。不过，我却更相信他是抵挡不住所有哲学家的联手声讨（尽管他们在其他主题上也有些相同的观点，但这里的是学园派自己的观点，别的哲学家没有谁会赞成）③；因此，他屈服了；正如有人在'新店堂'下受不了阳光，就会去玛艾尼跳台遮阳，因而当事情变得烫手时，安提奥库就寻求老学园派的庇护了。④

---

①　安提奥库在此明确表示自己赞成斯多亚学派的观点，但仅承认"可理解（领悟）的印象"存在。但是，西塞罗在后文暗示，安提奥库赞同斯多亚学派的观点比这里提到的多得多。塞克斯都批评安提奥库"将斯多亚学派转化为柏拉图学园派"，并试图证明"斯多亚学派的学说已然在柏拉图思想中有所表现"（PH 1.235）。

②　因为安提奥库在公元前87年末到达亚历山大里亚，那时已经有了自己的学生（Ac. 2.11-12），因而我们从本段推知，他与菲洛的决裂早于"罗马书"成书和 Ac. 2.11-12 所谓的"《梭苏斯》事件"。由此，他可能是在公元前90年末背弃菲洛的。

③　学园派不为其他哲学家所赞成的是他们拒斥真理的标准，即拒绝可理解印象（参见 Ac. 2.71）的存在。

④　"新店堂"（the New Shops）与"玛艾尼跳台"（Maenian balconies）都位于罗马公共集会地；后者是一座与玛艾尼乌斯（Maenius）有关的古建筑，此人曾于公元前338年担任执政官。在 Ac. 1.46 中西塞罗否认"新店堂"这个词准确地描述了学园派，因为柏拉图和苏格拉底的思想本来就蕴含怀疑论的因素，因而是"老的"，而不是新的。

[71]"这里有一个证明，是安提奥库过去论证无物可理解时用的；这个论证在于弄清著名的赫拉克里亚（Heraclea）的狄奥尼修斯（Dionysius）凭借你们学派用以赞同观点的不可错的标记理解了哪种观点：是那个他还相信自己的老师芝诺时所认为的高尚（honestum）就是善的观点，还是他之后捍卫的那个观点，即高尚是空名，愉快是至善？安提奥库想用狄奥尼修斯的思想转变证明，印（signari）到我们心灵上的印象不只会从真实事物而来，还同样会从虚假事物而来。① 他果然保证了，那个发生在狄奥尼修斯身上的例证，也可以发生在其他人自己身上！② 不过下一次再讨论安提奥库，现在我们还是谈谈你说的事，卢库鲁斯。

[XXIII 72]"首先我们来看看你一开头说的话，你说我们提到过去的哲学家，就像那些别有用心的人引用著名的平民主义者一样。③ 这些人想装成好人，尽管他们和好一点儿不沾边；但我们可以说，就连你们自己也承认的那些最为杰出的哲学家也同意我们的观点。阿那克萨戈拉说雪是黑的：要是这话是我说的，你受得了？④ 受不了！哪怕我表达得有些迟疑，你们都会受不了的！不过，阿那克萨戈拉是谁？难道我们把他当作"智者"（希腊人将那

---

① 一位已有盛名的哲学家放弃自己的观点而转投其他学派，这样的例子十分罕见。另外有名的例子来自波利艾努斯（Polyaenus）。对此，西塞罗在 *Ac.* 2.106 提到过。

② 安提奥库驳斥真理可知的观点，因为这要求心灵直观的赞同；但是，一些支持此观点的杰出思想家竟然在不同时期"赞同"两个相悖的观点；所以他以此来证明自己的反驳。不过，他后来自己的思想也发生了巨大的改变。

③ 卢库鲁斯批评了学园派将"无物可知"的观点诉诸前苏格拉底哲学家、柏拉图和苏格拉底的做法（参见 *Ac.* 2.13 - 15）。对此，西塞罗在 *Ac.* 2.72 - 76 予以回复。

④ 参见 *Ac.* 2.100 和 *PH* 1.33（Anaxagoras fr. A97 *DK*）。

些玩弄哲学博人眼球，讨人钱财的人才称作智者）？不能：他因真诚和才智而深受称颂。[73] 至于德谟克利特，我们又应该说些什么呢？他思想深邃，灵魂高尚，我们又怎能将那些胆敢在著作开头宣称'这便是我关于世界万物的观点'的人与之相提并论？① 那种人的断言包罗万象，因为没有什么存在于世界万物之外！有谁不会把这位圣哲供奉在克莱安塞、克律西波或他们后来的哲学家之上呢？和他相比，我觉得这些人都难以望其项背。② 但他没有说过我们的话，因为我们并不否认某些东西是真的，却不认为它们是可理解的；而他直白地否认真理的存在；而不是说感官模糊，却直接说它'一片漆黑'③。他的偶像梅特罗多洛在其著作《论自然》（De Natura）开篇就直呼：'我说，我不知道我们知道什么，还是什么都不知道，甚至不知道我们是知道还是不知道，也完全不知道存在什么事物，还是什么都不存在。'④

---

① 参见 M. 7. 265（Democritus fr. B165 DK）。

② 原文是"和他相比，我觉得这些人都排在第五位了"。这是当时的谚语，源自塞维乌斯·图利乌斯（King Servius Tullius）对罗马自由居民的分类。

③ 参见 M. 7. 138–139（Democritus fr. B11 DK），它将与感知有关的认知"暗昧"或模糊同理性认识的"真实"（genuine）相区分。这里称，德谟克利特否认真理的存在，或许相对于他在 Ac. 2. 32 的主张，即真理隐匿"在深渊中"，就是说真理不可获得。Ac. 2. 111 复述了学园派关于求真的观点。

④ 梅特罗多洛 fr. B1（DK）。西塞罗引用梅特罗多洛的观点或是为了证明他对德谟克利特的怀疑论解释，而不是因为梅特罗多洛本身的权威。这是由于他在 Ac. 2. 14 和 1. 44–45 没有将其列入具有怀疑论倾向的前苏格拉底哲学家当中。梅特罗多洛残篇多有缺损，希腊语原文的准确形式已然不清，参见 J. Brunschwig, "Le fragment DK 70B1 de Métrodore de Chio", in K. Algra, P. van der Horst, and D. Runia (eds.), Polyhistor: Studies in the History and Historiography of Ancient Philosophy (New York/Leiden, 1996), pp. 21–38。

[74]"你以为恩培多克勒是胡言乱语，我却认为他的观点与他讨论的主题绝对匹配；要是他主张感官的能力有限，不能判断接收到的对象，我们就会认为他蒙蔽了我们的双眼，剥夺了我们的感官吗？① 至于巴门尼德和色诺芬尼，他们（在诚然不算诗，倒也有些押韵的文段里）批评了有些人的狂妄自大，简直要大发雷霆了，因为这些人胆敢称自己获得了知识，而事实上无物可知。② 你们说过，苏格拉底和柏拉图应当归到这群人之外。为何？对任何人，我说得都没有如此坚定。的确，他们就好像还活在我的身边——他们有这么多对话被记录下，由此我们不会怀疑苏格拉底说过无物可知；他说只有一个例外，就是他自知其无知，此外无他。柏拉图如何呢？如果他不赞成苏格拉底，那么他一定不会如此长篇大论地讨论苏格拉底的观点；因为他没有理由对别人的'伪装'（dissimulatio）多嘴，并且还一直絮絮叨叨。③

[ⅩⅩⅣ 75]"你看，我没有像撒特流斯（Saturnius）那样只引用著名人士的话，也跟随那些默默无闻、声名不大显赫的人。但我本可以摆出你们的对手斯提尔波（Stilpo）、狄奥多罗斯和亚历克西努斯（Alexinus），尽管他们不算重要的哲学家，还使用各种难缠而

---

① *M.* 7.122 – 125 对恩培多克勒感官理论做了怀疑论解释；参见 *Lives* 9.73。

② 毫无疑问，西塞罗考虑到了色诺芬尼在 fr. B34（*DK*）中否认知识的著名观点。对此，塞克斯都在 *M.* 7.49 – 52 也引用过，并做了怀疑论的解释。从现存的巴门尼德残篇看来，怀疑论的解释很难成立。但是，他在 fr. B7（*M.* 7.114 引用）批判了感官，并在 fr. B16（《形而上学》4.5 1009b 引用）批判了心灵的认知能力。

③ 西塞罗在这里和 *Ac.* 1.44 – 45 拒绝卢库鲁斯将苏格拉底的"自认无知"（参见 *Ac.* 2.15）解释为"伪装"或反讽法。但是，他在此的理解似乎依据了柏拉图的苏格拉底对话录中的"诘难"观，而显然不是 *Ac.* 1.44 – 45 中的独断式的怀疑论。

尖刻的'诡辩'(*sophismata*，这是希腊词，指愚蠢、错误的论证)①；不过，要是我可以引用克律西波这位斯多亚学派的中流砥柱，那么我为何还要从这拨人里爬梳论证的材料呢？② 看他写了多少东西，去反驳感官，反驳为日常经验所允许的东西！你们会说：'但他对这些观点也予以了反驳。'就我而言，我不认为他这样做过；但假设他确实反驳了；显然，除非他注意到这些证明难以对抗，否则他不会将这么多有说服力而易于诓骗我们的证明搜罗起来。[76] 昔兰尼学派（Cyrenaics）绝非等闲之辈，你们怎么看？他们称，任何外部事物都是不可理解的：他们只能理解自己内部经验到的东西，如痛苦或快乐；并且不知道什么东西有颜色或声音——他们的经验就是他们以某种方式获得的感受。③

"有关权威人士，我们谈得差不多了。你们还想知道，我是否同意，从那些先哲以来的几百年间，哲人们前赴后继地探寻，我们有可能已经发现了真理。我过会儿要谈他们发现了什么，由你们自己去判断。阿尔克西劳没有为了争强斗狠而同芝诺对阵，而是为了探求真知，务必注意这一点。④ [77] 芝诺的前辈没有谁清楚地阐

---

① 斯提尔波、狄奥多罗斯和亚历克西努斯代表了公元前 4 世纪末到公元前 3 世纪早期的 "诡辩家"（dialecticians）。诡辩家的逻辑运用通常会造成人们对知觉和可知觉世界之间的悖论。因此，阿尔克西劳也许用过这种逻辑方法来达成怀疑论的目的，参见 *Lives* 4.33 和 D. Sedley, "Diodorus Cronus and Hellenistic Philosophy", *Proceedings of the Cambridge Philological Society* 23（1977），pp. 74 – 120。

② 参见 *Ac.* 2.87 和 *Lives* 7.183（称 "没有克律西波，就没有斯多亚"）。

③ 参见 *Ac.* 2.20 和 2.142。

④ 参见 *Ac.* 2.66 – 67 和 *M.* 7.153 – 157。这段话也许可以解读为 "哲学重构"，而非真实辩论的记录，因为其他的证据表明斯多亚学派对阿尔克西劳的回应来自芝诺的学生而非他本人。这段话也是西塞罗对卢库鲁斯在 *Ac.* 2.13 – 16 中批评阿尔克西劳的回应。

明甚至提过，人们可能持有意见，智慧之人不仅不可能，而且一定
不能持有意见；但阿尔克西劳认为，这一观点是真实的、可敬的，
而且符合智慧之人的情况。我们假设他会问芝诺，如果智慧之人不
能理解任何东西，并且他又具有不持有任何意见的品性，这会发生
什么？芝诺必定会说，智慧之人一定不会持有任何意见，因为存在
着能被理解的东西。阿尔克西劳问，这是什么（quod est）？印象
（visum），他毫无疑问会这样回答。那么，什么样的印象？芝诺会
把它界定为一种来自其所是（ex eo quod esset），并按其所是的样
子（sicut esset）压印（impressum）、印刻（signatum）、塑形（ef-
fictum）出的印象。① 接下来，阿尔克西劳继续问，真的印象是否
会与假的一样。对此，芝诺会相当敏锐地看到，如果一个印象来自
其所是，以至于还会有一个和它一样的，来自非其所是的印象，那
么没有任何印象是可理解的。阿尔克西劳同意对定义的这个补充是
对的，因为如果真实印象所具有的特征也为假的印象所有，那么无
论印象或真或假，都无法理解；但是，他却紧扣此点，进一步论证
不存在一个来自真实事物的印象会如此这般，以至于不会有一个和
它一样的、来自虚假事物的印象。

[78]"这种争议仍然存在。智慧之人不赞同任何东西，这一论
点在这场论辩中没有立身之处；因为他可能不理解任何东西，但仍

———————

① 参见 *Ac.* 2. 18。芝诺定义中的"来自其所是"在 *Ac.* 2. 112 被替换为"来自某种
真实"。这些措辞表明西塞罗将"可理解的印象"的"来源"（*Ac.* 2. 18）理解为一种
"事件和情况"或者"可断定的东西"（assertible），而非物理上的对象，可比较 *M.* 8. 85 -
86。这段文字或许也表明芝诺定义中的"按其所是的样子"是一种补充，旨在阐明特征，
以应对学园派的诘难，请比较 *M.* 7. 252。

可以持有意见——这其实正好被说成是卡尔涅亚德所赞成的观点；然而，我遵从克利托马库而不是菲洛或梅特罗多洛的看法，认为这一命题与其说是他真正赞成的观点，不如说是他论辩的一个立场。① 不过，这点不必在意。显然，一旦意见和理解被消除，存疑必定紧随其后；那么，要是我成功地证明无物可知，你就得承认智慧之人绝不会赞同任何东西。②

［XXV 79］ "要是连感官都不能报告真相，那么还何谈理解呢？③ 卢库鲁斯，你还是用旧说法来为感官辩护——正是为了阻止你的辩护，我昨天才吐露真言，说了很多反对感官的话。但你却说，就算看到弯曲的桨和鸽子的脖子，也不为所动。你为何如此呢？毕竟，我认出自己的印象错误地呈现了桨，并将鸽子的脖子显出好几种颜色，而其实只有一种颜色。再来，我们就给出了这点儿例子吗？要是其他例子有效，那么你们就输了。④

"他说：'我的感官是诚实的。'⑤ 如此一来，你们就有了一个可依靠的权威，尽管此人也将自己置于相当危险的境地。伊壁鸠鲁一直论证这个观点：但凡感觉在我们一生中出了一次错，我们就不

———————————

① 参见 *Ac.* 2.59。温和怀疑论（为老卡图鲁斯所赞成，参见 *Ac.* 2.11 - 12，2.18 和 2.148）在此被归于菲洛和梅特罗多洛对卡尔涅亚德的解读。

② 参见 *Ac.* 2.18。西塞罗和卢库鲁斯都认为持有意见是不理智的（参见 *Ac.* 2.66 - 68），因而他们都承认问题的关键在于斯多亚学派的"理解"是否可能。

③ 在 *Ac.* 2.79 - 90，西塞罗复述了学园派的论证，他们不认为基于感知的"理解"是可能的。西塞罗旨在回应卢库鲁斯的批评。第一部分（*Ac.* 2.79 - 82）论证感官是会错的，认为感官要比卢库鲁斯在 *Ac.* 2.19 所宣称的状态脆弱得多。

④ 参见 *Ac.* 2.81 - 82。学园派的论证在于反对由感觉造成理解的能力。他们的论证是根据表象的矛盾性。具体内容见 *M.* 7.411 - 14。最后一句原文残缺。

⑤ 这里使用第三人称来表示对方，这是一种轻蔑的口吻。

应相信任何感觉了。① ［80］这也是直话直说了——就信赖你观察到的东西，固执己见吧！因此，伊壁鸠鲁学派的提玛戈拉斯（Timagoras）否认蒙住一只眼睛时，自己看到了蜡烛的重影：错觉源自意见，而非双眼。② 说得就像问题在于这个事例本身，而和人们的印象无关！然而，让提玛戈拉斯随他的领袖去吧。卢库鲁斯，你呢？你说某些知觉印象是真的，某些是假的：你如何将他们区分？请别再用老掉牙的论证了：我们家里都堆满了！

"你说：'要是神打算问你，有了健全完备的感官，还想要些什么？'你会怎样回答？我倒是想他这么问，那他就会听到这样的回答：你对我们干了多少坏事呀！姑且承认我们的视力准确，那我们又能看到多远呢？从这里一直眺望，我可以看卡图鲁斯在库迈的宅院，却看不到他在庞贝的那个府邸，哪怕没有什么阻碍挡住我们的视线——就是说，我的视野到不了那么远的地方。这里视野开阔：我能望到普特奥利（Puteoli），却见不到我的至交盖乌斯·阿维亚努斯，尽管他可能正在普特奥利的海神柱廊附近散步呢；［81］有位常在演讲中被提到的人，他能看到 1 800 斯塔德③远；还有某种

---

① 参见 Epicurus fr. 251（Usener），*Ac*. 2. 101 也有类似的叙述。这是伊壁鸠鲁学派颇受诟病的学说，即所有的感知印象都是真的；参见 *Ac*. 2. 19 和 2. 83。该学说在伊壁鸠鲁的《要义》（*Principal Doctrine*）24（*Lives* 10. 147）有概述，*Lives* 10. 31 - 32 和卢克莱修的《物性论》（*The Nature of Things*）4. 469 - 521 是对其的辩护。

② 伊壁鸠鲁在《致赫罗多图的信》49 - 52 中（参见 *Lives* 10. 49 - 52）中将"意见"定义为次要的思想活动，并确定为基于感觉之判断的错误来源，参见卢克莱修《物性论》4. 462 - 68 和 *Ac*. 2. 45。提玛戈拉斯的观点在此或许被误解了：伊壁鸠鲁学派主张所有的知觉都是真的，其依据的是一种狭义的知觉概念，它与斯多亚学派和学园派的"可理解或领悟的印象"不相符。

③ "斯塔德"是距离单位，1 800 斯塔德约为 360 多公里。

鸟还可以看得更远。① 故而，我回答你们的神将会很无礼：我对我的视觉一点儿也不满意。他会对我讲，我的视力总比那些鱼更敏锐：哪怕它们就在我们的眼皮底下，我们也看不见；尽管我们如此大，它们也看不见我们呀。正如水遮蔽了它们，浓重的空气也遮蔽了我们。

"但是，你们会说：'我们不想要更多的东西了！'什么？你们觉得鼹鼠不想要光明吗？尽管如此，我不会向神抱怨不能看得够远，就像去抱怨自己会看到虚假的东西一样。你望见那艘船了？我们觉得它是静止的，但船上的人却觉得岸上的房屋在移动。② 当然，你们会寻找这些现象的原因；但即使你们找到了——我倾向于认为你们找不到——你们也不能证明自己眼见为实，而找到的却是眼见可能不为实的证据。[XXVI 82]为何要搬出大船的例子呢？因为我都知道船桨的例子都不能让你信服；可能你们在找一些更大的东西的例子吧。好，还有什么比太阳更大呢？数学家证明它比地球大 19 倍——但看起来又是这般微小！③ 无论如何，在我看来，它似

---

① 第一个例子是据说某人有能力从西西里（Sicily）西岸的利利巴厄姆港（Lily-baeum）的山上看到航船驶出北非沿岸的迦太基（Carthage）港；参见普林尼（Pliny）的《自然史》（*Natural History*）7.85。

② 航行的船只和弯曲的船桨都是印象或者表象矛盾的寻常例子，参见 *M.* 7.414 和卢克莱修的《物性论》4.387 – 390 和 4.438 – 442。该例说明，因主体所处位置的不同，其所得印象存在差异。塞克斯都将其归为怀疑论的第五种"论式"（tropos）当中。

③ 该数据是太阳相对于地球的尺寸。注意，拉丁算术表达 19 对 1 的比例关系，称"19 比 1 多 18 份"。但是，任何古代数学家或天文学家都未曾有过这项记录，参见 T. Heath, *Aristarchus of Samos*, *the Ancient Copernicus*（Oxford，1913），pp. 337 – 350。但在 *Anecdota Graeca* 1 p. 373.25 – 26（Cramer），该数据归于塞拉皮翁（Serapion of Antioch），其著作为西塞罗所知（参见 *Att.* 2.4.1 和 2.6.1）。这或许也是斯多亚学派的观点，参见 *Ac.* 2.128。

乎只有一尺宽。相反，伊壁鸠鲁却觉得它可能比看起来的还要小，但也'差不多'——尽管他其实认为它要么和看起来的一般大小，要么比看起来的不会大太多，因而他的双眼绝没有欺骗他，或者'差不多'没骗他！① 那么，'但凡一生中有一次'的誓言怎么说呢？不过，我们就让这位轻信的伊壁鸠鲁去坚信感官绝不会骗人吧——甚至现在，他还是相信感官；即使太阳急速运行，以我们无法想象的速度飞驰，而我们却觉得它是静止的。

[83]"但是，将我们的争论范围缩小，来看看我们的分歧多么小。有四个前提推出无物能被认识或被理解，它是本争论唯一的主题：第一，存在着虚假印象；第二，虚假印象是不可理解的；第三，当两个印象没有任何差别时，一个可理解一个不可理解是不可能的；第四，没有任何一个来自感觉的真实印象不伴有一个与之完全没有差别却不可理解的表象。② 每个人都会同意四个前提中的第二个和第三个。伊壁鸠鲁不同意第一个，但你们，我们当下的对手会同意的。因此争论完全集中在第四个前提。"③

---

① 这转述自伊壁鸠鲁的《致比索克勒斯》(*Letter to Pythocles*，参见 *Lives* 10.91)："同我们相比，太阳、月亮和其他星体的大小就和它们看上去的一样；就它们自身而言，也许要比我们看到的大，或者要小一点儿，或者一般大。"参见 *Fin.* 1.20，此处补充说，伊壁鸠鲁认为太阳看上去有"大约一尺"。

② 人们的心灵中也许会出现完全相同的图像或印象。其中，(1) 一类是真实的，当某一感官被外部对象所触动而形成的印象；(2) 另一类是虚假的，当我们将某一对象误认为另一对象而呈现的印象，或者当我们设想自己看到某个对象时获得的印象。若从此处设定的"理解"而言，后一种情况中的心灵中的印象是不可理解的。因此，前一种情况中的印象也不被理解。

③ 参见 *Ac.* 2.40-42，那里更详细地阐释了学园派的"核心论证"。*Ac.* 2.84-87 中有关相似性的论证支撑了上述第四个前提。同时，卢库鲁斯在 *Ac.* 2.54-58 的批评的论证中的第二条也支撑了该前提。参见 *M.* 7.408-410。

[84]"因此，如果有人看到帕布利乌斯·塞维利乌斯·格密努斯（Publius Servilius Geminus），却以为自己看到此人的双胞胎兄弟昆图斯（Quintus），那么他获得的印象就是不可理解的，因为他的真假印象之间没有明显的差别；要是没有区分真假印象的手段，那么我们又依据什么不可能为假的标示认出盖乌斯·科塔（Gaius Cotta）呢？他和格密努斯同为执政官两次呢！你否认事物之间在本质上具有相似性。毫无疑问，你是在挑起争执，但你们的对手却很随和；我们姑且承认这种相似性确实不存在；但是，我们的各种印象很可能有相似之处①；如此，相似性欺骗了感官——并且要是某种相似性欺骗了感官，那么一切都会变得可疑起来了；这是因为，如果没有认出某人的标准，那么即使你看到的这个人确实就是你以为见到的人，你还是不会依据这种"标示"（nota）判断——你却称，我们凭此标示应该可以避开相似的虚假印象。[85]因此，既然格密努斯在你眼中成了昆图斯，那你又如何保证不会把不是科塔的人认作科塔，因为有些虚假的东西看起来是真的，不是吗？

"你们称，所有事物都属于自己的那一类，没有什么事物与他物完全相同。② 世界上没有一根头发与另一根完全相同，没有一粒沙子同另一粒一模一样，这当然是斯多亚学派的观点，尤不可信。③ 我可以反驳这一观点，但我不想挑起争论；因为在我们看来，印象的对象与他物究竟完全没有差别，还是有差别但无法区分

---

① 参见 *Ac.* 2.40、2.52 和 2.58，以及后边的 2.85。

② 参见 *Ac.* 2.50、2.54 和 2.56。

③ 参见 *Ac.* 2.56 的注释。

都无关紧要。但是，如果人之间的近似是不可能的，那雕像之间呢？你能说利西普斯（Lysippus）用同样的青铜、同样的流程、同样的工具等，做不出 100 个一模一样的亚历山大的雕像？告诉我，你用什么标示区分它们？［86］如果我把这枚戒指在一块封蜡上打上 100 个印记，你能找到什么方式来区分它们？你需要找一个首饰匠，就像你们在德洛斯找到的那种能辨识鸡蛋的养鸡户那样吗？［XXVII］但是，为了为感官辩护，你甚至还诉诸各种技艺。① 你称，画家能看到我们看不到的细节，当乐手刚一演奏，行家就能识别音调。那又如何？如果我们没有那些极少数人（至少在这个国家）所渴求的复杂技艺，就看不到，也听不到，这不是对你的观点不利吗？

"再来，你们绘声绘色地讲了一个故事，告诉我们伟大的匠心存在于我们的感官和心灵的构造当中，也存在于对人类的全部设计之中。［87］为什么不应为鲁莽地持有意见而感到害怕？卢库鲁斯，你真能断言存在一种力量，一种智慧的力量，有意地塑造或者（按你们的话说）构造（fabricata）人类？这是哪种构造？何处产生？什么时候？为何如此？如何进行？你对这些问题处理得很巧妙，论证也有理有据；那么，一定要坚持这些观点，只要别认死理就行。不过，我们很快会去讨论自然哲学（也会处理那些你们刚才要我谈论的主题，免得你们'看起来像'在说胡话）。②

---

① 参见 *Ac.* 2.20。西塞罗指出，德洛斯养鸡人（*Ac.* 2.57）的例子是个案，因为他们所谓的能力适于斯多亚学派的"技艺知觉"。

② 参见 *Ac.* 2.30 - 31。西塞罗在 *Ac.* 2.116 转而讨论自然哲学，并在 *Ac.* 2.119 - 121 讨论神明创造万物的问题，他在 *Ac.* 2.127 - 128 得出的结论拓展了此处的论述。

"不过，话越说越明朗了，那我就着手讨论一般的问题了。这些问题不止在我们这边的著作中讨论得很多，也在克律西波的著述里大量存在。（确实，斯多亚学派经常抱怨克律西波精力充沛，将反驳感官、日常经验和理性的所有论证都收集起来，〈自己对此〉却无力回应，反倒给卡尔涅亚德留下了话柄。）① ［88］你们正好也对这些问题费心费力。② 你们说：'一个人睡着了，醉酒了，或者头脑不清，他持有的印象比那些睡醒的、酒醒的、清醒的人的印象更微弱。'何以如此？你们回答：'恩尼乌斯睡醒后，他没有说自己看到了荷马，而是说自己好像看到过，而阿尔克迈翁也说，但我的心一点儿也不认同……'③ （和醉汉的状态一样）这就好比有人否认睡梦中的人醒后觉得自己刚才是在做梦，晕乎乎的人觉得自己之前疯癫时的印象不大真实！但这不是关键，问题是他们当时的印象是什么。除非我们打算认为，正因为恩尼乌斯在做梦，所以他没能像在睡醒时那样听到以'我的全心全意'开场的全部讲话④；他一旦醒来，当然可以把那些印象看成梦，但无论睡着还是清醒，他对这些印象的认同都是一样的。再者，难道伊欧娜（Iliona）没有如

① 克律西波写了一系列支持或反对"日常经验"（sunêtheia）的著作，他的后继者认为这些著作胜过卡尔涅亚德由此而得的论证。参见 Ac. 2.75 及普鲁塔克的《斯多亚的矛盾》ch. 10 1036b-c（SVF 2.109）。同时，他的许多著作都与逻辑悖论（如连锁论证和骗子悖论）有关，而此类著作或许是用以反驳"理性"，参见 Ac. 2.91-98。

② 该论证来自 Ac. 2.88-90 提到的心灵的异常状态，它连同卢库鲁斯在 Ac. 2.47-54 反对的论证中的第一条共同支撑了"核心论证"（Ac. 2.83）中的第四个前提。参见 M. 7.402-408。

③ 这两段来自恩尼乌斯的引语重复了 Ac. 2.51-52 的引语。

④ 参见恩尼乌斯的《编年史》（Annales）Bk. 1 fr. 5（Skutsch）。

此深信自己的儿子在梦里给她说的话（'妈妈，我对你说……'），哪怕醒了还是相信？否则，她为什么说，'来，留下来，听着，再对我说……'？①难道你觉得她相信自己的印象，不如那些清醒的人？

［XXVIII 89］"那些神志不清的人，我们又怎么说呢？好吧，卡图鲁斯，你的邻居图迪塔努斯（Tuditanus）如何？头脑正常的人应该不会觉得自己看到的东西就像图迪塔努斯以为的那样确定吧？那么，阿亚克斯（Ajax）呢，他喊道：

> 我能看见你，我能看见你！活着，尤利西斯（Ulysses），要是你可以。②

难道他不是在什么都看不到的时候喊了两遍'我能看见'吗？那欧里庇得斯的赫拉克勒斯（Hercules）呢？③他射箭杀死自己的孩儿，把他们误认为欧律斯透斯的孩子，也谋杀自己的妻子，还要弑杀自己的父亲，难道他没有受到虚假印象糊弄，就像受到真实印象的影响一

---

① 参见巴库维乌斯（Pacuvius）的《伊欧娜》（Iliona）fr. 210 - 211（Warmington）。西塞罗在 Tusc. 1. 106 紧接第一段引语称（此处的说话者是伊欧娜死去的儿子波里多罗）："妈妈，我对你说，尽管你温柔的抚慰已让我沉睡，不要怜悯我：起来，将你的儿子埋下！"

② 这一段或出自恩尼乌斯的《阿亚克斯》（Ajax）。西塞罗在 Or. 3. 162 补充了一段，以表现诗人的恐吓："最后再看一眼太阳的光辉吧！"阿亚克斯是恩尼乌斯同名剧作中的主人公，该剧改编自索福克勒斯的作品。阿亚克斯是杰出的希腊战士，因为在与尤利西斯的竞赛中没能赢得阿喀琉斯（Achilles）的武器，所以发了疯。他在发作时残杀了一大群牛，以为杀的是自己的希腊同胞和朋友，因而含恨自裁。

③ 赫拉克勒斯是希腊英雄，半人半神。他因为完成了十二项任务或"功绩"而闻名。这些功绩都是除掉各种怪兽，因而成为人类力量的典范（参见 Ac. 2. 108）。在欧里庇得斯的《赫拉克勒斯的疯癫》（The Madness of Hercules）中，他在完成任务返家途中发疯，误将自己的孩子认作欧律斯透斯的，而将他们杀害。

样？还有，你提到的阿尔克迈翁，他不允许自己的'心相信眼前的景象'①——他没在快要癫狂时喊过'火焰何处生起？'并号叫：

> 过来，过来！它们在这里——
>
> 它们向我而来！

你看，他还向那个女孩哀求：

> 救我，让我远离折磨，
>
> 阵阵袭来的威力炙烤着我！
>
> 它们来了，缠绕着灰色的蛇；
>
> 它们用熊熊火炬包围了我！

你当真怀疑他没有见到过复仇女神？就像下面一节这样：

> 长发的阿波罗正弯着弓
>
> 他金色的弓，左手拉满；
>
> 黛安娜从月亮上掷出火把。

[90] 既然阿尔克迈翁会因为这些事'看起来是'真的而深信不疑，而假如这些事确实都是真的，那么他会因此更确信无疑吗？（显然，他的心'相信他的眼'。）

　　"不过，我举这些例子是为了确保这个结论（没有什么如它这样确定无疑的了）：就我们心灵的赞同而言，真假印象之间没有差

---

① 参见 *Ac.* 2.52。本段其余的引文都出自恩尼乌斯的《阿尔克迈翁》(*Alcmaeon*) fr. 15b (Jocelyn)。本段引语中的最末两句尚存争议。本处译文参考了里德的建议，即调换了"左手"和"月亮"的位置。

别。但是，你们学派用神志不清和睡梦中的人之后的清醒来反对他们当时的虚假印象，就文不对题了。问题不在于睡着的和神志不清的人醒了或正常后记起了什么，而在于他们当时的印象是什么样的。对感官，谈得够多了。

[91]"理性可以理解到什么？①你们说：'有人发现辩证法（dialecticam）是决断真假的仲裁者（disceptatricem）和判定官（iudicem）。'②这是哪种真假，关于什么主题？是把辩证法用在判断几何学中的真假吗？是文学？或者音乐？你们说：'都不是，它对此一概不知。'是哲学的，对吗？但太阳的大小问题与它有什么关系？它又有何德何能对至善下判断？那么，他到底判断的是什么呢？哪种合取和析取是真的，哪些陈述有歧义，某命题的推论是什么，什么命题又同它相悖？这种理性判断以及诸如此类的事例，它判断的不过是它自己；可是，它承诺的判断还多得多；要是它只能判断这些事例，那么它就不能裁决哲学中其他无数的重要问题了。③

―――――――――

① 在 *Ac.* 2. 91 – 98 中，西塞罗给出了一系列论证，意在通过摧毁斯多亚学派的逻辑原则来说明理性的乏力。其主要的部分关涉"连锁悖论"（*Ac.* 2. 92 – 94）和"骗子悖论"（*Ac.* 2. 95 – 98）。此二者的联系并非一直清楚，但它们都可以视为对"排中律"（参见 *Ac.* 2. 95）和斯多亚学派推理有效性的驳斥。比如，斯多亚学派的推理中的"假言推理"（modus ponens），就是他们"第一个无解的"推论形式（参见 *Ac.* 2. 96）。

② 斯多亚学派的辩证法涵盖更为宽泛的领域，而不仅仅有西塞罗在下文中提到的更为严格的"关于逻辑的"主题，参见 *Lives* 7. 41 – 44 和 *Ac.* 2. 142 – 46；并且，*Ac.* 1. 19 和 1. 30 – 33 解释了老学园派的辩证法。

③ 该论证说明逻辑的使用范围是有限的，这间接地源于柏拉图在《高尔吉亚篇》（*Gorgias*）453 – 454 中对修辞学的驳斥。卡尔涅亚德在 *Div.* 2. 9 – 11 运用相似的论证来反对占卜。斯多亚学派宣称，只有逻辑才具有既能判断自我又能判断他物的能力，参见爱比克泰德（Epictetus）的《散论》（*Discourses*）1. 1. 4。

[92]"可是，既然你如此看重这项学问①，那你最好能确保它最后不会适得其反；其首先花里胡哨地解释了演讲的要素、歧义的消除和论证的方法，但还没往下走几步就着手处理棘手而危险的话题，即连锁论证，就是你才说过的那种错误的论证形式。② [XXIX] 如果它确实错误，又如何？难不成我们还要为此负责？自然并没有赋予我们确认绝对界限的能力，以便在各种情况中做得恰到好处。不仅谷子成堆是这样（连锁论证因此得名），而且无论怎样，当我们被问到某人何时变富或者变穷，何时出名或者暗淡下去，某物何时增多或者减少，何时变大或缩小，何时拓宽或者变窄，我们都不能确定地回答到底要增加一点儿还是减少一点儿。

[93]"但你们却说：'连锁论证就是错的！'要是可以，就毁了它，这样它就不会再烦你们了——要是不当心，它一定会搅得你们心神不安的。你们说：'我们确实小心翼翼了，因为克律西波的策略就是，当被一步一步地问，比如，三个东西是少还是多，他正要

---

① 即"辩证法"，或者"*logikē*"。它包含"*dialektikē*"，即现在所谓的逻辑学，还包括"*hrētorikē*"或者"*elementa loquendi*"，即修辞术。

② 参见 *Ac.* 2.49。连锁论证的另一版本见于盖伦的《医学经验》（*Medical Experience*）16.1 – 17.3、*M.* 7.416 – 421 和 *Lives* 7.82。克律西波也写了好几部关于此类论证的著作，参见他在《逻辑探究》（*Logical Investigations*）3.9.7 – 12 中的评述（*SVF* 2.298a），该书标题见于 *Lives* 7.192 和 7.197。他对此悖论的诊断和"解决"仍存争议，参见 M. Mignucci, "Logic Ⅲ. The Stoics, §8 Paradoxes", in K. Algra et al. (eds.), *The Cambridge History of Hellenistic Philosophy* (Cambridge: Cambridge University Press, 1999) 和 S. Bobzien, "Chrysippus and the Epistemic Theory of Vagueness", *Proceedings of the Aristotelian Society* 102 (2002), pp. 217 – 238。

说出"多"的前一刻就得立马止步（他们称作 *hêsukhazein*）。'① 卡尔涅亚德会回应说，要是你们愿意，不仅可以止步，还可以休息，打呼噜呢；可这对你们有什么帮助？还会有人把你们从梦中叫醒，用同样的问题不停地盘问。无论你说到哪个数字停下，哪怕我就加了一个，也会变成多吗？只要你同意，我还可以说下去。有必要说下去吗？毕竟，连你们也承认：实在无法指出最后到哪里还是"少"，最先哪里开始算是'多'；这种谬误相当普遍，以至于我不看到哪里会有例外。[94] 你说：'好吧，这没事，我会像一位技艺超群的驾车手，在碰到路障前就勒住马，特别是前方就是万丈深渊。我就是这样克制自己的——遇到吹毛求疵的问题，不做过多的回答。'② 倘若你能回答却不回答，你就是傲慢（superbe）；但要是你确实不能，那就是没有'理解'这件事了；如果你们搪塞我，说这事例太模棱两可了，我也理解；但你们说，在并未触及模棱两可的地方就裹足不前了。要是如此，你们就在事情清楚的时候停下来了。如果你们这样做仅是为了缄默不语，那么什么事都干不成，因为一个要构陷你的对手还会在意是在你沉默的时候还是在讲话的时

---

① 克律西波 fr. 2. 277（*SVF*）。克律西波的"当心"或"小心翼翼"，即在某个论证的环节拒绝继续回答连锁论证的问题，在 *Ac.* 2. 94 被西塞罗理解为建议人们应该"悬置判断"或"存疑"。塞克斯都在 *PH* 2. 253 和 *M.* 7. 416（*SVF* 2. 275 – 276）也持有相同的看法；参见 S. Bobzien, "The Stoics on the Fallacies of Equivocation", in B. Inwood and D. Frede（eds.）, *Language and Learning*（Cambridge：Cambridge University Preso, 2005）pp. 239 – 273。

② 斯多亚学派的回答改写自卢克莱修，曾被西塞罗引用（*Att.* 13. 21. 3）。此句话与卡尔涅亚德关于"存疑"的理解相关，具体内容是："驾好车，驭好马，学学驭车好手的必备技能！"（fr. 1249 Warmington）

候得逞？此外，要是你们毫不迟疑地指出，比方说，一直到'九'
都还是'少'，但要说到'十'的时候就打住了，那你们就是对明
摆着的、像白天一样清楚的事不做赞同了；可是，就连对模糊的事
情，你们也让我做赞同呀！① 因此，辩证法的学问不能帮你们反驳
连锁论证，因为它没有教你们在一个增减的过程中应从哪里开始又
到哪里结束。

[95]"还有一个问题：这种辩证法学问会像珀涅罗珀（Penel-
ope）拆解自己的织物那样，最终会摧毁自己的原则吗？这是你们
的错还是我们的错？显然，辩证法的原则在于每个语句（enuntire，
他们称之为 axioma，即命题）要么为真要么为假。② 那么，像这样
的一些例子为真还是为假呢？要是你们说自己在撒谎，还说这是真
的，那么你们是在撒谎吗？③ 当然，你们学派会说这类问题是"无
解的"（inexplicabilia＝apora），这比我们对不可理解的印象的说法
更让人恼火。［XXX］这一点，我们暂且放一下，现在的问题是：
如果这些问题是无解的，无法找到能让你回答它们是真还是假的标

① 参见 Ac.2.107。西塞罗的论证在 M.7.416-421 得到详细地阐明。如果克律西
波建议当答案是"清楚"的时候悬置赞同或存疑，就等于允许我们能够和应当对"可理
解的"印象存疑；参见 Ac.2.38 的注释。

② 斯多亚学派将"命题"定义为要么为真要么为假的句子，参见 Lives 7.65
（SVF 2.193）、M. 8.74（SVF 2.187）和 Tusc.1.14，以及 Fat.38。

③ 克律西波至少写了十本书讨论"骗子悖论"（书籍列表参见 Lives 7.196-197）。
他对此悖论的解决方案，主要见于 Ac.2.95-98 和普鲁塔克的《普遍概念》ch.2 1059d-
e。此处，原文有残缺。对此可接受的解读得益于 Mignucci，"The Liar Paradox"
（1999）。前面依据中的"这样一些例子"表明西塞罗所举的例子不止一个，就是说，也
许包含"要是你们说自己在撒谎，还说这是真的，那么你们又在撒谎又在说真话"和
"要是你们说自己在撒谎，还说这是真的，那么你在说真话"。二者都会产生悖论。

准，那么你们关于命题的那个要么为真要么为假的定义会发生什么？就两组命题的某种前提而言，我都会得出一个确定的结论：要是这两组命题相互排斥，那么其中一组可以从该前提推出，而另一组则会被否认。① ［96］你如何判断下面这种论证形式？（1）'如果你说现在是亮的，并且你说的是真的，那么这就是亮的；（2）而你的确说现在是亮的，并且你说的也是真的；（3）所以，这是亮的。你们显然会认可这种形式的论证，肯定还会称它完全有效，而这就是你们将其作为教学中的第一证明式的原因。因此，你要么接受同类的证明，要么就承认你们整个学问一无是处。再来看看你是否接受这个证明：'（4）如果你说你在说谎，并且你说的是真的，那么你在说谎；（5）而你的确说你在说谎并且你说的是真的；（6）所以，你在说谎。'你们怎么会不接受这种证明，你们不是已经接受上面同类的证明了吗？这证明式出自克律西波，但连他自己也没有解决；那么，他又会如何看待这个证明？'（1）如果这是亮的，那么这就是亮的；（2）而这是亮的；（3）所以，这是亮的。'当然，他会接受，因为假言命题的本性在于，一旦你承认了前件，就不得不承认后件。这个证明同下面这个有什么区别？'（10）如果你在说谎，则你在说谎；（11）而你的确在说谎；（12）所以，你在说谎。'你说你既不能赞成也不能拒绝这个证明；那么，你为何在其他情况

---

① 里德对此做过在翻译中可行的修改。该句指出了一种普遍的逻辑原则，即有效论证中前提的意义是可辨识的。但是，克律西波反对推论"6"和"12"，即使它们的论证形式分别与推论"3"和"9"的形式一致（*Ac*. 2.96）。因此，如果他对"骗子悖论"的理解是正确的，那么这类逻辑形式（选言推理，斯多亚学派的第一种无解的推论）就是无效的。

中就能做出判断呢？如果逻辑中的技艺、方法和途径是有效的，如果证明中确实有逻辑的力量，那么在所有的情况下都是一样的。

[97]"不过，他们最终也只得要求把这类'无解的'证明视为例外。我想他们最好招来保民官：他们永远不会从我这里得到这样的'例外'①。毕竟，他们也不会让伊壁鸠鲁，这个鄙视、嘲笑整个辩证法学问的人同意'赫马丘斯（Hermarchus）明天要么活着要么不会活着'这个命题是真的。不过，辩证法家称选言命题（disiunctum）（以'p 或者非 p'为形式的命题）不仅是真的而且必然是真的。看看伊壁鸠鲁这个被辩证法家视为愚钝之人的机智灵敏。他说：'如果我承认两者其一是必然的，那么赫马丘斯明天要么活着要么死去的命题就是必然的了。然而，事物的本性中不存在这样的必然性。'② 那么，就让你们的辩证法家，就是安提奥库和斯多亚学派同这位哲学家争论，因为是他推翻了整个辩证法——如果由两个矛盾的命题构成的某个选言命题（我指的是，选言命题中的一个命题所肯定的正是另一个命题所否定的）可能为假，那么就不能说所有选言命题是真的。

[98]"但是，他们同我，一个跟从他们学派的人有什么好争论

---

① 斯多亚学派的要求似乎是，这类事例应当视为"例外"。其做法类似于他们拒绝向伊壁鸠鲁认定未来的偶然事件的真假。这表明，克律西波解决"骗子悖论"就要否认例如"我在撒谎"这样的命题具有"真值"，参见 Barnes（1997）和 Mignucci，"The Liar Paradox"（1999）。"exceptio"（例外）最初指一种法律行为，即诉讼人可以求诸保民官来强制不情愿的法官行事。

② 伊壁鸠鲁 fr. 376（Usener）；参见 *DND* 1. 70 和 *Fat.* 21。第一句话或许可改为"如果我承认其二者有一为真，那么……将是必然的"，因为伊壁鸠鲁的担忧是，一旦承认假言命题的前件，那么就意味着后件是必然的。

的？一旦出现此类问题，卡尔涅亚德通常会这样戏言：'如果我的结论是对的，我就坚持；如果是错的，第欧根尼就要把我的缗那（mina）还给我。'① （因为他从这位斯多亚学派的第欧根尼学习辩证法，辩证法家通常会收取费用。）因此，我打算遵循从安提奥库那里学来的方法，我却说不明白自己为何判断'如果这是光，则这是光'这一命题是真的（哪怕我也学到过由单一命题组成的假言判断都是真的）；但是，我无法同时判断'如果你在说谎，那么你在说谎'是同一形式的条件句。就是说，我要么将前一个判断和后一个视为同类，要么认为若后者不是真的，则前者也不是真的。

［XXXI］"然而，把这类尖刻的证明，以及辩证法家拐弯抹角的论证放在一边，让我们展示出真实想法。一旦卡尔涅亚德的所有论点得以阐释，你们安提奥库的所有反驳都会从根本上垮掉。② 不过，为了防备有人怀疑我在杜撰，我将援引克利托马库的表述，他伴随卡尔涅亚德直至年老，而且他如你所期望的是一位聪明的迦太基人，也是一位严肃认真、勤奋刻苦的学者。他讨论存疑问题的书有四卷，而我所引述的内容来自第一卷。［99］在卡尔涅亚德眼中，存在着两类印象：一类细分为可理解的（percipi＝*kataleptikai*）或不可理解的（*akataleptoi*），另一类分为有说服力的（probabilia＝*pithanai*）和没有说服力的（*apithanoi*）；学园派对感觉极其清楚

---

① 缗那是货币单位，1缗那相对于100德拉克马（drachmae），这是公元前150年一个手工匠人工作30到40天的报酬。

② 西塞罗在 *Ac.* 2.98 - 111 捍卫学园派对卢库鲁斯的反驳，认为其反驳是前后连贯的。*Ac.* 2.98 - 105 论证克利托马库为卡尔涅亚德的"实践标准"辩护可以不受 *Ac.* 2.32 - 36 处反驳的影响。*Ac.* 2.106 - 111 回应了 *Ac.* 2.22 - 44 的具体批驳。

明白的反驳属于第一类，并不涉及第二类；因此，克利托马库说，没有可理解的印象，只有许多有可以认同（probatio）的印象。因为没有说服力的印象，有悖于自然，其结果是你所说的整个生活的颠覆，卢库鲁斯。①

　　"因此，许多知觉印象也值得我们认同，只要记住没有任何印象如此这般，以至于不可能存在一个与之完全没有差别的虚假印象。因此，智慧之人会使用他所碰到的所有显然具有说服力的印象，只要没有任何与其说服力相反的东西显现出来，那么他的全部生活都会得到指引（gubernabitur）。实际上，即便是你们所称赞的智慧之人也会常常跟随许多有说服力的〈印象〉，尽管它们不可理解，也不可赞同，却近似于真（similia veri）②；确实，如果他不认可这些〈印象〉，整个生活就会崩塌。[100] 再者，当圣贤踏上一艘船，难道他心里没有把握自己会如愿航行？他何以如此？比如

---

　　① 克利托马库本人的"积极"观点（相对于卡尔涅亚德的观点或相关的论证）仅见于西塞罗在 *Ac.* 2.99 和 2.103 - 104 中的引文，及其在 *Ac.* 2.78 和 2.108 的评述。他对卡尔涅亚德的解读强调了"不清楚"和"不可理解"的差别（*Ac.* 2.32），从而允许将不可理解的但有说服力的印象解释为卡尔涅亚德的"实践标准"（比较 *Ac.* 2.33 - 36）。西塞罗认为这可以令人满意地回应 Ac. 2.31、2.37 - 39 和 2.61 - 62 中的"无为"（inactivity）驳斥。

　　② 西塞罗在此和在 *Ac.* 2.109 似乎诉诸斯多亚学派"合理印象"（*to eulogon*）的学说。圣贤正是借助它在不确定的情况下行动。该观点仅得到 *Lives* 7.177 和亚特耐乌斯（Athenaeus）的《餐桌上的健谈者》（*Deipnosophists*）8.354e（*SVF* 1.624 - 625）的佐证。但是，这种看似可行的解释却与西塞罗的观点相悖，因为此类说法称斯多亚学派的圣贤确实会在不确定的情况下赞同某事，即赞同那些合理的印象，而非直接正确的印象；参见 T. Brennan，"Reasonable Impressions in Stoicism"，*Phronesis* 41（1996），pp. 318 - 334。西塞罗的解释或许来自阿尔克西劳对斯多亚学派观点的改编，参见 *M.* 7.158。

说，如果他是从这里出发到普特奥利，有 30 斯塔德的路程，优良的船只，优秀的船长，像今天这样风平浪静，那么安全到达目的地对他似乎是可信的。

"由此，他会根据这类印象来考虑有所为或有所不为。（他肯定比阿那克萨戈拉更快认可雪是白的！后者不仅否认雪是白的，甚至还否认雪对他似乎显得是白的，因为他知道构成雪的水是黑的。）①[101] 他会为任何向他呈现出来的有说服力的、无障碍的印象所打动。他不是石头雕出来的，或木头削出来的：他有肉体，有灵魂，他还有容易受到触动的心灵和感官，所以许多东西他看起来都是真的，只不过这些东西不具备你们所要求的那种显明而特殊的理解标记（notam）。因此，智慧之人之所以不做赞同，就是因为有可能存在着假的印象，而它与相应的真实印象别无二致。

"实际上，我们反对感觉的说法与斯多亚学派没有区别：他们称许多东西是假的，远远不同于这些东西在感官中呈现出来的知觉印象。[XXXII] 但是，如果情况是这样，哪怕感官接收一个虚假印象，那么他就会当即否认感官能领悟任何东西！② 这样一来，无须我们一字一句，只需伊壁鸠鲁或你们的原理就足以消除理解了。伊壁鸠鲁的哪条原理？'如果知觉印象为假，则无物可知。'③ 你们的呢？'存在假的知觉印象。'结果怎样？毋需费我一言，结论自明：'无物可知。'他会说：'我不同意伊壁鸠鲁的第一个前提。'

---

① 阿那克萨戈拉 fr. A97（DK），比较 fr. B10.8 – 11。此处是西塞罗在 Ac. 2.72 观点的拓展，参见 Brittain and Palmer（2001），pp. 51 – 53。

② "他"指西塞罗的对话人"卢库鲁斯"。

③ 参见 Ac. 2.83。关于伊壁鸠鲁观点的解释，参见 Ac. 2.79。

那你们去和伊壁鸠鲁开战，反正他和你们方方面面都不同；不要和我争辩，至少有一件事我会同意，就是感官会承认虚假。[102] 对我来说，似乎最令人吃惊的是安提奥库谈到的那些反对意见，他应该相当熟知我们的观点，正如我不久前讲过的。当然，任何人都可以基于自己的判断批评我们，批评我们否认事物是可理解的，尽管这样的批评相当浅薄；但我们说过某些东西是有说服力的，这似乎也不合你们的胃口！好吧，也许〈他们是对的〉吧。①

"此外，我们也要竭力规避你们猛烈的诘难：'你们什么也看不见吗？你们什么都听不到吗？没有东西对你们来说是清楚的吗？'我刚才援引克利托马库解释了卡尔涅亚德是如何应对这些反驳的；现在来听听克利托马库是怎么谈论这些主题的。他写了一本书献给诗人盖乌斯·路西律斯（Gaius Lucilius）——他之前还写给过卢修斯·肯索里努斯（Lucius Censorinus）[此人与马尼乌斯·马尼留斯（Manius Manilius）同为执政官]，书中他都讨论过。我非常熟悉他写的内容，因为我们所讨论的问题的基本体系和观点（prima institutio et quasi disciplina＝*sustêma*）就包含在这本书里。总之，他这样写道：[103] '学园派认为，在那些看起来可信和不可信的东西之间是没有相似性的；但这不足以说某些〈印象〉是可理解的，某些是不可理解的，因为很多假的东西也是可信的，但没有任

---

① 西塞罗大致表示，卢库鲁斯反对学园派将有说服力的印象作为"实践标准"（比较 *Ac.* 2.105），因为"一些印象具有说服力"的观点是卡尔涅亚德从斯多亚学派借取的；参见 *M.* 7.242 - 243（*SVF* 2.65）。

何假的东西是能被理解的或认识的。'因此，他说那些声称我们被学园派剥夺了感官的人大错特错了，因为学园派绝不会说颜色、滋味或声音不存在，只是说在这些印象中不存在区别于他物的关于真理或确定性的明显标记（notam）。① [104] 谈完这些，克利托马库又加上一条：据说，智慧之人搁置赞同（sustinere）有两个意思。一个是，他完全不赞同任何印象；另一个是，他甚至克制自己回答问题，以免流露出认同（probare）或不认同的态度，因而他既不会否定，也不会肯定。既然如此，智慧之人接受第一个含义，其结果是永远不赞同任何东西；但他在实践中坚持第二个含义，因而跟随有说服力的东西（probabilitatem），无论这种东西在场或缺失，他都能相应地回答是或否。② 克利托马库称，既然那些搁置赞同的人无论如何也要运动和行动，那么依然存在着某种激起（excite-

————————

① 参见 *Ac.* 2.99。在本引文中，克里托马库承认我们的印象在可信度（plausibility）上的差异也许经常反映了事物之间的客观差别，即便没有可靠的方法来辨别在何种情况下如此。他认为，学园派认同"有说服力的印象"，就足以回击那些称他们剥夺感官（*Ac.* 2.30，2.33，2.38，2.61）和抛弃颜色与真理（*Ac.* 2.34）的种种斥责。西塞罗在 *Ac.* 2.101 也指明了这一点。不过，怀疑派的这种坦诚做法却受到努门尼乌斯（Numenius）的质疑，参见 fr. 27.19 – 32（Des Places）。

② 克利托马库通过确认两种类型的"搁置赞同"区分出独断的"赞同"（assent）和怀疑派的"认同"（approval）。*Ac.* 2.104 解释了其中第一类"搁置赞同"，大概指拒绝接受某印象为真（这是对独断赞同的反动）。第二类"搁置赞同"指直白地拒绝以任何方式接受任何印象。克利托马库一类的学园派拒斥其中的第二类，因为他们认可有说服力的印象；但他们还是在第一类意义上搁置赞同，因为他们只是依据有说服力的印象行动，而并未将其视为真实的印象；参见 R. Bett，"Carneades' Pithanon: A Reappraisal of Its Role and Status"，*Oxford Studies in Ancient Philosophy* 7（1989），pp. 59 – 94 和 "Carneades' Distinction Between Assent and Approval"，*Monist* 73（1990），pp. 3 – 20。参见 *PH* 1.220，努门尼乌斯 fr. 26.107 – 110（Des Places），其中介绍了历史上对此区分的误读。

mur）我们活动的印象。同理，当问到是或否的时候，我们仍然可以跟随相应的印象做出回答，而用不着任何赞同①；但不是所有的印象都会得到认同（adprobari），除非它们没有受到任何阻碍。[105] 也许你们还是不赞成这些论证，因为它们或许有错，但它们肯定不会错得离谱。因为我们并没有剥夺光明，只是那些被你们称作'可理解的'东西，我们则称之为"看起来如此"的东西，只要它们是有说服力的。

[XXXIII]"既然我们已经介绍并论证了有说服力的〈印象〉，还清除了它的绊脚石，或者说障碍；卢库鲁斯，你们宣扬印象具有'清楚'的特征，你看，没戏了吧。我说，智慧之人会看见天空、大地和海洋，同你们的圣贤看到的景象一样；他们也会用其他各种感官去感知相应的任何事物。这片海，满眼湛蓝，西风袭过，我们的智慧之人也同样会看到；可是，他不会'赞同'这些〈印象〉，因为它前一刻还显得绿，而到了早上就会显得灰；一处在阳光下波光粼粼，而临近的另一处却显得很是不同。因此，就算你们能解释得清，还是不能坚称你们看到的印象就是真的！②

[106]"如果我们什么都不理解，那么记忆会发生什么？这是你们提的一个问题。③ 什么，我们还能记住自己没有理解的印象？这在波利艾努斯（Polyaenus）的例子上奏效吗？据说，他是一位

---

① 拉丁语原文以否定短语开头，但编撰者正确地做了改动；参见里德的修改。

② 参见 *Ac.* 2.79 和 2.81。

③ 参见 *Ac.* 2.22。

数学大家，之后认同了伊壁鸠鲁的观点，却认为几何学是假的。①
那么，他把从前认识到的东西都抛在脑后了？但是，你们也明白，
虚假之物是不可认识的；因此，如果只能记住理解了的东西，那么
任何人记住的一切都是把握或理解了的；而没有什么虚假的东西是
可理解的，希隆（Siron）记得伊壁鸠鲁的所有学说——如此，这
些学说都是真的！对我，这没有问题；而你们要么必须承认确实如
此，尽管违背了你们的意图，要么得同意我关于记忆的说法，承认
即使没有理解，记忆还是可以发生。② ［107］你们问：'那系统的
学问又会怎样？'哪种学问？是那个毫不避讳地让你们仅仅运用归
纳推理（conicctura），而不用知识的学问，还是只遵循我们的印
象，而不能让你分辨印象真假的那些学问？③

　　"还有两个反驳，是你们论证的基础。其一，你们称有人可能
不做赞同，这不可能，还说'这显而易见'。不过，帕奈提乌（我
认为他是斯多亚学派中的佼佼者）说，除他以外的斯多亚学派都确
信一些事，即占卜、预兆、神谕、解梦和预言的结果都是真的，而
他自己却很怀疑。于是，他克制自己赞同这一类事。④ 但是，如果

---

　　① 伊壁鸠鲁 fr. 229a（Usener）。*Fin.* 1. 20 再次提到波利艾努斯的故事。伊壁鸠鲁认
为，标准的希腊几何学原理与经验相矛盾，也与原子论的真理不相容；参见 *Ac.* 1. 5 - 6。

　　② 本论证依赖卢库鲁斯对斯多亚学派关于"记忆"定义的运用（*Ac.* 2. 22），认为
记忆是一种理解。

　　③ 参见 *Ac.* 2. 22。西塞罗在 *Ac.* 2. 116 - 117 将哲学归入仅靠"归纳推理"的学问，
参见 *Ac.* 2. 42 的注释。航海术和医学是"或然的"（stochastic）或猜测的学问。上述第
三种学问显然包括经验医药学，西塞罗在 *Ac.* 2. 122 也提到过。西塞罗在 *Ac.* 2. 144 - 146
拓展了本论证。

　　④ 帕奈提乌 fr. 70（Van Straaten）；参见 *Div.* 1. 6。第欧根尼在 *Lives* 7. 149 称帕奈
提乌完全否认占卜是一门学问；但西塞罗认为他是不可知论者（agnostic），这或许正确。

连他都会质疑其老师确定的事情，那么为什么智慧之人就不能在其他所有事情上同样地质疑呢？真的存在智慧之人能拒绝或赞成，却不能质疑的命题吗？你们真的以为自己能在连锁论证里的任何环节随意地打断，而他却不能在其他任何情况下同样地打住吗？特别是，当他可以没有阻碍地（*anempodistos*）遵从那些似真的〈印象〉，用不着赞同什么的时候，也不能吗？①

[108]"其二，你们认为那些不以'赞同'认可任何东西的人不可能有任何形式的活动；一个人必须首先拥有某种印象，这本身就包含了赞同，而斯多亚学派称感觉本身就是赞同；因为赞同伴随着欲求的内驱力，所以行动也随之而来，但如果〈可理解的〉印象不在，那么一切都会消失。②[XXXIV] 有关正反双方的论点，口头的和书面的讨论已经很多，我们可以就整个论题进行简短的概括。我的观点是，最优形式的活动〈即理性活动〉在于驳斥（repugnare）印象，抗拒（obsistere）意见，以及搁置（sustinere）对那些不可靠的东西的赞同（adsensus）；我同意克利托马库在书里的说法：卡尔涅亚德从我们的心灵中赶走了凶猛的野兽，即赞同，或者说意见和鲁莽，的确完成了几乎是赫拉克勒斯般的壮举。尽管可以把我的辩护放在一边，但究竟什么妨碍了那些跟随毫无阻碍的可信〈印

---

① 参见 *Ac.* 2.94。这是西塞罗对 *Ac.* 2.38 中反驳的回应。

② 参见 *Ac.* 2.24 - 25 和 2.37 - 39。本处补充是必要的，因为斯多亚学派将人对事物的正确"认知"定义为我们对由感官而来的"可理解的印象"的赞同（参见 *Ac.* 1.40 - 41）。然而，尽管卢库鲁斯在 *Ac.* 2.24 - 25 回应了相关的反驳，但他并未否认我们经常赞同不可理解的印象，也没有称由此不足以引起行动（参见 *Ac.* 2.39）。

象〉的人去行动?"①［109］他回答:'他们认为即便是自己所认同的印象也不可理解,就是这妨碍了他们。'如此,这也会阻碍你们,阻碍你们航海,播种,结婚,育儿,以及做其他各种事情,仅当你们只能遵从有说服力的印象的时候。②

"但你们却挖出那个常常灵验又常被驳斥的论证,你们说'尽管不是安提帕特的论证方式,却更有效';你们又说:'因为安提帕特说过,一个人断言没有什么东西可理解,又说只有这个断言才是可理解的,二者之间没有什么不一致的,所以他遭到了批评。'甚至连安提奥库都认为这有些过了头,也自相矛盾;毕竟,一个人既说无物可知,又说有物可知,这就会产生矛盾。因此,安提奥库认为我们本应该这样来给卡尔涅亚德施压——除非智慧之人理解或认识某原则,否则他们就不会真的拥有该原则,那么卡尔涅亚德至少应该承认此原则是可被理解的,就是智慧之人主张的'无物可知'的原则。说得好像智慧之人没有其他原则,在没有原则的情况下生活一样![110]相反,正如他坚持某原则并非因其可知而是因其可信一样,他对待'无物可知'的态度也是如此;如果他在当下拥有理解的标记,那么同样的标记也可用在其他时候;但既然他没有任何标记,那么就只能使用有说服力的〈印象〉了。因此,他不担心

---

① 西塞罗认可克利托马库的观点,即因为我们不能理解任何事情,所以我们的合理做法就是普遍的"搁置赞同"或"存疑"(参见 *Ac.* 2.66 和 2.78)。但他打算向斯多亚学派让步,即认为存疑并不意味着在实践上无所作为,而是一种"心灵调节"(*Ac.* 2.62),因为他接受克利托马库和卡尔涅亚德的"实践标准"(该标准是在斯多亚主义意义上的行动机制),参见 *Ac.* 2.104 – 105。

② 参见 *Ac.* 2.99。这是西塞罗对 *Ac.* 2.59 处反驳的回应。

自己会混淆一切，而让一切都晦暗不明了。由此，当有人问他什么
事情才适合做，或问到他所实践和经历过的种种事情，他不会回答
自己不知道，就像被问到星星是偶数还是奇数时那样；因为在如此
晦暗不清的情况中，不存在任何有说服力的印象；但凡有说服力的
印象存在，智慧之人都会有适合做的事，适合说的话。①

[111]"不过，卢库鲁斯，你们也没有忽视安提奥库的第四个
反驳。这不意外，因为这个反驳言之凿凿，安提奥库还借此重挫了
菲洛。首先设想存在一些虚假印象，接着这些印象与真实印象没有
区别。但菲洛没有注意到一些事——由于事物之间明显的差异，
他承认其中第一个前提，但这却被第二个前提抵消掉了，因为后
者否认真假印象之间存在差别。再没有更矛盾的事了。要是我们
学园派完全抛弃了真理，那么此反驳成立；但我们没有，因为我
们既分辨出了虚假的事物，又辨识出了真实的事物。不过，这里
有一种'样子'（species＝*phantasia*），它是认同（probandi）的基
础，而我们没有找到用以理解（percipiendi）的任何标记（sig-
num）。②

[XXXV 112]"即便现在，我仍觉得自己对该主题的探讨还是显

---

① 参见 *Ac.* 2.99。西塞罗回应的根据是"不清楚"和"不可理解"之间的区别
（*Ac.* 2.32 提出，*Ac.* 2.98－105 扩展）。星星的数量问题是"不清楚的"事物的典型案
例；参见 *M.* 7.243、8.147 和 8.31。西塞罗更容易接受学园派的伦理"原则"，而不是
他们的经验：这或许反映了一种温和的怀疑论立场。对此，埃奈西德谟和塞克斯都予以
批评；前者参见佛提乌的《群书摘要》212 170a.17－19，后者参见 *PH* 1.226。

② 参见 *Ac.* 2.44。菲洛的困扰没有反映在西塞罗的克利托马库式的典型回应中。
因此，本处的反驳或许可以理解为一种针对温和怀疑论的强硬策略。温和怀疑论逐渐依
赖"有说服力的印象"，并将其作为"真"的证据。

得过于狭隘了。① 我的讲话还有发挥的余地，那为什么要在斯多亚学派的论证上纠缠不休呢？如果同一位漫步派讨论，哪怕他说当〈印象〉来自真实的东西，那么就是可理解的，也没有补充这个重要的限定，即'它如此呈现而不可能来自虚假的东西'，我会以真诚回报真诚，也不会板着脸和他一争高下；即使他称智慧之人有时会持有意见，以此来回应我说的无物可知，我也不会反驳——何况卡尔涅亚德对此也没有大动干戈②；但是，就这样，我能怎么办？[113] 我想知道什么是可理解的；亚里士多德或第奥弗拉斯特，甚至色诺克拉底或波莱谟都给不出答案，但一个不那么显赫的人却回答：一种不可能为假的真实〈印象〉。③ 此类印象我找不到；由此，我一定会赞同不可知的东西，就是说持有意见。漫步派和老学园派都让我这么干；但是你们却不让，特别是安提奥库。他的观点对我影响颇深，不管是因为我们彼此惺惺相惜，还是因为我料想他算得上我们时代最杰出、最顶尖的哲学家。我首先想从他那里获知，

---

① *Ac.* 2. 112 – 117 是一段引言，其后回顾了独断哲学家在物理学（*Ac.* 2. 118 – 128）、伦理学（*Ac.* 2. 129 – 141）和逻辑学（*Ac.* 2. 142 – 146）上的分歧。该部分构成了西塞罗发言的终曲。本引言解释了，正是这些分歧瓦解了安提奥库诉诸学园派传统权威的主张（*Ac.* 2. 112 – 113），也揭示了独断哲学在知识问题上的傲慢（*Ac.* 2. 114 – 117）。

② 西塞罗在本段指出，对话的议题到目前为止都集中在安提奥库假托"老学园派"的两个斯多亚学派的认识论学说。正如下文所示，西塞罗其实接受了这两种学说；但他回顾了更广泛的哲学分歧（参见 *Ac.* 2. 147），表明他的怀疑论并不取决于此学说。卡尔涅亚德没多大兴趣反驳漫步派关于理解和意见的观点，其证明参见 *M.* 7. 402、*Ac.* 2. 59，2. 67 和 2. 68。西塞罗在 *Fin.* 5. 76 中提到本段，却没有提到他接受斯多亚派的观点。

③ 根据上下文可知，这里指的是安提奥库，他试图将斯多亚学派的观点假托于学园派（参见 *Ac.* 2. 69 – 70）。但或许指的是芝诺，参见下文。

他到底在何种意义上可列入他自诩的学园派？其他争议暂且不论；但哪个老学园派或漫步派主张过这两个垂死的观点，哪怕其中一个？那就是，唯一可理解的东西是真实印象，它如此这般而虚假印象不会与之相似；还有，智慧之人不会持有意见。显然，两个都没有：它们没有哪一个在芝诺以前得到过认真的辩护。①尽管如此，我想这两个都是对的，这并非临时兴起，何况我还公开赞成过。②

［XXXVI 114］"我受不了〈安提奥库〉的就是：你们禁止我赞同任何尚无定论的事情，称那样会蒙羞，是十足的鲁莽，但你们自己却发展出一套言说智慧的哲学体系，以此揭示宇宙的本性，塑造我们的品格，确定伦理的目的，规范适宜的行为，限定我们的生活——同时，你们宣称还要教给我们论证和理解的标准和方法。当你们不可胜数的学说裹挟着我，你们将如何确保我绝不会犯错，绝不会持有意见？要是你们让我舍弃自己的哲学，那么你们又会让我接受哪种哲学学说呢？倘若你们说你们自己的，恐怕就太过自以为是了——而你们准会这么说。不止你们，每个人都会把我拉到他那里去的。

［115］"好吧，就想象我敌视漫步派，虽然他们说过同演讲家

---

① 据称，芝诺是第一个定义斯多亚学派"理解"的人（参见 *Ac.* 1.40－41，2.18 和 2.77），也是禁止持有意见的第一人（*Ac.* 2.77）。奥古斯丁在《驳学园派》2.14 也认同对芝诺的这种定位。他认为，此处暗示了老学园派的争论，尽管这也许指 *Ac.* 2.72－76 所追溯的怀疑论前史。

② 西塞罗接受这两个主张，并且他没有发现任何可理解的事物。由此，他支持克利托马库对怀疑论的辩护；参见 *Ac.* 2.66，2.78 和 2.108。

交往甚密，且他们著名的成员常常手握国家的权柄。设想我坚决反对伊壁鸠鲁学派，尽管我与他们很多人都认识，我们也都是善良的人，彼此友爱。我又会怎么对待斯多亚学派的狄奥多图斯（Diodotus）呢——我早年拜他门下，同他相处多年，还同在一个屋檐下，我敬重他，爱戴他，何况他还蔑视安提奥库一派的观点？你们称：'只有我们的观点是对的。'是，只有你们的，如果全都是正确的话（因为几个观点相互矛盾，不可能都正确）。难道是我们学园派不要脸，妄想不犯错，还是我们的对手太盛气凌人，坚信只有自己才拥有大全的知识？他说：'我没说自己拥有知识，只有智慧之人才有呢。'绝了！但他的'知识'当然是你们自己的哲学学说……首要的是，不智慧的人来解释智慧，这不奇怪吗？① 但先不说我们自己，就谈谈智慧之人，我多次说过，他是我们整个研究的主题。

[116]"大多数哲学家都将智慧分为三个部分，也包括你们。要是你们愿意，我们先看看对宇宙本性的研究成果。不过在此之前，想想这个②：有没有人膨胀到错信自己认识自然哲学中的主题了？我并非要找那些基于归纳推理的证据，它们被扯来扯去，争论不休，还缺乏有说服力的必然性；还是来讨论几何学家，因为他们声称自己是证明而非劝告，并且他们确实用图形证明了自己的命题

---

① 参见 *Ac.* 2.9 和 2.117。塞克斯都在 *M.* 7.314－342 和 *PH* 2.37－46 通过一套详细的论证反驳了独断哲学所宣称的权威；亦参见奥古斯丁的《驳学园派》3.15－17，及下文的 fr. 34。

② *Ac.* 2.116－117 是西塞罗讨论自然哲学的认识论前言。类似地，*Ac.* 2.128 也是对伦理学论述的导言。

合你们的心意。我不会问他们数学的基本原理——尽管如此，要是他们不承认这些原理，就不能开始证明——即点是没有面积的东西，面或'平面'（libramentum）（如此说来）是完全没有厚度的东西，线是没有任何宽度的东西。① 假设我承认这些原理是正确的，如果我要求智慧之人发誓说太阳比地球大几倍，而且对此阿基米德（Archimedes）已经构建了所有证明来解释，你觉得他愿意吗？② 如果他愿意，那么他就是亵渎自己奉若神明的太阳。[117] 但如果智慧之人不像你们说的那样相信几何证明，尽管这证明具有论证效力，那他也就几乎不会相信哲学家的论证了，不是吗？

"或许，他还是相信，那他会倾向于相信谁的论证？我们可以将自然哲学的所有学说都过一遍，但那就太冗长了：可我还是想知道他会拥护哪一位自然哲学家。设想某人正在变得有智慧，但尚未成功；那他恰好会选择哪种观点或体系呢？当然，不论他选择哪种，都是在智慧不足的情况下选的；不过，就假设他心智已开，他会中意哪位自然哲学家呢（既然他不能选择多个）？我不会让你无边无际地漫谈：来看看他会赞成谁的万物（omnia＝to pan）'本原'（principium）观，因为先哲在万物本原问题上存在

---

① 参见 *Ac.* 2.106。塞克斯都汇集了一系列怀疑论证明以反驳这些几何学原理（参见 *PH* 3.39 - 44、*M.* 9.375 - 417 和 3.1 - 64）。苏格拉底也强调了数学知识中的各种原理具有假设性；参见《理想国》7.533c。

② 参见 *Ac.* 2.82。阿基米德是否直接探究过太阳的尺寸，目前尚未明确，尽管他尚存的《数沙者》（*Sand-reckoner*）表明他曾熟知阿利斯塔克（Aristarchus）的相关论著。这里引用阿基米德，也许仅因为他是著名的几何学家。

巨大分歧。①

[XXXVII 118] "第一位自然哲学家是七贤之一的泰勒斯（Tha-les），（而且，据说他被其他六人尊为首席）：他称万物由水构成。但是，他没有说服他的同乡和友人阿那克西曼德（Anaximander），因为后者宣称存在无定形（infinitum）的本性，万物由它而来，又复归于它。其后，他的学生阿那克西美尼（Anaximenes）认为是无定形的气（尽管他宣称由之产生事物是有定形的），其生成万物的次序先是土、水、火，之后从中产生其他一切事物。阿那克萨戈拉提出无定形的物质，认为由此产生的微粒极小，且本质相同，起初一片混乱，之后神圣的心灵赋予秩序。稍早的色诺芬尼断言，万物是统一的，是不变的，是神，不在任何时候诞生，是永恒的，还是球体。巴门尼德选择火，它让土运动，并将其塑形。留基波（Leucippus）认为本原是充实与虚空。德谟克利特在此也与之类似，但他在别处有更为宽泛的论述。恩培多克勒选择了我们知晓的四种元素。赫拉克利特选择了火。麦里梭（Melissus）称，无论有什么，有的都是无定形且不变的东西，一直存在并将永远存在。柏拉图认为，

---

① 西塞罗将"本原"同物质构成联系在一起的做法反映了源自亚里士多德《形而上学》（*Metaphysics*）Bk. 1 的学述传统（doxographical tradition）。在 *Ac.* 2. 118 中所列自然哲学家中，几乎没有人会认可他对"本原"功能的这番解释。西塞罗的哲学家列表可能取自克利托马库或卡尔涅亚德的其他学生所汇编的怀疑派论著；参见 J. Mansfeld, "Gibt es Spuren von Theophrasts Phys. Op. bei Cicero?" in W. Fortenbaugh and P. Steinmetz (eds.), *Cicero's Knowledge of the Peripatos*, Rutgers Studies in Classical Humanities 4 (New Brunswick, 1989), pp. 133 – 158.

世界是神用物质创造的，它永远存在且包罗万象。① 毕达哥拉斯一派（Pythagoreans）认为，万物始于数和数学的基本原理。

"我料想，你们的智慧之人会追随其中的某位自然哲学家；而其他的哲学家就不在他考虑之列了，他会拒绝和反对，尽管他们人数多，价值也大。[119] 但是，无论他同意哪种观点，他都会认为心中的理解会像感官得来的印象一样可靠；因此，他赞成'现在是亮的'不会比认可这种观点更坚定——比如我们正在讨论的斯多亚学派的——世界是智慧的，它拥有心灵，构建其自身、世界和秩序，并造成一切的运动，统摄万物。② 他也深信，太阳、月亮和所有星辰，以及大地和海洋都是神，因为一种灵气（intellegentia animalis）根植并遍布其中，尽管会有那么一天一场大火会将这个世界毁灭。③

[XXXVIII] "若说你们的这些观点都是真的（注意：这里我承认一些真理的存在）；可我还是不接受它们被'把握'或理解了。当你们的智慧之人，一位斯多亚学派，不再给你们传道解惑，亚里士多德就会跳出来，疯疯癫癫地喋喋不休：'世界绝非创生，因为这杰作绝非始于神意乍显；其方方面面都秩序井然，没有力量会影响

---

① 西塞罗的论据仅涉及柏拉图《蒂迈欧篇》中三个"本原"中的两个，而忽略了其中的"理念"。此外，类似的解读或许还可见于安提奥库对老学园派自然哲学原理的解释（参见 Ac. 1.24）。西塞罗在 Ac. 2.118 - 143 对历史上哲学家的论述当与作为对话者的西塞罗分开，因为这里的论述常与 Ac. 2.64 - 146 中的观点抵牾。

② 斯多亚学派的这些观点可见于 Lives 7.147（SVF 2.1021）和 DND 2.57 - 78。西塞罗称安提奥库全盘接受斯多亚学派的观点，这是有问题的。他此处的认识论证明详见于 Ac. 2.128。

③ 斯多亚学派对天体的智能和神性的证明见于 DND 2.39 - 44（SVF 2.684）。它们在大火（ekpurôsis）中周期性毁灭或融入至高无上的神，可参见俄利根（Origen）的《驳凯尔苏斯》（Against Celsus）4.68（SVF 626）。

它进行必要地运动或变化，它也不会随着时间消逝而衰老，不会秩序混乱甚而崩塌。'① 你们有责任拒斥他的观点，而捍卫斯多亚学派的学说，仿佛你们自己的生活和名望遭受了威胁——而你们甚至不允许我怀疑。[120] 不要再说双方鲁莽赞同所表现出的轻浮，而我却能因此摆脱像你们一样的'责任'，难道不划算？

"如果神（如你们所说）为我们创造了一切，那他为什么又造出巨蚺水蛇游走世界呢？为什么他将如此多的致命或危险的生物遍布水陆？你们学派声称，如果没有某种神圣的匠心，我们这个世界不可能被创造得如此完整和精巧。② 因此，虽然你们宁可贬损神的威严，还是辩解说他也把蜜蜂和蚂蚁设计得巧妙；所以我们才会觉得众神之中一定有一个米尔麦西德斯（Myrmecides）来制作这些微型作品。[121] 你们说：'没有神什么都造不出来。'你们看，兰普萨库斯（Lampsacus）的斯特拉图会将你们的话打断，会免除你们的神所肩负的巨大责任（既然众神的祭司都已豁免公共服务的义务，那么只有神也豁免了，才会更公平）；他说，他不需要神为构造世界费力。他解释，一切存在都是自然而然地产生的，尽管他没有遵循那个人的说法，即事物由粗糙的、光滑的、带钩的、尖锐的物体连同空虚的间隔构成；他认为这元素都是德谟克利特的臆造，

---

　　① 亚里士多德的《论哲学》（*On Philosophy*）fr. 20（Ross）。虽然这种归因亚里士多德哲学对话的做法有问题，但本处观点与他在《论天体》（*On the Heavens*）和《物理学》（*Physics*）8 的观点相容。

　　② 斯多亚学派主张，动物是一位才华横溢的匠人创造出来的，从而满足人的需要；对此的详细阐述见于 DND 2. 157 – 162 和 2. 120 – 133。有人根据"自然之恶"批驳神圣设计论，而克律西波对此的一般回应是，这些恶都是精巧创造物的必然的副作用；参见格留斯的《阿提卡夜话》（*Attic Nights*）7. 1. 7 – 13（SVF 2. 1170）。

而不是此人观点的必要保证。① 然而，斯特拉图本人考察了世界的各个部分，指出任何现存的或将要产生的东西都是由自然的重力和运动造成的。② 难道他没让神摆脱繁重的负担，也将我们从恐惧中解脱出来吗？难道有人想着自己活在神的注视之下，不会对神圣的力量夜以继日地担惊受怕吗？如果遭遇到什么艰难困苦（每个人都会），那些认为自己应受此难的人能不恐惧吗？尽管如此，我既不赞成斯特拉图的观点，也确实不认同你们的：有时他的观点看起来可信，有时你们的可信。

　　[XXXIX 122]"卢库鲁斯，所有这一切都暗昧不明，恍若深陷黑暗：人类的理智之光还不足以刺破天穹，遁入大地。我们甚至对自己的身体，其各个部分的位置和功能都不了解；正因如此，医生才要开膛破肚，看清身体的各个部分，从而了解我们的身体（虽然经验论的医生不同意凭这样就可认识身体，因为它可能在解剖的过程中发生改变）。③ 但是，有没有什么方法可以让我们梳理、分析、

---

　　① 德谟克利特 fr. A80（DK）。关于德谟克利特"原子"形状的讨论，见于 *DND* 1. 66 和《形而上学》（*Metaphysics*）1. 4 985b4－22。

　　② 斯特拉图 fr. 32（Wehrli）；另参见 *Ac.* 1. 34 和 *DND* 1. 35。斯特拉图对德谟克利特的批评表明，他自己的自然哲学是一种自然主义原子论（naturalistic atomism），而后者的是还原主义的（reductive）。他的自然哲学中的本原是有形体的性质（corporeal qualities），比如"热"，它自然地靠近或远离世界中心而产生复杂的实体。在德谟克利特的理论中，作为"本原"的原子没有第二性质，而且其运动是随机碰撞的结果。

　　③ 参见凯尔苏斯（Celsus）的《医术》（*On Medicine*）proem 40－44。经验论的医生由于医学知识和伦理道德的规训反对尸体解剖和活体解剖。这一群医生反对猜测的自然哲学和"理性论"医学的理论基础，发展出一套成熟的经验概念。此运动始于公元前3世纪，并在公元前1世纪前成为颇具影响力的哲学学说。关于医学经验论的概论，可参见《医术》proem 27－44 和盖伦的《解剖操作论》（*On the Sects*）。

揭示事物的本性，以便认识到大地是深植基底，还是悬在半空？
[123] 色诺芬尼说月亮上有人居住，上面有很多城市和山丘①：这
个说法很不寻常，说这话的人深以为信，而我却深表怀疑。你们甚
至说，与我们正好相对的另一端的地面上有人，他们的足迹也与我
们的相对，你们称这些人为'抵足人'!② 有人一听到这些，就觉
得你们疯了，那为什么你们却更生我的气，我也没有反对你们呀？
据第奥弗拉斯特的记载，锡拉丘兹（Syracuse）的希塞塔斯（Hice-
tas）认为天空、太阳、月亮、星辰，以及所有天体都是静止的，
世界上除了大地没有什么东西在运动，尽管因为大地围绕自己的轴
以惊人的速度旋转，所以就好像各个天体都在绕着静止的大地运
行。③ （确实，有人认为柏拉图在《蒂迈欧篇》也说过同样的话，
只不过说得不大清楚。）④ 那你呢，伊壁鸠鲁？告诉我你的观点。
你觉得太阳像看起来的那么小吗？'我的观点？它当然和你们看到
的一样，不对吗？……'⑤⑥ 于是，他笑你们，而你们也笑他。不

---

① 色诺芬尼 fr. A47（*DK*）。更有说服力的是，第欧根尼将此观点归于阿那克萨戈
拉（*Lives* 2.8），尽管阿那克萨戈拉认为其他世界有人居住，而且还有另外的太阳和月
亮；参见阿那克萨戈拉 fr. B4（*DK*）。

② 斯多亚学派主张，地球是个球体［参见艾修斯的《学述》3.10.1（*SVF*
2.648）］，并且位于世界的重力中心点；因而他们据此认为两个温带的相对部分是宜居
的［参见 *Lives* 7.156，（*SVF* 2.649）］。

③ 第奥弗拉斯特 fr. 240（Fortenbaugh）。第欧根尼认为希塞塔斯也持有类似的观
点（*Lives* 8.85）。然而，有其他材料表明，希塞塔斯赞成毕达哥拉斯学派的观点，认为
存在一个"反地球"（anti-earth）。这似乎与西塞罗的上述观点不符；参见艾修斯的《学
述》3.9.1。

④ 参见《蒂迈欧篇》40c8。柏拉图该书中用分词"*illomenê*（像旋涡一样旋动）"
描述地球，表示它要么"旋转"，要么绕着极点"收拢"。

⑤ 本处原文有缺损。——译者注

⑥ 参见 *Ac.* 2.82。

过，苏格拉底免受这些嘲笑，希俄斯（Chios）的阿里斯托（Aristo）也不受嘲笑，因为他认为你们所讨论的问题没有定论。①

[124]"不过，我们还是回到心灵和肉体的问题上来。我们关于神经或血管的本性有足够的知识吗？难道我们理解心灵何为，何在，甚至清楚它是存在的，还是像狄凯阿科斯（Dicaerchus）所说，这东西根本不存在？② 如果它确实存在，那它真如柏拉图所说具有三个部分，即理性（*to logistikon*）、激情（*to thumoeides*）和欲望（*to epithumêtikon*），还是单一的整体？③ 如果是单一的，我们知道它是火焰、气息、血液，还是如色诺克拉底所说是非物体的数（尽管这让人觉得不可思议）？④ 无论是什么，难道我们知道它是会死的还是永恒的？对这些问题，正反双方都会给出很多证明。你们的智慧之人好像肯定其中一个观点；但双方的论证大多数在我们的智慧之人眼里都同样有力，因而他甚至不清楚其中哪一个更可信。

[ⅩⅬ125]"但要是你们对我更客气一点儿，也不怪我没同意你们的论证，而是批评我没同意任何观点，那么我会勉强选一个人表

---

① 苏格拉底和阿里斯托是哲学家拒斥自然哲学研究的著名例子。瓦罗在 *Ac.* 1. 15 中解释了苏格拉底的观点；阿里斯托的动机颇有争议：自然哲学要么"遥不可及"要么"毫无用处"；参见 *Lives* 7. 160 和 *M.* 7. 12（对比 *SVF* 1. 351 – 57）。

② 狄凯阿科斯 fr. 8f（Wehrli）；参见 *Tusc.* 1. 24 和 1. 41。西塞罗在 *Tusc.* 1. 18 – 22 阐释了关于心灵或灵魂的不同观点，并将上述观点归于狄凯阿科斯《柯林斯对话录》（*Corinthian Dialogue*）中的一位对话者——或许狄凯阿科斯本人确实持有该观点。

③ 柏拉图的灵魂三分学说，可参见《理想国》4. 436a – 41c。

④ 一些斯多亚派认为它是火焰，有些认为是温暖的气息（*pneuma enthermon*）。色诺克拉底 fr. 204（Isnardi Parente）；参见 *Ac.* 1. 39 和 *Tusc.* 1. 20。色诺克拉底认为，灵魂是自我运动的数；参见亚里士多德的《论灵魂》（*On the Soul*）1. 2 404b. 27 – 28。

示赞成。那谁是最佳人选呢？德谟克利特，或许吧，你们知道，我一直仰慕这位一流的哲学家。① 至此，我发现自己容易受到你们所有人的批评：'一切都塞得满满当当，因而任何物体一运动，就会腾出地方，并且就在这空当儿，立刻就有另一个物体填补上去，你当真以为虚空（inane）这样的东西存在吗？真的存在原子，而它构成的任何东西都和它完全不同？任何美好的事物能没有心灵的作用？这个世界秩序井然令人咋舌，在它的上下左右、前前后后，真的还有无数的世界，其中一些不像它，而一些像它吗？就像我们此刻身在博利遥望普特奥利一样，在千千万万个相似的地方，有一群人和我们有相同的名字、头衔、职业、才智、体型和年纪，也辩论着相同的话题吗？如果我们现在（或入睡的时候），好像看到了心中的某物，这些画面都是从我们的身体外边涌进心灵中的？你确实不该赞成这些观点，赞同这些无稽之谈：就算什么都不理解，也比理解这些歪曲的想法强！'② ［126］看来，关键不是我要赞同什么，而是要赞同你们的学说，是吧？可要当心：你们的要求可能不太体面，也很傲慢。有个理由：我甚至看不出你们的一些观点有什么说服力；我不相信你们学派所认可的占卜，我蔑视你们宣称的裹挟一切的命运（fatum）——我甚至认为这个世界不是神圣的意志设计

① 这里表明，德谟克利特在当时享有极高的地位，其哲学常为社会贤达所推崇。

② 本段对德谟克利特的批评总结了针对原子论的常见反驳。例如，对虚空的反驳见于亚里士多德的《物理学》（*Physics*）4.7 214a25－32，对反目的论的还原主义（anti-teleological reductivism）的反驳见于 *Ac.* 2.119－121，对多元世界的反驳见于 *Ac.* 2.55－56，对思想和想象交互论的反驳见于 *Fam.* 15.16.1、*Div.* 2.137 和 *DND* 1.105－110。

制造的，尽管事实也有可能如此。①

[XLI] "可为什么要把我当作责难的对象？难道不是你们偏要让我去认识我不认识的事物的？或者说，斯多亚学派之间可以有分歧，我和你们有分歧就不可以？芝诺和大多数斯多亚学派都认为以太是至高无上的神，赋有统摄万物的心灵；克莱安塞，芝诺的弟子，一位出色的斯多亚派，认为太阳是事物的主宰和统帅②；因此，哲人们的纷争导致我们对自己的主宰一无所知，因为我们不知道自己服从的是太阳还是以太。太阳的尺寸——我想，正是太阳的光辉才让我时刻都念叨着它——如我所言，你们报出了太阳的尺寸，仿佛用测量员的尺子量过一般③；是的，我不信任你们的测量，就像不信任不称职的测量员一样：那么，委婉地说，我们谁更谦逊，还有疑问吗？

[127] "可我觉得，我们不应该废除这些自然哲学的探究。因为对自然的观察和思考可以说滋养了我们的心灵和智力；我们挺起身板，显得傲世轻物，睥睨一切人事，而当思索了崇高的天界之物，才发现我们自己的事情是多么渺小，多么微不足道。探究伟大（可能最为晦暗不明的）事物的过程自有乐趣；一旦我们碰到似真的东西，我们的心灵就会洋溢出人性深处的愉悦。[128] 由此，你们的圣贤和我的智慧之人都会探究这些问题，但你们一方会赞同，

---

① 参见 *Ac.* 2. 119。斯多亚学派总体上接受占卜，参见 *Ac.* 2. 47 和 2. 107。西塞罗考察了斯多亚学派的占卜、命运和神意宇宙论，参见其著作 *Div.*、*Fat.* 和 *DND* 2 - 3。

② 上述两种相互冲突的观点一方归于芝诺，参见 *DND* 1. 36（*SVF* 1. 154）；而另一方归于克莱安塞，参见 *Lives* 7. 139（*SVF* 1. 499）。

③ 参见 *Ac.* 2. 82 和 2. 128。

会相信，会断言，而我们一方却生怕鲁莽地表达意见，要是他在诸如此类的问题上发现了一些似真的东西，那就最好不过了。

"现在，我们来讨论善与恶的概念：但有些话先要讲清楚。当他们对那些自然哲学问题做出论断时，似乎还没有意识到已经保不住我们更为清楚的印象了。① 因为他们都同样坚定地赞同和认同了'现在是亮的'和'乌鸦叫预示可行或不可行'这两句话；如果他们测量了这座塑像，认为'它有六尺高'，而这不会比断言'太阳比地球大九倍'更坚定，尽管太阳测量不了。② 这构成了如下证明：

> [1] 如果太阳的大小不可理解，并且某人以对待太阳大小的方式认可其他事物，那么他也不理解这些事物；
>
> [2] 而太阳的大小确实不可理解；
>
> [3] 因此，如果某人认可上述推论，就像他对此理解了，那么他也不理解任何事物。

假设他们会回答：太阳的大小是可理解的。行吧，我不会和他们争，只要他们承认其他一切事物都可以在相同的意义下被理解；他们其实不能说某物比他物可理解的多或少，因为理解的定义放之四海而皆准。

---

① 参见 *Ac.* 2.116、2.141 和 2.147。学园派认为，斯多亚学派的"理解"学说致使斯多亚学派不能认出不同程度的知识可靠性（epistemic security）。类似的论证见于 *M.* 7.421 – 422。*Ac.* 2.127 – 128（及 *Ac.* 2.133 – 134、2.141 和下文的 2.146）指出，学园派依据说服力或可信度和真实度表示"认同"，但斯多亚学派的"赞同"通常仅涉及"理解"。

② 参见 *Ac.* 2.82。本论证表明，斯多亚学派赞成"太阳比地球多出八倍"。

　　[XLII 129]"我们还是回到要讨论的话题：关于善与恶（bonis et malis）有什么已成定论的真理？当然，道德'目的'（finis）是需要的，这样我们才能以此判定至善（summum bonum）和至恶（summum malum）；不过，还有什么主题比它更能引起哲人之间的分歧？我会把那些已经废弃的观点抛在一边——比如，埃里鲁斯（Erillus）认为，至善存在于认识（cognitio）和理解当中。① （尽管他是芝诺［Zeno］的学生，但你竟能发现他和芝诺的分歧有多么大，而与柏拉图的观点有多么接近。）麦加拉学派曾显赫一时；据记载，他们的领袖是色诺芬尼（我早先提到过），而〈爱利亚（Elea）〉的巴门尼德和芝诺拥护他，由此这些哲学家被称为'爱利亚学派'；之后的掌门人是欧克利德（Euclides），苏格拉底来自麦加拉（Megara）的学生（正是他的缘故，这批哲学家被称为'麦加拉学派'）；他们主张，唯有始终如一且永恒不变的东西才是善的。② 麦加拉学派多受益于柏拉图。美涅德谟（Menedemus）来自埃雷特里亚（Eretria），这批人由此得名埃雷特里亚学派；他们认为，一切善都存于识别真理的心灵和心灵直觉。③ 埃利斯（Elis）

---

　　① 埃里鲁斯 fr. 1. 413（SVF）。有关埃里鲁斯的观点，可参见 *Lives* 7. 165，而西塞罗对此的批评见于 *Fin.* 2. 43、3. 31、5. 23、4. 40 和 5. 73。请注意，埃里鲁斯被称作"赫里鲁斯"（Herillus）。

　　② 欧克利德 fr. 26a（Döring）。据 *Lives* 2. 106 记载，欧克利德将善等同于智慧、神和智能。他继承了柏拉图的严格的反经验主义；参见尤西比乌斯（Eusebius）的《福音初阶》（*Preparation for the Gospel*）14. 17. 1（fr. 27 Döring）。

　　③ 美涅德谟 fr. 17（Giannantoni）。另有材料强调，美涅德谟否认善或德性具有多样性；参见 *Lives* 2. 129（cf. 2. 134 – 136）以及普鲁塔克的《道德论集》（*Moral Virtue*）ch. 2 440e。

学派持有类似的观点，尽管在我看来，他们的阐释更充分，也更合理。① ［130］现在，要是我们看不上这些哲人，觉得他们过时了，那也应该对下面的哲学家多些敬意。② 虽然阿里斯托是芝诺的学生，但他其实承认的是，芝诺在理论上证明了德性是唯一的善，恶是唯一与善相反的东西；他指出芝诺在实践上强调中性事物的重要性是一种臆想。阿里斯托的至善不论在哪方面都不受中性事物的影响，他将这种种状态描述为 'adiaphoria'（无分别）③；然而，皮浪（Pyrrho）认为智慧之人甚至不会感知这些事情，因而称这种无意识的状态为 'apatheia'（不动心）。④

"那么，把这些观点搁在一边，来谈谈下面的主题，对它的讨论长盛不衰。⑤ ［131］其他人提出快乐就是目的；最早这么说的人

---

① 据 Lives 2.105 记载，埃雷特里亚学派是埃利斯学派的分支。后者的领袖是埃利斯的斐多（Phaedo），他因创作苏格拉底式的对话而闻名。

② 第二组被废弃的观点——通常包括埃利斯学派载于西塞罗其他著作中的观点——有助于讨论和批判斯多亚学派伦理学的"中性事物"。参见 Fin. 3.31 和 4.40 - 43 以及 Off. 1.6。

③ 阿里斯托 fr.1.362（SVF）。阿里斯托的观点详见于 Lives 7.160（SVF 1.351）。他拒不承认芝诺"优先的"或"可排斥的"中性事物的概念（参见 Ac.1.35 - 37）；相关解释见于 M.11.63（SVF 1.361），对此的批评参见 Fin.2.43 和 3.50。关于芝诺观点的矛盾性，参见 Fin.4.68 - 73。

④ 皮浪 fr.69a（Caizzi）。"宁静"（ataraxia）通常被认为是皮浪的道德目的，但西塞罗这里的术语也有根据；分别见于尤西比乌斯的《福音初阶》14.18.1 - 4，14.18.26。西塞罗在 Fin.2.43 和 4.43 中对皮浪的纯伦理学解释得最为清楚；他似乎不知道在其生活的时代，皮浪的怀疑论为埃奈西德谟所"复兴"。

⑤ 本段列出的一系列道德目的源自卡尔涅亚德著名的"目的划分"；参见 Fin. 5.16 - 21 和 K. Algra, "Chrysippus, Carneades, Cicero: The Ethical Divisions in Cicero's Lucullus", in B. Inwood and J. Mansfeld (eds.), Assent and Argument (New York/Leiden, 1997), pp. 107 - 139。

是阿里斯底波（Aristippus），苏格拉底的学生，他的追随者称为'昔兰尼学派'；伊壁鸠鲁随后出现，他的学派如今更为人所知——虽然，他其实不同意昔兰尼学派的快乐观。① 卡利丰（Calliphon）将道德目的界定为与高尚相伴的快乐；希罗尼穆斯（Hieronymus）的观点是免受痛苦；在其后边添上高尚，就是狄奥多罗斯的观点了——后二人皆为漫步派；但是，老学园派认为道德目的是，高尚地生活，并享受自然赋予人类的基本事物——可以参阅波莱谟（安提奥库对其推崇备至）的记载；而且亚里士多德及其友人也都拥有类似的观点。② 卡尔涅亚德也建言——但他如此并非因为赞成，而是为了反对斯多亚学派——至善就是享受自然馈赠的必需品。③ 最后的一种观点是，高尚地生活，这是自然规劝：这是芝诺最先提出的道德目的的观点，而他是斯多亚学派的创始人和领袖。④［XLIII 132］（显然，道德上消极的一方正与我梳理过的道德目的相对。）

"现在你们来告诉我，我该拥护哪个人，只要你们不会荒唐而粗鲁地搪塞：'随你便，只要是个人。'再没有更冒失的回答了。我渴求追随斯多亚学派。难道我得到安提奥库本人的首肯了吗？虽然他被称为学园派，但其实是个彻头彻尾的斯多亚派——或者几乎不

————————

　① 　阿里斯底波 fr. 178（Giannantoni）。阿里斯底波和伊壁鸠鲁的快乐主义之间的区别详见于 *Fin.* 2. 18 – 11 和 2. 39 – 41。伊壁鸠鲁的观点，可见于 *Ac.* 2. 138 和 2. 140。

　② 　参见 *Ac.* 1. 19 – 23。安提奥库认为，老学园派和漫步派共享一个柏拉图的哲学理论（参见 *Ac.* 2. 136、1. 17 – 18 和 1. 22）。西塞罗同意他们有关道德目的的学说具有相似性，却不认可安提奥库将二者同等视之的做法。

　③ 　参见 *Fin.* 5. 20。据 *Ac.* 2. 139 可知，卡尔涅亚德实则为另一个观点论证。

　④ 　参见 *Ac.* 1. 35 – 39。

用调整就成了。而我不会提到亚里士多德是否同意，在我眼中他是出类拔萃的哲学家。因此，现在有一个关键问题得回答：智慧之人属于斯多亚派，还是老学园派。他不能两个都是，因为双方的争执不是你多我少，而是你死我活。既然至善的定义蕴含了左右人们全部生活的秩序，那么关于至善的分歧就是关于人们生活秩序的分歧。由此，既然这两个学派的分歧如此之深，智慧之人就不可能属于两个学派，而只能属于其中一个。如果波莱谟的〈智慧之人〉是，那么斯多亚学派就会由于赞同了虚假的东西而犯错（而你们认为没有什么比这样做更背离智慧之人的品性了）；但倘若芝诺的观点是对的，那么这观点就可以用来反驳老学园派和漫步派。因此，安提奥库哪一方都不赞同吗？或者赞同一方，那么我该说哪一方的智慧之人更有智慧呢？［133］接下来呢？当安提奥库自己在一些观点上与他深爱的斯多亚学派发生分歧时，难道他不会搬出智慧之人，说他不会赞同这些观点吗？斯多亚学派称，所有的错误本质上都是一样的，但安提奥库对此坚决反对。① 这样，请允许我考虑一下赞成哪种观点吧。他说：'继续！马上选一个！'甚至我发现双方的证明都能切中要害，都同样有力，这样还要继续？难道我不该确保自己不会犯罪吗？'背叛原则就是犯罪'——这是你的高论，卢库鲁斯②；因此，我克制自己赞同那些未知的东西——这才是我要同你分享的原则。"

---

① 关于斯多亚学派这一观点的解释，参见 *Lives* 7. 120（*SVF* 3. 527）、*Fin.* 3. 32 和 3. 48，以及 *Paradoxa* 3. 20 – 26。安提奥库对此反驳的理由，可见于 *Fin.* 4. 74 – 77 和西塞罗的《为米洛辩护》（*For Murena*）60 – 66。

② 参见 *Ac.* 2. 27。

[134]"还有一个分歧甚至更大：芝诺认为幸福（beata vita）的生活仅以德性为根基；安提奥库怎么看呢？他说：'幸福生活（beatam）就说对了，但最幸福的生活（beatissimam）就不对。'①芝诺是神，相信德性什么都不缺；安提奥库就是一介凡人，因为他认为除了德性，还有很多值得人类珍视的东西，其中一些同样必要（necessaria）。但是，在芝诺那里，恐怕他赋予德性的东西超过了自然的许可——此观点在第奥弗拉斯特严密而雄辩的论述中显得格外突出。② 在安提奥库那里，他称肉体和外部环境是恶，但又相信受制于肉体和外部环境的人只要智慧还是会幸福——恐怕他有些前后不一。这弄得我左右为难：一时芝诺的观点可信，一时安提奥库的可信。不过，我还是觉得，除非其中只有一个对，否则德性荡然无存；但他们的分歧就摆在这里。

[XLIV 135]"他们有哪些观点一致呢？我可以接受这些，将其视为公认的真理吗？智慧之人的心灵从不为欲望（cupiditas）所动摇，也不为快乐所牵引。很好！但就算我承认这可信；那接下来的这句话呢？他从不害怕，从不悲伤。③ 难道智慧之人不会因国家衰

---

① 参见 Fin. 5.71 和 5.81。安提奥库认为，老学园派和漫步派也持有类似的观点，见于 Ac. 1.22（1.23）。关于该区别连贯性的争论，参见 Fin. 3.42 - 48 和 5.77 - 86。芝诺的观点参见 Ac. 1.35 - 37。

② 第奥弗拉斯特 fr. 492（Fortenbaugh）；参见 Ac. 1.33 和 1.35。第奥弗拉斯特质疑德性是幸福的充分条件，参见 Tusc. 5.24 - 25 和 Fin. 5.77、5.85 - 86。

③ 据 Ac. 1.38 - 39 称，斯多亚学派主张（一般的）情绪应被根除，而 Fin. 3.35 和 Tusc. Books 3、4 对此做了论证。没有其他证据表明安提奥库同意该观点，在 Fin. 5.32 中，他承认圣贤会受到痛苦处境的影响，但在 Fin. 5.95 又称这是尚未酝酿成熟的情绪。

落而恐惧，或因国家灭亡而悲伤？这个观点不中听，但芝诺无法逃避，因为他承认只有高尚才是善；不过，这点对你们来说却没有影响，安提奥库派：除了高尚，你们还接受各种各样的善；除了羞耻，还承认各种各样的恶；而后一种景象必将引起智慧之人的惧怕，因为它们的出现会带来痛苦。而我想知道，什么时候'智慧之人不动心，不受烦扰'成了学园派的基本观点？老学园派认可'适度'（modum），认为每种情绪都自有分寸。我们都读过老学园派克冉托尔的著作《论伤痛》（De Luctu）——虽不长，但语颇隽永，就像帕奈提乌劝勉图贝罗（Tubero）的那样，一定要用心阅读。的确，他们甚至强调，自然将这些情绪赋予心灵是为了我们好：他们称因有恐惧才会小心，遗憾和痛苦才会激发仁慈之心，甚至愤怒可将勇气点燃——不论对错，我们以后再说。①

[136]"因此，我不明白你们学派的严格（atrocitas）是如何闯入学园派的；而接下来的很多观点，我不堪忍受，并非因为我不同意这些——斯多亚学派的大多数悖论（希腊语是 paradoxa）都是苏格拉底式的——但色诺克拉底或亚里士多德在哪里提到过这些悖论？毕竟，你们认为此二人几乎相同。但是，学园派主张过下面这样的观点吗？'唯有智慧之人才是王，才能富有，才能英俊秀

---

① 相关的话题，西塞罗将在其《图斯库兰辩》中讨论。老学园派的观点，请参见 Tusc. 4.43–46。克冉托尔的《论伤痛》反驳了斯多亚学派和前斯多亚学派所主张的情绪不可感知（insensibility）的观点；参见 Tusc. 3.71 和普鲁塔克的《宽慰》（Consolation）ch.3 102c–d 另见［克冉托尔 fr.3a–b（Mette）］。帕奈提乌的劝勉出自他献给图贝罗一篇谈论忍受痛苦的散论；参见 Fin. 4.43。

美。天下的万事万物都归智慧之人所有。只有智慧之人才堪当执政官、裁判官、将军'——或者甚至，我猜，公职人员？再者，'只有智慧之人才是公民，只有他是自由人，而其他的人都是外国人、流亡者、奴隶和疯子'。最后，'来库古（Lycurgus）和梭伦（Solon）的草案'——以及我们的十二铜表法——'都不是法律，而且除了智慧之人的城市和公民团体，就再无别的城市和公民团体。'① ［137］卢库鲁斯，如果你赞同你的好友安提奥库的观点，那么你就得像保卫城市一般捍卫这些学说，而我会酌情适度地接受。

［XLV］"我从克利托马库那里读到过奥鲁斯·阿尔比努斯（Aulus Albinus）的一句警句（卢库鲁斯，阿尔比努斯与你的祖父同为执政官，而且他用希腊语书写历史，说明他学识渊博）。故事是这样的。那年，他还是裁判官，而执政官是帕布利乌斯·西庇阿（Publius Scipio）和马库斯·马塞卢斯（Marcus Marcellus）。那时，卡尔涅亚德和斯多亚学派的第欧根尼在卡庇托尔（Capitolium）的元老院等候，阿尔比努斯揶揄道：'那么，卡尔涅亚德，你感觉我不是裁判官，这不是一座城，里面没有公民？'不过，卡尔涅亚德

---

① 斯多亚学派的伦理学"悖论"是从他们所认为的人人遵循的基本道德原则出发，进而推出与日常直觉相悖的结果。西塞罗提到的第一条悖论复见于 *Fin.* 3.75，比较《斯多亚的悖论》6.42－52。对第二条悖论的解释，参见斯托拜乌的《牧歌》2.7.11i（*SVF* 3.328）。最后一条的依据是斯多亚学派的观点，即唯有圣贤才能遵守（真正的）法律（参见 *Rep.* 3.33），而"公民团体"（citizen-body）是"受到法律约束而共聚一处的人所构成的团体"；参见狄奥的《演说》（*Oration*）36.20 以及 *Paradoxa* 4.27。"十二铜表法"记载了奠定罗马法律体系的古代法律。

答复：'不，这是旁边这位，斯多亚派的观点！'① 亚里士多德或色诺克拉底——他们是安提奥库仰慕的哲学家——绝不会质疑阿尔比努斯是裁判官，罗马是一个城市，有公民团体聚集于其中；但是，正如我之前讲过，我们的朋友安提奥库显然是个斯多亚派，尽管他在这里那里都含糊其词。

[138]"你们其余几位，我担心滑入某种意见，赞成或认可那些未知的东西（这是你们最不想发生的事），诸位有何高见？克律西波经常说，只有三种关于道德目的的观点值得捍卫：道德目的或是高尚，或是快乐（voluptas），或是兼而有之。他根据这三点删繁就简：有的哲学家主张至善就是摆脱所有痛苦，而舍弃了容易引起反感的'快乐'一词，但他们没有意识到二者差别不大；有的将这一观点与高尚结合在一起，但其做法实则与前者无异；还有的将自然的必须与高尚连在一起，其实和他们没有不同。于是，他保留了三种观点，认为其可以得到有说服力的辩护。② [139] 也许这是正确的——可我认为，要从波莱谟、漫步派和安提奥库所认同的道德目的观中走出来很难。不过，当看到

---

① 阿尔比努斯的话意在批评学园派拒绝知识断言的做法；与之类似的反驳见于爱比克泰德的《散论》5.6-7、尤西比乌斯的《福音初阶》14.19.3 中的"亚理斯多克勒"（Aristocles），以及奥古斯丁的《驳学园派》22。注意，手稿误将"因为我非智慧之人"加在阿尔比努斯的问句中。里德认为，这样会让人觉得这玩笑是批评斯多亚学派。

② 克律西波 fr. 3.21（SVF）。卡尔涅亚德的更为完整的类似说法（Ac. 2.131）正基于克律西波的这种划分，参见 Algra（1997）。这里所列的六种观点（Ac. 2.138）在 Ac. 2.131 归于（斯多亚学派的）芝诺、阿里斯底波和伊壁鸠鲁、卡利丰、希罗尼穆斯、狄奥多罗斯、波莱谟（老学园派）。

快乐如此娴熟地取悦我们的感官时，我觉得自己逐渐赞同起伊壁鸠鲁或阿里斯底波的观点来了。德性唤我回来，毋宁说她挽着我，说道：感官活动属于牲畜，而她是人与神之间的纽带。① 阿里斯底波只盯着肉体，就像我们没有心灵似的；芝诺只接受心灵，仿佛我们没有肉体；于是，我拥护克利丰，以便保持中立。确实，卡尔涅亚德曾满怀热情地为克利丰的观点辩护，甚至看起来像是认同这观点了——尽管克利托马库笃定地称，想不起卡尔涅亚德认同过什么观点。② 但要是我选择了此种道德目的，难道真理本身和理性——绝无偏差的理性——不会这样反驳我：'如果高尚就意味着摈弃快乐，你当真要将高尚和快乐结合在一起，就像把人跟兽结合在一起那样？'

［XLVI 140］"因此，就只剩下这么一对儿：快乐和高尚（honestate）。我认为，克律西波不觉得它们有多对立。'如果你追寻快乐，那么大部分生活都会毁掉，不止有同伴的友爱、爱、友谊与正义，还有其余的德性，除非毫无偏私地接受它们，否则都会化为乌有。人们受到快乐的驱使而倾向适宜的行为，就好像这有利可图，而这与德性无关，只是对德性的虚假模仿或效仿。'③ 相反，你们

---

① 参见 *Ac.* 2. 131。在 *Fin.* 2. 39 – 41 中有一处针对阿里斯底波的类似批评。"德性"，即芝诺的道德目的，等同于"高尚"。

② 参见 *Ac.* 2. 131，该处卡尔涅亚德论证了一个被克律西波忽视的观点。有关卡利丰的道德目的是快乐和高尚的结合的观点，参见 *Ac.* 2. 131。

③ 克律西波 fr. 3. 21（*SVF*）。普鲁塔克在《斯多亚的矛盾》ch. 15 1040d（*SVF* 3. 157）中称，克律西波持有类似的观点，尽管该书的其余部分又强调这只是粗略地总结了克律西波的观点。

能听到伊壁鸠鲁派说，他们连'高尚'（honestatis）这一词都不能理解——除非我们打算称那些广受众人青睐的东西为'高尚'。'肉体是所有善的源头：这是自然的法则（norma）、规定和训令。没有谁背离了它还会得到生活的指引。'①

[141]"难道你认为当我听到这些和其他无数的论证时，没有一点儿触动？卢库鲁斯，我受到的触动与你不差分毫：你一定不要以为我不如你有人性的感知力。仅有的差别就是，你受到触动，就会跟着走，认可它，并赞同它；认为它就是真的、确定的、可理解的、公认的、稳固的和牢靠的；而其他任何论证都不能将你驱赶或带走②；但我认为不存在如此这般的〈印象〉，以至于我赞它，通常就不会去赞同虚假的东西了，因为用以区分真假〈印象〉的辨别特征不存在，更是因为你们所说的逻辑'标准'不存在。

[142]"于是，我们进入哲学的第三个部分。③ 普罗泰戈拉（Protagoras）给出了一个标准，认为每个人的印象就他自己而言是真的；昔兰尼学派另给了一个，认为除了人的内部体验之外，没有任何标准；伊壁鸠鲁又将标准限制在感官（sensibus）、对象的概念

---

① 克律西波 fr.400（Usener）。伊壁鸠鲁反对在哲学上使用"高尚"（kalon）一词，Ac.1.7 也提到该观点，对此观点的解释可见于 Fin.2.38。伊壁鸠鲁学派认为，肉体的快乐是我们的道德标准或"训令"（kanôn）；参见 Fin.1.30，对比 Lives 10.129.227 中的伊壁鸠鲁《致美诺西斯的信》（Letter to Menoeceus）。

② 参见 Ac.2.127－128。

③ 本部分讨论"逻辑"上的哲学分歧（Ac.2.142－146），而与塞克斯都的相关论述（M.7 & 8 讨论认识论）相比显得极为简略。西塞罗在 Ac.2.147 委婉地原谅自己没有更充分地展开阐释。

(rerum notitiis) 和快乐（voluptate）当中①；同时，柏拉图认为真理的标准，以及真理本身都不为意见和感官所得：而使之归于思想本身和心灵。② ［143］你们的朋友安提奥库赞成这些观点吗？不，他甚至不拥护自己的前辈！他跟随色诺克拉底了——此人创作了大量喜闻乐见的著作讨论逻辑学？他拥戴亚里士多德了——此人的著作精深宏博，远胜他人？他却与克律西波寸步不离！［ⅩⅬⅦ］那么，为什么我们被称作'学园派'？难道我们为了欺世盗名吗？再者，为什么有人逼我们跟从那些彼此矛盾的哲学家们呢？辩证法家甚至在一个基本的原理上都争执不下。那就是，如何判断一个形如'若是白昼，则光明'的假言判断的真值。狄奥多罗斯有个解释，菲洛有个，克律西波还有一个。③ 那么，克律西波不同意他的老师克莱安塞的那些种种问题呢？④ 安提帕特和阿基德慕斯（Archidemus），我们两位卓越的辩证法家，都固执己见（opinio＝doxa，dogma），

---

① 普罗泰戈拉主张，"人是万物的尺度，是存在者存在的尺度，也是不存在者不存在的尺度"（fr. B1 DK）；参见 M. 7.60 和柏拉图的《蒂迈欧篇》152a。对此，西塞罗做出了一种较为常见的解释。对昔兰尼学派的观点的表述，Ac. 2.20 和 2.76 的措辞略有不同。对伊壁鸠鲁学派观点（fr. 245，Usener）的总结与 Lives 10.31 的类似；比较伊壁鸠鲁的《要义》24（Lives 10.147）和 Fin. 1.22 - 23。

② 参见 Ac. 1.30 - 32 中安提奥库类似的表述。西塞罗本处解释柏拉图认识论的视角显然不同于他之前讨论学园派历史时所依据的怀疑论观点（Ac. 2.74 或 1.46）。

③ 参见 PH 2.110 - 112 和 M. 8.111 - 117，以及 S. Bobzien，"Logic 2 - 3.1 - 7"，in K. Algra，J. Barnes，J. Mansfeld，and M. Schofield（eds.），The Cambridge History of Hellenistic Philosophy（Cambridge，1999）83 - 157，pp. 83 - 86 & 106 - 109。

④ 参见 Lives 7.179（SVF 2.1）。有一处明显的例子是，他们在任何正确应对狄奥多罗斯的"老师的论证"（Master Argument）时发生分歧；参见爱比克泰德的《散论》2.19.1 - 5（SVF 2.283）和 Fat. 14。

在很多问题上没有过争执吗？①

[144]"因此，为什么你们要恶狠狠地针对我，把我召唤到众人面前，甚至要像扰乱秩序的保民官下令商户关门歇业那样？〈趁机叫我也放弃自己的观点〉② 你们抱怨我们废弃了实践的学问，这除了激怒工匠，还有何意义？要是他们从四面八方跑来，我鼓动他们来反对你们也不难！首先，我会讲到你们那些不得人心的悖论：照你们说的，人群中的每一个都是流浪汉、奴隶和疯子。③ 接着，我会再次责难你们——这与其说和民众有关，不如说和你们（实际上正在此处的人，如芝诺，还有跟着他的安提奥库）有关——否认你们认识任何东西。④ 你们会反问：'既然我们说过连傻子都可以理解很多事情，那你的反驳有用吗？'[145]是的，你们否认任何人会认识任何东西，除了智慧之人例外。芝诺用手势说明了这点。他会把手当面摊开，手指伸直，然后说：'印象就像这样。'接着，他把手指稍作弯曲，说：'赞同就像这样。'随后，他把手指收拢，攥成一个拳头，他会说'理解'或'把握'就像这样。（这一比喻暗示，他给这个认知阶段命名为'*katalêpsis*'，字面含义即'把

---

① 阿基德慕斯的逻辑著作现存的残篇（集中在 SVF 3）不足以支持西塞罗的观点。这两位逻辑学家经常成对地出现在爱比克泰德的《散论》2.17.40 和 3.2.13 中。

② 本段的论证是对 *Ac.* 2.22 驳论的第二次回应，而又在 *Ac.* 2.146 重述，但略去了此处的政治隐喻。商户会因政治集会和法定假日（iustitium）关门歇业。一个富有煽动性的保民官也许会趁机违反正常的程序，以便聚集驯服的民众并向他们施压，从而通过有争议的法案——或许格拉古在公元前 133 年就如此做过（参见 *Ac.* 2.13-15），而克洛迪乌斯确实在公元前 58 年以此驱逐西塞罗；参见西塞罗《论他的家宅》（*On His Own House*）59。

③ 参见 *Ac.* 2.136-137。

④ 类似的论证，请参见 *M.* 7.432-434。

握'，这种用法前所未有）。最后，他把左手放在右拳上，用力挤压，称知识就像这样：这种状态唯有智慧之人独享——尽管如此，至于谁是或曾经是智慧之人，他们却不急于讲出。① 这样一来，卡图鲁斯，你不知道现在是亮堂的；而你，霍腾西乌斯，你不知道我们正在你的庄园里！

[146]"难道下面的驳论不那么令你们生厌？我同意它们不太精巧：之前的更细致一些。但你们认为，如果没有什么东西可理解，系统的学问和技艺就会荡然无存；也拒不承认有说服力的〈印象〉对各种技艺或学问就足够了，那么我现在也把这个观点抛给你们：没有知识，就没有系统的学问和技艺。宙克西斯（Zeuxis）、菲迪亚斯（Phidias）或者波里克利特（Polyclitus），这些拥有惊人技能的人会承认自己一无所知？不过，要是有人向他们解释了'知识'所拥有的力量，他们就会平息怒气；一旦他们明白我们摒弃的是从不存在的东西，而没有丢弃他们所必需的东西，他们对我们的埋怨就会烟消云散。我们的先辈小心谨慎，也会感召他们赞成这个〈宣誓放弃知识断言的〉规章。② 他们坚持认为，人们发誓应该说

---

① 芝诺 fr. 1. 66（SVF）；参见 *Ac.* 1. 40 - 42 和 *M.* 7. 151。该比喻也许会引起误解，因为认识并不表征为时间性的过程（temporal progression）：当智慧的主体赞同某一个"可理解"印象，就意味着理解，也"同时"意味着主体获得了一种"知识"。克律西波质疑斯多亚学派的圣贤，相关证据参见普鲁塔克的《斯多亚的矛盾》ch. 31 1048e（*SVF* 3. 662）；对比 *M.* 7. 432 - 434 和 9. 133 - 136。

② 这是西塞罗诉诸罗马法律实践的术语。有关"宣誓"规章的说明，参见李维（Livy）的《罗马史》（*History of Rome*）22. 53. 10 - 11（对比 *Or.* 2. 260）；有关下边提到的证据和裁决规则，可参阅西塞罗的《为克辛娜辩护》（*Caecina*）73 和《驳皮索》（*Against Piso*）97。

"遵从内心所想",还有'若成心作假',则罪责难逃,因为我们的生活中有太多的未知了;他们还认为,人们凡是提出证据都要交代自己'想'的事情,哪怕这证据是他亲眼所见的,而且立过誓言的法官不应该宣称自己的发现就是事实,而应该称这是关于事实的'印象'。

[XLⅧ 147]"不过,卢库鲁斯,我的发言应该结束了,因为我该乘船离开了,西风吹起来了,船夫也向我示意,而我说的也足够了。但我们下次思考这些问题的时候,谈一谈思想领袖之间的重大分歧、自然的暗昧不明,以及如此众多的哲学家在何为善恶的问题上所犯下的错误①——因为,既然他们的伦理学观点难以共存,且其中至多一个是对的,那么好多颇负盛名的学派便会土崩瓦解。下次,我们就这么干,不要再议论我们的眼睛或其他感官的幻觉,以及连锁论证和骗子悖论了,因为这是斯多亚学派为自己种下的苦果。"②

一般结论

[148]卢库鲁斯随后回答:"我们讨论了这些问题,我并不觉得遗憾;事实上,我们可以在今后的多次会面中就那些适宜的话题

---

① 这似乎在暗示《论目的》和《论诸神的本性》,后者在本书第二版完成之后开始创作。

② 参见 *Ac.* 2.112。西塞罗指出,他对斯多亚学派"理解"的驳斥(*Ac.* 2.64 - 111)仅是为了辩护:基本的怀疑论产生于独断论哲学家之间的分歧(*Ac.* 2.112 - 146)。那么,对独断哲学的怀疑正是学园派怀疑论和皮浪怀疑论共同的立足点。

畅所欲言，我特别希望这会在我图库兰的家中进行。"我说："甚妙！不过，卡图鲁斯还有霍腾西乌斯意下如何？"卡图鲁斯便说："我还能怎么想？我将回到我父亲的观点上去，他至少说过卡尔涅亚德和他想的一样。就是说，尽管我不认为任何东西都可理解，我还是觉得智慧的人会赞同他所不理解的东西——便是持有意见——但如此一来，他就知道这是一个意见，也会意识到没有什么东西可理解。① 因此，虽然我不会认可普遍'*epokhê*'（存疑）的法则②，而学园派的其他观点，如'无物可知'（nihil esse quod percipi possit），我会坚定地同意。"③ 我说："我乐于洗耳恭听，不会全盘否定。不过，霍腾西乌斯，你有什么高见？"他莞尔一笑，回答说："离得远远的。"我说："我和你一道，因为这个观点适合学园派的作风。"④ 我们的对话就此结束：卡图鲁斯立在后边，而我俩往下登船。

---

① *Ac.* 2. 11 – 12，18 提到卡图鲁斯的父亲曾批评菲洛的"罗马书"。他的温和怀疑论立场——例如，他接受"意见"——符合卡尔涅亚德的解释（参见 *Ac.* 2. 59），并且可归于菲洛和梅特罗多洛（见 *Ac.* 2. 78）。（西塞罗在此反对该观点，这就解释了卡图鲁斯在前一句中的保守说法。）

② 所谓"普遍存疑"就是拒绝任何意见，无论是"确定的"还是"有说服力的"。

③ 此处原稿有缺，因而无法从文本中明确获知卡图鲁斯到底是认可或是拒绝"存疑"。一些学者推测，卡图鲁斯指的是在 *Ac.* 2. 104 – 105 的两类赞同的区分；就此，他可能接受"存疑"。但上一句表明，他与西塞罗和克利托马库不同，他持有意见，因而拒绝 *Ac.* 2. 104 – 105 所定义的任何类型的"存疑"。

④ 霍腾西乌斯用双关语回复，意味着"避开赞同！"，也表示"离开我们（或这艘航船）！"（航海暗喻及其在赞同方面的应用在 *Att.* 13. 21. 3 中有所解释）。西塞罗欣然接受该双关语，这是因为他同意霍腾西乌斯和卢库鲁斯的观点，认为"存疑"是对普遍不可知的恰当回应，参见 *Ac.* 2. 59，78。

附录 I：《论学园派》重要信息①

1. 主要内容

　　西塞罗在其百科全书般的哲学著作《论学园派》中讨论了认识论的问题。在本书早期文稿的"第一卷"即《卡图鲁斯》中，卡图鲁斯阐释了卡尔涅亚德的怀疑论及其"或然性"（probability）学说；霍腾西乌斯以安提奥库（老学园派）的独断论进行批驳，西塞罗则扮演菲洛的拥护者，称"或然性"学说与柏拉图主义一脉相承。在其中的"第二卷"即《卢库鲁斯》中，卢库鲁斯与怀疑论相抗衡，以捍卫安提奥库的观点。在本书的第二版中，西塞罗和瓦罗是当中仅有的两位对话人；西塞罗代表菲洛，也为新学园派辩护，

---

① 根据 Brittain（2006）和 Rackham（1933）中的附录整理。

而瓦罗则代表老学园派（和安提奥库）。相应的内容，如下所示：

版本	分卷	人物	主题
第一版：《论学园派（前篇）》	《卡图鲁斯》	卡图鲁斯	卡尔涅亚德的怀疑论
		霍腾西乌斯	安提奥库的独断论
		西塞罗	菲洛的柏拉图主义
	《卢库鲁斯》	卢库鲁斯	安提奥库批驳怀疑论
		西塞罗	捍卫怀疑论
第二版：《论学园派（后篇）》	"第一卷"	瓦罗	安提奥库的独断论
		西塞罗	菲洛的柏拉图主义
	"第二卷"	西塞罗	卡尔涅亚德的怀疑论
	"第三卷"	瓦罗	安提奥库批驳怀疑论
	"第四卷"	西塞罗	捍卫怀疑论

2. 主要角色

卡图鲁斯（Q. Lutatius Catulus），贵族统治的杰出领袖，于公元前 78 年与雷比达（Lepidus）同为执政官。当时，他反对其同僚废止苏拉法案；次年，与之战于米尔维安大桥（the Milvian Bridge）。在公元前 67 年和前 66 年，他反对授予庞培至上权力，并在公元前 65 年与克拉苏（Crassus）同为监察官。最后，卒于公元前 61 年（就在本书首版剧情时间之后不久）。我们没有证据表明他对哲学感兴趣。在对话中，他仅仅坦白自己的观点来自其父亲，即马略（Marius）著名的同僚，主张菲洛和梅特罗多洛的温和怀疑论，而与"西塞罗"代表克利托马库所坚持的严格怀疑论相对。本书首版中的"卡图鲁斯卷"就是献给他的。他的父亲老卡图鲁斯文化修养极高（参见西塞罗的《论演说家》），但西塞罗却不将其纳入对话之中，这是因为时间上的考虑：此人于公元前 87 年自裁，以逃避马略的放逐之刑。问题是，老卡图鲁斯与菲洛"罗马书"之间的联系很可能是虚构的。

卢库鲁斯（L. Licinius Lucullus，约公元前 110 年—前 57/56 年），罗马将军和政治家。西塞罗在《论学园派》（*Ac.* 2.1—3）如此描述他的履历：在公元前 1 世纪 90 年代，他检举塞维利乌斯（此人身为检察官曾迫使卢库鲁斯的父亲流放），故而年少成名；后来在公元前 88 年任外派检察院官（prosecutor），又在公元前 1 世纪 80 年代担任外派财务官（proquaestor），隶属于苏拉（Sulla），公元前 79 年当市政官（aedile），公元前 78 年任裁判官（praetor），公元前 74 年成为执政官（consul）。他在米特拉达梯之战中取得大捷，但在公元前 68/67 年，他的指挥权由庞培取而代之，并逐渐退出公众视野。直到西塞罗在公元前 63 年任执政官，他的功勋才广为人知。其人崇尚自由，也慷慨地赞助拉丁语文活动。然而，西塞罗在别处指出，卢库鲁斯的哲学素养并非像文中展现的这样丰厚。因此，西塞罗反复提醒，此人的发言仅仅汇报了安提奥库的观点和论证。

霍腾西乌斯（Q. Hortensius，公元前 114 年—前 49 年），他以辩才出众而建立事业，获得财富。他是苏拉和贵族派的信徒，于公元前 69 年任执政官；但在前一年，韦雷斯（Verres）因在西西里（Sicily）贪污而受审，他为之辩护，而在辩论中不敌监察官西塞罗。霍腾西乌斯是庞培的对手，因而庞培与克拉苏和恺撒在公元前 60 年合作时，他辞别政坛。

瓦罗（M. Terentius Varro，公元前 116 年—前 23 年），他是罗马共和国时代学识渊博的学者，也是博览古今的作家。他的著作包括农业、语法、宗教和政治考证、传记、哲学、地理学和法律；但只有他讨论农业和语法的一些书保存了下来。他也承担公共职责，曾指挥海军围剿海盗，决战米特拉达梯；他在内战中支持庞培。但是，恺撒之后原谅了他，并借助其才华收集图书，以建立公共图书馆。

3. 对话地点和时间

本书第一版的对话时间设置在公元前 63 年和前 60 年之间。西塞罗在公元前 63 年出任执政官（参见 *Ac.* 2.62），而卡图鲁斯在公元前 60 年去世。第一次对话（现已佚失）的场景是在卡图鲁斯于库迈的海滨庄园；第二次对话（《论学园派（第二卷）》）则随后进行，地点是霍腾西乌斯在博利的庄园，此处位于普特奥利海湾，即库迈的东面。第二次对话发生在瓦罗于卢克林湖附近的庄园，就在普特奥利海湾的凹向陆地的一侧。它的剧情时间接近真实的时间，即公元前 45 年（参见 *Ac.* 1.1）。

4. 手稿和版本

学者将《论学园派》"第一卷"的手稿（MSS.）归为两套系统，源自 12 世纪或更早发现的两份稿本（archetypes）。前一系统"巴黎本（Parisinus）6331 号"（包含《论目的》），即 MS. "codex Puteanus"，在 12 世纪问世，相关的一些手稿则属于 14 世纪或 15

世纪。后一系统的稿本则全部属于 14 世纪或 15 世纪。当代仅有少数有价值稿本出现。凡引用 "Puteanus" 版，用 "P" 注明，其余的稿本则不特别区分。

《论学园派》"第二卷"与《论诸神的本性》包含在类似的手稿中。相关的手稿没有早于 9 世纪的。所有的手稿都源自一份稿本，而其中讹误频出；几乎没有一版抄本直接取之于它。由此稿本，似乎存在两套系统，以之作为两版最古老的手稿，它们是极为重要的；两版都属于 "Voss"，存于莱顿（Leyden）。"A 版"出现于公元 9 世纪末或 10 世纪初，而 "B 版"稍晚。两个版本讹误和缺损之处大多相同，但也有很多书写和转写上的不同。另一版最重要的手稿是 "V"，与 "A" 成套，即 "Palatine"，存于维也纳。"N" 见于巴黎国家图书馆（Bibhothèque Nationale，Paris），12 世纪问世，继承自 "V"。"O" 在牛津大学图书馆（Bodleian），出现于 12 世纪。

里德（J. S. Reid）编辑的版本，即 "London，1884" 是最有价值的版本，其中包含大量的导言和评论。现在最新的版本是普拉斯贝格的 "托伊布纳版"（Teubner，Leipzig，1922）。该版含有充足的相关证明材料，其中前言部分还列出了西塞罗关于《论学园派》的书信，以及有关本书两版之间关系的研究。

5. 相关资料

（1）原文及其译注

Inwood，B.，and L. Gerson，*Hellenistic Philosophy*：*Intro-*

ductory Readings（Hackett Publishing Co.；Indianapolis，rev.，1997）.（《希腊化哲学：导读》）

Long，A.，and D. Sedley，*The Hellenistic Philosophers*（Cambridge：Cambridge University Press，1987）.（《希腊化哲学家》）

Plasberg，O.，*M. Tullius Cicero Fasc. 42 Academicorum Reliquiae Cum Lucullo*（Stuttgart：Teubner，1922）.（《西塞罗著作集 42：〈论学园派〉"卢库鲁斯"文存》）

Rackham，H.，*Cicero XIX De Natura Deorum*，*Academica*（London：W. Heinemann，1933）.（《西塞罗集 XIX：论神性，论学园派》）

Reid，J.，*The Academics of Cicero*（London：Macmillan，1880）.（《西塞罗的论学园派》）

Reid，J.，*M. Tulli Ciceronis Academica*（London：Macmillan，1885）.（《西塞罗之论学园派》）

Ruch，M.，Cicero，*Academica Posteriora*，*Liber Primus*（Paris：Presses Universitaires de France，1970）.（《论学园派：后篇，卷 I》）

Schäublin，C.，A. Graeser，and A. Bächli，*Marcus Tullius Cicero Akademische Abhandlungen Lucullus*（Hamburg：F. Meiner Verlag，1995）.（《西塞罗：〈学园派对话录〉"卢库鲁斯卷"》）

Straume-Zimmermann，L.，F. Broemser，and O. Gigon，*Marcus Tullius Cicero：Hortensius Lucullus Academici Libri*（Munich：Artemis，1990）.（《西塞罗：〈霍腾西乌斯〉〈卢库鲁斯〉〈论学园派（书

卷）〉》）

（2）版本史

Hunt，T.，*A Textual History of Cicero's Academici Libri* (Boston：Brill，1998). （《西塞罗〈论学园派〉的文本史》）

Reynolds，L.，*Texts and Transmissions*：*A Survey of the Latin Classics* (Oxford：Clarendon Press，1983). （《拉丁语经典考释：文本和流传》）

Schäublin，C.，"Kritisches und Exegetisches zu Ciceros 'Lucullus' Ⅰ"，*Museum Helveticum* 49（1992），pp. 41 – 52. （《赫耳墨斯文集博览》："西塞罗《卢库鲁斯》评注Ⅰ"）

Schäublin，C.，"Kritisches und Exegetisches zu Ciceros 'Lucullus' Ⅱ"，*Museum Helveticum* 50（1993），pp. 158 – 169. （《赫耳墨斯文集博览》："西塞罗《卢库鲁斯》评注Ⅱ"）

（3）西塞罗

Bringmann，K.，*Untersuchungen zum späten Cicero* (Göttingen：Vandenhoeck und Ruprecht，1971). （《西塞罗晚期研究》）

Glucker，J.，"Cicero's Philosophical Affiliations"，in J. Dillon and A. Long (eds.)，*The Question of "Eclecticism"*：*Studies in Later Greek Philosophy* (Berkeley：University of California Press，1988)，pp. 34 – 69. （《"折中主义"之问题：晚期希腊哲学研究》："西塞罗哲学的亲缘"）

Görler，W.，"Silencing the Troublemaker：*De Legibus* Ⅰ. 39 and the Continuity of Cicero's Scepticism"，in J. Powell (ed.)，

Cicero the Philosopher：*Twelve Papers* （Oxford：Clarendon Press，1995），pp. 85 - 113. （《哲学家西塞罗：十二文集》："始作俑者的暗然：《论法律》I.39 和西塞罗怀疑论的延续"）

Görler，W.，"Cicero's Philosophical Stance in the Lucullus"，in B. Inwood and J. Mansfeld （eds.），*Assent and Argument* （New York/Leiden：Brill，1997），pp. 36 - 57. （《赞同与论证》："西塞罗在《卢库鲁斯》中的哲学立场"）

Habicht，C.，*Cicero the Politician* （Baltimore：Johns Hopkins University Press，1990）. （《政治家西塞罗》）

May，J. （ed.），*Brill's Companion to Cicero：Oratory and Rhetoric* （Boston/Leiden：Brill，2002）. （《布莱尔指南：西塞罗——演讲与修辞》）

Powell，J. （ed.），*Cicero the Philosopher：Twelve Papers* （Oxford：Clarendon Press，1995）. （《哲学家西塞罗：十二文集》）

Powell，J.，"Introduction：Cicero's Philosophical Works and Their Background"，in J. Powell （ed.），*Cicero the Philosopher：Twelve Papers* （Oxford：Clarendon Press，1995），pp. 1 - 35. （《哲学家西塞罗：十二文集》："导言：西塞罗的哲学著作及其背景"）

Powell，J.，and J. Paterson （eds.），*Cicero the Advocate* （Oxford：Oxford University Press，2004）. （《倡导者西塞罗》）

Rawson，E.，*Intellectual Life in the Late Roman Republic* （London：Duckworth，1985）. （《罗马共和国晚期知识分子的生活》）

（4）对话集

Griffin，M.，"The Composition of the *Academica*：Motives and Versions"，in B. Inwood and J. Mansfeld（eds.），*Assent and Argument*（New York/Leiden：Brill，1997），pp. 1 – 27.（《赞同与论证》："《论学园派》的写作：动机和版本"）

Hartung，H. J.，*Ciceros Methode bei der âbersetzung Griechischer philosophischer Termini*（Hamburg，1970）.（《西塞罗希腊哲学术语译法》）

Keaveney，A.，*Lucullus：A Life*（London：Routledge，1992）.（《〈卢库鲁斯〉：一种生活》）

Powell，J.，"Cicero's Translations from Greek"，in J. Powell（ed.），*Cicero the Philosopher：Twelve Papers*（Oxford：Clarendon Press，1995），pp. 273 – 300.（《哲学家西塞罗：十二文集》："西塞罗对希腊的译介"）

Schofield，M.，"Cicero For and Against Divination"，*Journal of Roman Studies* 76（1986），pp. 47 – 65.（《罗马研究》："西塞罗对'划分'的论证和反驳"）

Shackleton Bailey，D.，*Onomasticon to Cicero's Treatises*（Stuttgart：Teubner，1996）.（《西塞罗散论辞典》）

（5）学园派

Algra，K.，"Chrysippus，Carneades，Cicero：The Ethical *Divisiones* in Cicero's *Lucullus*"，in B. Inwood and J. Mansfeld（eds.），*Assent and Argument*（New York/Leiden：Brill，1997）， pp. 107 – 139.（《赞同与论证》："克律西波、卡尔涅亚德和西塞罗：西塞罗《卢库鲁斯》中的道德'划分'"）

Allen, J., "Academic Probabilism and Stoic Epistemology", *Classical Quarterly* 44 (1994), pp. 85 – 113.（《古典季刊》："学园派的或然性学说和斯多亚学派的认识论"）

Allen, J., "Carneadean Argument in Cicero's *Academic Books*", in B. Inwood and J. Mansfeld (eds.), *Assent and Argument* (New York/Leiden: Brill, 1997), pp. 217 – 256.（《赞同与论证》："卡尔涅亚德在西塞罗《论学园派》中的论证"）

Allen, J., "Carneades", in the *Stanford Encyclopedia of Philosophy*, plato. stanford. edu.（"斯坦福哲学百科"："卡尔涅亚德"）

Annas, J., "Plato the Sceptic", in *Oxford Studies in Ancient Philosophy*, suppl. vol. (Oxford: Clarendon Press, 1992), pp. 43 – 72.（《牛津古代哲学研究》："怀疑派柏拉图"）

Annas, J., *The Morality of Happiness* (Oxford: Oxford University Press, 1993).（《幸福之德性》）

Annas, J., and J. Barnes, *The Modes of Scepticism: Ancient Texts and Modern Interpretations* (Cambridge: Cambridge University Press, 1985).（《怀疑论的"论式"：古代文本和现代解释》）

Barnes, J., "Antiochus of Ascalon", in M. Griffin and J. Barnes (eds.), *Philosophia Togata: Essays on Philosophy and Roman Society* (Oxford: Oxford University Press, 1989), pp. 51 – 96.（《哲学演绎：哲学和罗马社会论文集》："阿斯卡罗的安提奥库"）

Barnes, J., "Logic in *Academica* 1 and the *Lucullus*", in B. Inwood and J. Mansfeld (eds.), *Assent and Argument* (New York/Leiden: Brill, 1997), pp. 140 - 160. (《赞同与论证》:"《论学园派 I 》"和《卢库鲁斯》中的逻辑)

Bett, R., "Carneades' Pithanon: A Reappraisal of Its Role and Status", in *Oxford Studies in Ancient Philosophy* 7 (1989), pp. 59 - 94. (《牛津古代哲学研究》:"卡尔涅亚德的'*pithanon*'(或然性):重估其作用和地位")

Bett, R., "Carneades' Distinction Between Assent and Approval", *Monist* 73 (1990), pp. 3 - 20. (《一元论者》:"卡尔涅亚德对赞同和认同的区分")

Brittain, C., *Philo of Larissa: The Last of the Academic Sceptics* (Oxford: Oxford University Press, 2001). (《拉利萨的菲洛:最后的学园怀疑派》)

Brittain, C., "Arcesilaus", in the *Stanford Encyclopedia of Philosophy*, plato. stanford. edu. (《斯坦福哲学百科》:"阿尔克西劳")

Brittain, C., and J. Palmer, "The New Academy's Appeals to the Presocratics", *Phronesis* 46. 1 (2001), pp. 38 - 72. (《实践智慧》:"新学园派向前苏格拉底哲学家的诉求")

Brunschwig, J., "Le fragment *DK* 70B1 de Métrodore de Chio", in K. Algra, P. van der Horst, and D. Runia (eds.), *Polyhistor: Studies in the History and Historiography of Ancient Philosophy* (New York/Leiden: Brill, 1996), pp. 21 - 38. (《古

代哲学史和史学研究》："DK 70B1 de Métrodore de Chio"残篇）

Burnyeat，M.，"Can the Sceptic Live His Scepticism?"，in M. Schofield，M. Burnyeat，and J. Barnes（eds.），*Doubt and Dogmatism：Studies in Hellenistic Epistemology*（Oxford：Clarendon Press，1980），pp. 20 - 53.（《怀疑与独断论：希腊化时代认识论研究》："怀疑论能以怀疑论生活吗?"）

Burnyeat，M.，"Gods and Heaps"，in M. Schofield and M. Nussbaum（eds.），*Language and Logos：Studies in Ancient Greek Philosophy*（Cambridge：Cambridge University Press，1982），pp. 315 - 338.（《语言和逻辑：古希腊哲学研究》："'神明'论证与'谷堆'论证"）

Burnyeat，M.，"Antipater and Self-refutation：Elusive Arguments in Cicero's *Academica*"，in B. Inwood and J. Mansfeld（eds.），*Assent and Argument*（New York/Leiden：Brill，1997），pp. 277 - 310.（《赞同与论证》："安提帕特和自相矛盾：西塞罗《论学园派》中的无力论证"）

Burnyeat，M.，and M. Frede（eds.），*The Original Sceptics：A Controversy*（Indianapolis：Hackett Publishing Co.，1997）.（《最初的怀疑派：纷争》）

Cooper，J.，"Arcesilaus：Socratic and Sceptic"，in J. Cooper，*Knowledge，Nature，and the Good：Essays on Ancient Philosophy*（Princeton：Princeton University Press，2004），pp. 81 - 103.（《知识、自然和善：古代哲学论文集》："阿尔克西劳：苏格拉底派

和怀疑派")

Couissin, P., "Le Stoicisme de la Nouvelle Académie", *Revue d'histoire de la philosophie* 3 (1929), pp. 241-276 [= "The Stoicism of the New Academy", trans. J. Barnes and M. Burnyeat, in M. Burnyeat (ed.), *The Skeptical Tradition* (Berkeley: University of California Press, 1983), pp. 31-63]. (《怀疑论的传统》:"新学园派的斯多亚主义")

Decleva Caizzi, F., "Aenesidemus and the Academy", *Classical Quarterly* 42 (1992), pp. 176-189. (《古典季刊》:"埃奈西德谟和学园派")

Frede, M., "Des Skeptikers Meinungen", *Neue Hefte für Philosophie, Aktualität der Antike* 15/16 (1979), pp. 102-129 [= "The Sceptic's Beliefs", in M. Frede, *Essays in Ancient Philosophy* (Oxford: Clarendon Press, 1987), pp. 179-200]. (《古代哲学论文集》:"怀疑派的信念")

Frede, M., "Stoics and Skeptics on Clear and Distinct Impressions", in M. Burnyeat (ed.), *The Skeptical Tradition* (London, 1983), pp. 65-93 [= M. Frede, *Essays in Ancient Philosophy* (Oxford: Clarendon Press, 1987), pp. 151-176]. (《怀疑论的传统》:"斯多亚学派和怀疑派论'清楚明白'的印象")

Frede, M., "The Skeptic's Two Kinds of Assent", in *Essays in Ancient Philosophy* (Oxford: Clarendon Press, 1987), pp. 201-222. (《古代哲学论文集》:"怀疑派的两类赞同")

Glucker，J.，*Antiochus and the Late Academy*（Gôttingen：Vandenhoeck und Ruprecht，1978），Hypomnemata Heft 56.（《安提奥库与晚期学园》）

Glucker，J.，"Probabile，Verisimile，and Related Terms"，in J. Powell（ed.），*Cicero the Philosopher：Twelve Papers*（Oxford：Clarendon Press，1995），pp. 115 - 143.（《哲学家西塞罗：十二文集》："或然性、似真和相关术语"）

Glucker，J.，"Socrates in the *Academic Books* and Other Ciceronian Works"，in B. Inwood and J. Mansfeld（eds.），*Assent and Argument*（New York/Leiden：Brill，1997），pp. 58 - 88.（《赞同与论证》："《论学园派》和西塞罗其他著作中的苏格拉底"）

Glucker，J.，"The Philonian/Metrodorians：Problems of Method in Ancient Philosophy"，*Elenchos* 25.1（2004），pp. 99 - 153.（《论辩术》："菲洛和梅特罗多洛：古代哲学中的方法问题"）

Görler，W.，"Älterer Pyrrhonismus，Jüngere Akademie，Antiochos aus Askalon，§ 47 Arkesilaos"，in H. Flashar（ed.），*Die Philosophie der Antike* 4：*Die Hellenistische Philosophie*（Basel：Schwabe，1994），pp. 786 - 828.（《古代哲学 4：希腊化哲学》："另一类皮浪主义、新学园派、阿斯卡罗的安提奥库"）

Hankinson，R.，*The Sceptics*（London：Routledge，1995）.（《怀疑派》）

Heath，T.，*Aristarchus of Samos，the Ancient Copernicus*（Oxford：Clarendon Press，1913）.（《古代的哥白尼：萨摩斯的阿

利斯塔克》）

Inwood，B.，and J. Mansfeld（eds.），*Assent and Argument*：*Studies in Cicero's Academic Books*（New York/Leiden：Brill，1997）.（《赞同与论证：西塞罗〈论学园派〉研究》）

Ioppolo，A. M.，*Opinione e Scienza*（Naples：Bibliopolis，1986）.（《智慧之人的意见》）

Ioppolo，A. M.，"Su alcune recenti interpretazioni dello scetticismo dell'Academia"，*Elenchos*（2000），pp. 334 - 360.（《论辩术》："学园派怀疑论的当代诠释"）

Lévy，C.，*Cicero Academicus*：*Recherches sur les Académiques et sur la Philosophie Cicéronienne*，Collection de l'Äcole franäaise de Rome 162（Rome：Äcole franäaise de Rome，Palais farnèse，1992）.（《西塞罗〈论学园派〉：学园派和西塞罗哲学研究》）

Maconi，H.，"Nova Non Philosophandi Philosophia"，*Oxford Studies in Ancient Philosophy* 6（1988），pp. 231 -253.（《牛津古代哲学研究》："新的非哲学之哲学"）

Mansfeld，J.，"Gibt es Spuren von Theophrasts Phys. Op. bei Cicero?"，in W. Fortenbaugh and P. Steinmetz（eds.），*Cicero's Knowledge of the Peripatos*，Rutgers Studies in Classical Humanities 4（New Brunswick：Transaction Publishers，1989），pp. 133 - 158.（《西塞罗笔下的漫步派知识》："西塞罗有第奥弗拉斯特自然哲学的痕迹吗?"）

Mansfeld，J.，"Aenesidemus and the Academics"，in L. Ayres

(ed.)，*The Passionate Intellect：Essays on the Transformation of Classical Traditions*（New Brunswick：Transaction Publishers，1995），pp. 235 - 248.（《激情的心智：论古典传统的转换》："埃奈西德谟和学园派"）

Mette，H. J.，"Zwei Akademiker heute：Krantor von Soloi und Arkesilaos von Pitane"，*Lustrum* 26（1984），pp. 7 - 94.（《鲁斯特姆》："两位学园派：索利的克冉托尔和彼塔那的阿尔克西劳"）

Mette，H. J.，"Weitere Akademiker heute：von Lakydes bis zu Kleitomachos"，*Lustrum* 27（1985），pp. 39 - 148.（《鲁斯特姆》："其他学园派：从拉塞德到克利托马库"）

Mette，H. J.，"Philon von Larisa und Antiochos von Askalon"，*Lustrum* 28 - 29（1986—1987），pp. 9 - 63.（《鲁斯特姆》："拉利萨的菲洛和阿斯卡罗的安提奥库"）

Schofield，M.，"Academic Epistemology"，in K. Algra，J. Barnes，J. Mansfeld，and M. Schofield（eds.），*The Cambridge History of Hellenistic Philosophy*（Cambridge：Cambridge University Press，1999），pp. 323 - 351.（《剑桥希腊化哲学史》："学园派认识论"）

Sedley，D.，"Diodorus Cronus and Hellenistic Philosophy"，*Proceedings of the Cambridge Philological Society* 23（1977），pp. 74 - 120.（《剑桥文献学会会刊》："克洛诺斯的狄奥多罗斯"）

Sedley，D.，"The End of the Academy"，*Phronesis* 26（1981），pp. 67 - 75.（《实践智慧》："学园派的目的"）

Sedley, D., "The Motivation of Greek Scepticism", in M. Burnyeat (ed.), *The Skeptical Tradition* (Berkeley: University of California Press, 1983), pp. 9 – 29. (《怀疑论的传统》:"希腊怀疑论的动机")

Staden, H. von, "The Stoic Theory of Perception and Its 'Platonic' Critics", in P. Machamer and R. Turnbull (eds.), *Studies in Perception* (Columbus: Ohio State University Press, 1978), pp. 96 – 136. (《认知研究》:"斯多亚学派的认知理论及其柏拉图派的批评者")

Striker, G., "Sceptical Strategies", in M. Schofield, M. Burnyeat, and J. Barnes (eds.), *Doubt and Dogmatism* (Oxford: Oxford University Press, 1980), pp. 54 – 83. [= G. Striker, *Essays on Hellenistic Epistemology and Ethics* (Cambridge: Cambridge University Press, 1996), pp. 92 – 115.] (《怀疑和独断论》:"怀疑论的策略")

Striker, G., "âber den Unterschied zwischen den Pyrrhoneern und den Akademikern", *Phronesis* 26 (1981), pp. 153 – 171 [= "On the Difference Between the Pyrrhonists and the Academics", in G. Striker, *Essays on Hellenistic Epistemology and Ethics* (Cambridge: Cambridge University Press, 1996), pp. 135 – 149]. (《实践智慧》:"论皮浪派和学园派的区别")

Striker, G., "Academics Fighting Academics", in B. Inwood and J. Mansfeld (eds.), *Assent and Argument* (New York/Leiden: Brill, 1997), pp. 257 – 276. (《赞同与论证》:"反学园派的

学园派"）

Tarrant，H.，*Scepticism or Platonism? The Philosophy of the Fourth Academy*（Cambridge：Cambridge University Press，1985）.（《怀疑主义或柏拉图主义？第四期学园派哲学》）

（6）影响

Bonazzi，M.，*Academici e Platonici. Il dibattito antico sullo scetticismo di Platone*（Milan：LED，2003）.（《柏拉图的学园：柏拉图怀疑论的古代争论》）

Brittain，C.，"Middle Platonists on Academic Scepticism" in R. W. Sharples and R. Sorabji（eds.），*Greek and Roman Philosophy，100 BC to 200 AD*（2006）.（《希腊罗马哲学：从公元前100年到公元200年》："中期学园派论学园派怀疑论"）

Hagendahl，H.，*Augustine and the Latin Classics*（Gôteborg：Acta Universitatis Gothoburgensis，1967）.（《奥古斯丁与拉丁语经典》）

King，P.，*Augustine* Against the Academicians and The Teacher（Indianapolis：Hackett Publishing Co.，1995）.（《奥古斯丁的〈驳学园派〉和〈论教师〉》）

Opsomer，J.，*In Search of the Truth：Academic Tendencies in Middle Platonism*（Brussels：Paleis der Academiän，1998）.（《真理的求索：中期柏拉图主义的学园动向》）

Popkin，R.，*The History of Scepticism from Erasmus to Spinoza*（Berkeley：University of California Press，1979）.（《怀疑

论史：从伊拉斯谟到斯宾诺莎》）

Popkin，R.，*The High Road to Pyrrhonism*（San Diego：Austin Hill Press，1980）.（《通往皮浪主义的大道》）

Schmitt，C.，*Cicero Scepticus*（The Hague：Martinus Nijhoff，1972）.（《怀疑派西塞罗》）

Sedley，D.，"Three Platonist Interpretations of the *Theaetetus*"，in C. Gill and M. Mc Cabe（eds.），*Form and Argument in Late Plato*（Oxford：Clarendon Press，1996），pp. 79 – 103.（《柏拉图晚期的理念和论证》："《泰阿泰德篇》的三种柏拉图主义者的解读"）

Testard，M.，*Saint Augustin et Cicéron*（Paris：Etudes augustiniennes，1958）.（《圣奥古斯丁和西塞罗》）

（7）斯多亚学派

Annas，J.，"Stoic Epistemology"，in S. Everson（ed.），*Epistemology*（Cambridge：Cambridge University Press，1990），pp. 184 – 303.（《认识论》："斯多亚学派认识论"）

Arthur，E.，"The Stoic Analysis of the Mind's Reactions to Presentations"，*Hermes*111（1983），pp. 69 – 78.（《赫尔墨斯》："斯多亚学派论心灵对表象反应"）

Bobzien，S.，"Chrysippus and the Epistemic Theory of Vagueness"，*Proceedings of the Aristotelian Society* 102（2002），pp. 17 – 238.（《亚里士多德学会会刊》："克律西波与模糊认识论"）

Bobzien，S.，"The Stoics on the Fallacies of Equivocation"，

in B. Inwood and D. Frede （eds.）, *Language and Learning* (Cambridge：Cambridge University Press，2005), pp. 239 - 273. (《语言与学问》："斯多亚学派论论证均衡的谬误")

Brennan，T.，"Reasonable Impressions in Stoicism", *Phronesis* 41 (1996), pp. 318 - 334. (《实践智慧》："斯多亚主义中的合理性印象")

Brittain，C.，"Common Sense：Concepts，Definition，and Meaning In and Out of the Stoa", in B. Inwood and D. Frede （eds.）, *Language and Learning* (Cambridge：Cambridge University Press，2005), pp. 164 - 209. (《语言与学问》："常识：斯多亚之内外的概念、定义和意义")

Frede，M.，"The Stoic Doctrine of the Affections of the Soul", in M. Schofield and G. Striker （eds.）, *The Norms of Nature* (Cambridge：Cambridge University Press，1986), pp. 93 - 110. (《自然之规》："斯多亚学派的灵魂感受说")

Frede，M.，"The Stoic Conception of Reason", in K. Boudouris （ed.）, *Hellenistic Philosophy* Ⅱ (Athens：International Center for Greek Philosophy and Culture，1994), pp. 50 - 63. (《希腊化哲学》："斯多亚派的理性概念")

Frede，M.，"Stoic Epistemology", in K. Algra，J. Barnes，J. Mansfeld，and M. Schofield （eds.）, *The Cambridge History of Hellenistic Philosophy* (Cambridge：Cambridge University Press，1999), pp. 295 - 322. (《剑桥希腊化哲学史》："斯多亚学派认识

论")

Görler，W.，"*Asthenes sunkatathesis* zur stoischen Erkennt-nistheorie"，*Würzburger Jahrbücher für die Altertumswissen-schaft* NF 3 (1977)，pp. 83 - 92.（《维尔茨堡古典学年鉴》："《雅典的赞同》论斯多亚学派的认同说"）

Inwood，B.，*Ethics and Human Action in Early Stoicism* (Oxford：Clarendon Press，1985).（《早期斯多亚主义的伦理学和人类行为说》）

Ioppolo，A. M.，"Presentation and Assent：A Physical and Cognitive Problem in Early Stoicism"，*Classical Quarterly* 40 (1990)，pp. 433 - 449.（《古典季刊》："表象与赞同：早期斯多亚主义的自然哲学和认知问题"）

Menn，S.，"The Stoic Theory of Categories"，*Oxford Studies in Ancient Philosophy* 27 (1999)，pp. 215 - 247.（《牛津古代哲学研究》："斯多亚学派的范畴说"）

Mignucci，M.，"The Liar Paradox and the Stoics"，in K. Ierodiakonou (ed.)，*Topics in Stoic Philosophy* (Oxford：Clarendon Press，1999)，pp. 54 - 70.（《斯多亚哲学中的诸主题》："骗子悖论和斯多亚派"）

Sandbach，F.，"*Phantasia katalêptikê*"，in A. Long (ed.)，*Problems in Stoicism* (London：Athlone Press，1996，2nd ed.)，pp. 9 - 22.（《斯多亚主义的问题》："可理解的表象"）

Sandbach，F.，"*Ennoia* and *Prolepsis*"，in A. Long. (ed.)，

Problems in Stoicism （London：Athlone Press，1996，2nd ed.），pp. 22 – 37.（《斯多亚主义的问题》："概念和前识"）

Sedley，D.，"The Stoic Criterion of Identity"，*Phronesis* 27 （1982），pp. 255 – 275.（《实践智慧》："斯多亚派的同一性标准"）

Sedley，D.，"Zeno's Definition of *Phantasia Katalêptikê*"，in T. Scaltsas and A. Mason （eds.），*Zeno of Citium and His Legacy：The Philosophy of Zeno*（Larnaka：Pierides Foundation，2002），pp. 137 – 154.（《季蒂昂的芝诺及其遗产：芝诺的哲学》："芝诺对'可理解的表象'的定义"）

Striker，G.，"The Problem of the Criterion"，in S. Everson （ed.），*Epistemology*（Cambridge：Cambridge University Press，1990），pp. 143 – 160 ［= G. Striker，*Essays on Hellenistic Epistemology and Ethics*（Cambridge：Cambridge University Press，1996），pp. 150 – 165.］（《认识论》："标准的问题"）

（8）安提奥库

Dillon，J.，*The Middle Platonists*（London：Duckworth，1977），pp. 52 – 113.（《中期柏拉图主义者》）

Dillon，J.，*The Heirs of Plato：A Study of the Old Academy*，347 – 274 BC（Oxford：Clarendon Press，2003）.（《柏拉图的后嗣：老学园研究，公元前 347 年—前 274 年》）

Glucker，J.，*Antiochus and the Late Academy*，Hypomnemata 56 （Gôttingen：Vandenhoeck und Ruprecht，1978）.（《安提奥库和晚期学园》）

Görler，W.，"Antiochos von Askalon über die 'Alten' und über die Stoa. Beobachtungen zu Cicero，Academici posteriores 1. 24 - 43"，in P. Steinmetz（ed.），*Beiträge zur Hellenistischen Literatur und ihrer Rezeption in Rom*，Palingenesia 28（Stuttgart：F. Steiner，1990），pp. 123 - 139.（《希腊文献的贡献及其在罗马的反响》："阿斯卡罗的安提奥库论'老学园派'和斯多亚派——西塞罗《论学园派（后篇）》1. 24 - 43 考察"）

Reydams-Schils，G.，*Demiurge and Providence：Stoic and Platonist Readings of Plato's Timaeus*（Turnhout：Brepols，1999）.（《造物主和神意：斯多亚派和柏拉图主义者对〈蒂迈欧篇〉的解读》）

Sedley，D.，"The Origins of Stoic God"，in D. Frede and A. Laks（eds.），*Traditions of Theology*（Boston/Leiden：Brill，2002），pp. 41 - 83.（《神学传统》："斯多亚学派神的来源"）

附录 Ⅱ：《论学园派》残篇①

第一卷

1. 但是，姆涅撒尔库斯为何如此愤懑？为什么安提帕特在这

---

① 本篇转译自 Brittain，Ch.（ed. & trans.）(2006) *On Academic Scepticism*（Indianapolis/Cambridge：Hackett Publishing Company，Inc.）。英语译文依照里德收集的残篇排序（删除了其中不连贯的"残篇17"，即 malcho in opera adfixa）。其中绝大多数出处明确的残篇都取自语法学家马塞卢斯（Nonius Marcellus）（如"残篇1-15，18-28，以及30-31"）。因为马塞卢斯在本处的旨趣限于例外的语法形式，例如"残篇1"中的"交锋"，因而他不常写出完整的句子，也不给出残篇的上下文。"残篇18-31"与前面正文的相关语句基本相同，两处内容的措辞差异用方括号即"［……］"标注，并用尖括号即"〈……〉"标注原文省略的部分。

么多著述中与卡尔涅亚德交锋（digladiatur）？① （cf. *Ac.* 2. 69）

2. ……他认为他们之间的观点一致，因为都运用了类似的术语（verbi）。

第二卷

3. 难道任何事物都像大海一般平稳吗？这正说明了为何诗人甚至将其形容为"水平〈深渊〉"（aequor）的原因。（cf. *Ac.* 2. 105）

4. 那些过晚涉足政务的人鲜有得到承认的，也不能得到民众应有的拥护。（cf. *Ac.* 2. 70?）

5. ……远离贪婪，驱除邪恶，将自己的生活塑造成青年人的榜样……（cf. *Ac.* 2. 114）

6. 那么，月亮的形状如何呢？你说得出来吗？它或月满或月亏，时而圆润，时而尖利。（cf. *Ac.* 2. 75 - 82）

7. 大海又如何呢？它是蓝色的？当船桨搅起波浪，它就成了紫色了；而海水的〈表面〉也略微浸透上颜色，或者全都染了色……（cf. *Ac.* 2. 105）

8. 不过，要是我们相信了，那么我们就用不着铅垂线、建造师的矩尺或者长尺了。

9. 我们注意到，成年人和年轻人、生病的人和健康的人、清醒的人和醉酒的人，他们之间肤色不同……（cf. *Ac.* 2. 88）

---

① "残篇 1 - 15"由马塞卢斯引自诺纽斯的《博志》（*Compendious Erudition*）pp. 65，43，65，69，104，121，162，162，394，474，545，65，65，123，419（该页码参阅 J. Mercerus 编辑的最初版本）。W. Lindsay 的"标准托伊布纳版"（the standard Teubner edition）的页码与之略有区别，但其中仍然保留了"Mercerus 版"的页码。

10. 当我们沉湎于自我，就像潜水者扑入水里一般，我们就看不到水面上有什么，或许只看到一些模糊的东西。(cf. *Ac.* 2.80 – 81)

11. ……一些人甚至觉得一管油膏让人作呕。

第三卷

12. 但是，耗费时间去同绝望的罪犯争执或打斗，有谁不会说这行为是可悲至极、愚蠢透顶的呢？

13. ……宛如此时我们游憩于卢克林湖，望着鱼儿戏水。

14. ……想一想形形色色的生物，唯有人类天生赋有获得理解（cognitionis）和知识（scientiae）的渴望！

15. ……让他展现自己的能力，让他争取自己的自由（libertatem）……

16. ……但倘若我们允许误入生活歧途的人有后悔药可吃，就像旅途中的人改正路线，那么他们的鲁莽就很容易消除了。①

17. ……

18. ……我们会说"清楚"——我们必须牢牢抓住的东西——消失了。②（= *Ac.* 2.51）

19. ……那些养鸡维生的人；当他们端详鸡蛋之后，通常便可以认出这是哪只鸡下的〈它〉。（= *Ac.* 2.57）

---

① 拉克坦提乌斯的《神圣原理》6.24。奥古斯丁在《驳学园派》1.10 – 14 和 3.34 – 36 大量使用该比喻作为反对学园派的论证。

② "残篇 18 – 28"引自诺纽斯《博志》pp.139，117，69，65，99，164，107，163，122，65，189（参见"Mercerus"版）。

第四卷

20. 但是，斯多亚学派及其支持者安提奥库都主张……（＝ *Ac.* 2.67）

21. ……［就会］去玛艾尼跳台遮阳，因而当事情变得烫手时，安提奥库就寻求老学园派的［道路］了。（＝ *Ac.* 2.70）

22. 他不是石头雕刻出来的，或木头削出来的……（＝ *Ac.* 2.101）

23. ……因为它前一刻还显得绿，〈……〉就会显得灰，〈……〉在阳光下波光粼粼……（＝ *Ac.* 2.105）

24. ……并且，我相信克利托马库写道卡尔涅亚德完成了几乎是赫拉克勒斯般的壮举……（＝ *Ac.* 2.108）

25. 连安提奥库都认为这有些过了头，也自相矛盾！（＝ *Ac.* 2.109）

26. 但是，他没有说服他的同乡和友人阿那克西曼德，因为后者宣称存在"无定形"……（＝ *Ac.* 2.118）

27. ……（如你所见），〈为什么〉又造出巨蚺水蛇游走……（＝ *Ac.* 2.120）

28. ……尽管他没有遵循德谟克利特的说法，即事物由粗糙的、〈光滑的〉、带钩的、尖锐的物体（bodies）构成……（＝ *Ac.* 2.121）

29. ［瓦罗］，所有这一切都隐藏、〈遮蔽〉在昏昧的黑暗之中……① （＝ *Ac.* 2.122）

---

① 卡佩拉（Martianus Capella）的《菲洛罗吉与墨丘利的婚姻》（*The Marriage of Philology and Mercury*）5.157。

30. ……我却深表怀疑。你们甚至说与我们正好相对的另一端的地面上有人，他们的足迹也与我们的相对……① (= *Ac.* 2.123)

31. ……他显然是个斯多亚派，尽管他在这里那里都含糊其词。(= *Ac.* 2.137)

出处不明残篇

32. 这是你说的，〈西塞罗〉。但我认为，我们不仅对智慧一片茫然，还对那些大概可识别的东西也很迟钝，也很笨拙。② (cf. *Ac.* 2.80 – 82)

33. 学园派的发言人称：我将适宜冠名为"有说服力"（probabilia）或"近乎真理"（veri similia）的任何东西都这么称呼。不过，要是你想给它们换个名字，我绝不反对。你现在理解我说的话，理解我将哪些事物如此命名，也就够了：智慧之人应当探究事物的本性，而不应当臆造术语……难道你以为西塞罗那位使用了这些词的人缺乏拉丁语知识，不能找到恰当表达自己思想的术语吗？③ (cf. *Ac.* 2.98 – 105 & 2.32 – 36)

34. 西塞罗在一本为这种观点〈即学园派的观点〉辩护的书中写下了这段文字，〈他称〉……其他学派所有自诩圣贤的人会把

---

① "残篇 30 – 31"引自诺纽斯《博志》pp. 102，80（见"Mercerus"版）。

② 拉克坦提乌斯的《神圣原理》3.14。

③ 奥古斯丁《驳学园派》2.26。该段或接下来的两段残篇不清楚是否真是西塞罗拉丁语原版的残篇；该段最末一句自然被认为表示西塞罗在论述中使用了"probabile"和"verisimile"（"有说服力"和"近乎真理"）。奥古斯丁著作中的学园派角色所说的话本身并不能表明西塞罗本人如此说过；并且，既然奥古斯丁错误地定义了学园派的这些术语，那么他在此所依据的就不可能是西塞罗的文本。

"第二名"给学园派的智慧之人，因为显然他们一定会把"第一名"交给自己。由此得出的可信结论就是，鉴于其他人都根据自己的判断将第二的位置给他，那么他借由自己的判断将第一的位置赋予自己也是对的。[①]（cf. *Ac.* 2.114 – 115）

35. 西塞罗在那本书中称，他们习惯隐藏自己的观点，而不习惯向那些不与他们生活到老的人显露想法。[②]（cf. *Ac.* 2.60，2.139）

36. 其实，西塞罗本人在《论学园派》中给予了此人〈即瓦罗〉类似的溢美之词，称这位同他争辩的人才思最为敏捷，无疑是学识最渊博的人。[③]（cf. *Ac.* 1.1 – 3）

---

① 奥古斯丁《驳学园派》3.15。
② 奥古斯丁《驳学园派》3.43。
③ 奥古斯丁《上帝之城》6.2。

附录 Ⅲ：古代评论

一、新学园派评传①

1. 阿尔克西劳②

[28] 按阿波罗多罗斯在《编年史》第三卷所说，阿尔克西劳，修提斯（Seuthes）之子，来自爱奥利斯地区（Aeolis）的彼塔那

---

① 本文选自第欧根尼·拉尔修《名哲言行录》第 4 卷第 28 – 67 行（DL 4.28 – 67）从希腊文译出，依据文本是：R. D. Hicks, *Diogenes Laertius：Lives of Eminent Philosophers*，Loeb Classical Library（London：Hermann，1925）。另参阅了英译本：P. Mensch, *Diogenes Laertius：Lives of Eminent Philosophers*（Oxford，2018）。

② 阿尔克西劳（公元前 316/315 年—前 241/240 年），彼塔那人，于公元前 268/267 年接任学园主持。他延续了苏格拉底传统，提出了存疑的方法，揭露对手的信念的不确定性，主张知识的不可把握性，使学园派的哲学转向怀疑论，进入到西塞罗所谓的"新学园"时代。

（Pitane）。他是中期学园派的创始人，是第一个因论证的矛盾（*dia tas enantiotêtas*）而搁置陈述（*epischôn tas apophaseis*）的人。①他是第一个按问题的正反两面进行论证的人，也是第一个改变自柏拉图传承下来的学说，并以问和答的方式使之更接近论辩术的人。他是这样投克冉托尔门下的。他是四兄弟中最小的一个，两个兄弟同父，两个同母。其中同母长兄是佩拉德斯（Pylades），同父长兄则是摩伊莱阿斯（Moereas），也是他的养育人。[29]起初在他到雅典之前，曾是同邦数学家奥托利克斯（Autolycus）的学生，一起去过萨尔迪斯（Sardis）；后师从雅典音乐家克珊图斯（Xanthus）；后来成为第奥弗拉斯特②的学生。最后他投奔学园派，追随克冉托尔。前面提到的他的那位长兄摩伊莱阿斯，曾执意让他学习修辞术，但他却对哲学情有独钟。克冉托尔对他有爱慕之情，为此引述欧里庇德斯《安德罗米达》（*Andromeda*）诗句：

　　　奥，少女，如果我救了你，你如何感激我？

下一行是回答：

　　　陌生人，带我走吧，无论做女仆还是做枕边人。

从此，他们彼此结合在一起了。[30]第奥弗拉斯特曾为此十分懊恼（*knizomenon*），发出这样一句感叹："一个天资优异（*euphuês*）、教起来得心应手的（*euepicheirêtos*）年轻人就这样离我们学校而去了。"

---

① 注意，这里使用的不是新学园派经典用语"存疑"（*epochein*）一词。

② 第奥弗拉斯特（公元前372/371年—前288/287年），亚里士多德传人和漫步学派领袖。

因为他除了侧重论证、擅长写作，还专注作诗。他为阿塔洛斯（Attalus）撰写的碑铭流传了下来，碑铭是这样写的：

> 佩尔加摩（Pergamos）不仅以武器出名，
> 通常还以
> 驰骋在神圣的比萨（Pisa）的骏马著称。
> 如果凡人被赋予权力（themiton），说出宙斯的意愿，
> 不久将传来诗人许多美妙的歌声。

他还给梅特罗多洛（尤伽莫斯［Eugamus］之所爱），即他的一个同学写了碑铭：

> ［31］遥远的弗里基亚（Phrygia），
> 遥远而神圣的泰阿提拉（Thyatira）
> 你的故乡，卡达努斯（Cadanus）之子，梅特罗多洛。
> 通往不可言说的冥河（Acheronta）的道路是相等的，
> 不管从哪里丈量，正如人们的谚语所说。
> 尤伽莫斯为你竖起了清楚可见的墓碑，
> 因为你是为他辛勤耕耘的许多人当中最亲密的一个。

他欣赏荷马远超过其他诗人，睡前无论如何总要读上一段。早晨每当想去读荷马，便说他要去见他所爱的人。他称品达令人叹为观止（deinon）之处在于其遣词造句的丰富性，为词（onomatôn）和句（rêmatôn）提供了丰富的宝藏。他年轻时曾对伊翁（Ion）作品的特征做过深入解释。

　　［32］他曾听过几何学家希波尼科斯（Xipponicus）的课，他

挪揄此人邋里邋遢、哈欠不断，但在学问上却造诣深厚。他说："几何学是在他打哈欠时掉进嘴里的。"当此人疯疯癫癫的时候，他将之带回自己家里细心照看，直至康复。他在克拉底去世之后接管了学园，某个叫苏格拉提德（Socratides）的人喜欢让贤。一些人说，因为他对一切事物保持存疑（*epechein*），故而没有撰写任何著作。但另一些人说人们发现他修改过一些作品，这些东西有人说确已发表，还有人说已被烧掉。他似乎敬仰柏拉图，收集了其文献抄本。[33] 按某些人的说法，他还对皮浪心存妒意（*ezêlôkei*）。他致力于辩证法并采用埃雷特里亚学派的论证方法。为此，阿里斯托（Aristo）称他①：

> 头是柏拉图的，尾是皮浪的，中间是狄奥多罗斯（Diodorus）的。

提蒙（Timon）② 是这样说他的：

> 心头挂着美涅德谟（Menedemus）的铅块（*molibdon*），却转动着（*theusetai*）皮浪或狄奥多罗斯的整个身体。

进而又这样说他：

> 我将游到皮浪那里，游到心术不端的狄奥多罗斯那里。

他最善于使用逻辑命题（*axiômatikotatos*），语句言简意赅（*sunegmenos*），在言谈中善于分辨词义，其话风辛辣有余、口无遮

---

① 本段同样出现在塞克斯都《皮浪学说概要》。参见 *PH* 1.234。
② 提蒙（公元前 320 年—前 230 年），皮浪的弟子，怀疑派哲学家。

拦。[34] 于是，提蒙这样说他：

〈诙谐中〉夹杂着苛责。

因此，当一个年轻人说话比任何人胆子都大的时候，阿尔克西劳说："没人在玩骰子游戏中教训过他?!"对一个自认为洞悉一切原因，提醒别人一物似乎并不比一物大的人，他反问十根手指的距离是否比六指的距离长。希俄斯的某个赫蒙（Hemon），长相丑陋，却假装自己很漂亮，总是穿着华丽的衣服四处游荡，声称智者似乎不应陷入爱欲。他说："也包括像你这样漂亮和爱穿漂亮衣服的人吗?"一个下流猥琐的人称阿尔克西劳似乎很自负，说道：

[35] 我的王后，允许我说话，还是必须沉默?

阿尔克西劳听后回答：

女流之辈，为何对我粗鲁地说话，不像平常的样子?

当一个夸夸其谈的无名之辈给他惹了麻烦，他引述诗句说道：

没有规矩地交往（homilein）所生下的奴隶之子。

对另外一个编造大量无稽之谈的人，他说此人估计缺少一个严厉的乳母，而对有些人他甚至不屑回答。当一个喜欢学习的放债人声称不知道某些事情时，阿尔克西劳说：

雌鸟不知风的走向，

除非当繁殖（tokos）来临之际。

这句话出自索福克勒斯的《俄诺玛俄斯》（Oenomaus）。

[36] 当亚历克西努斯（Alexinus）学派的某个辩证法家未能

按老师的要求复述论证时，阿尔克西劳给他讲述了菲洛塞努斯（Philoxenus）与制砖人所发生的故事。当菲洛塞努斯发现他们把自己的小调唱得很糟糕时，便踩踏他们的砖，说道："就像你们践踏我的作品，因此我也践踏你们的。"阿尔克西劳讨厌那些没有在合适的时间（kath'horan）把握学习的人。出于本性，他常使用"我说""某某人（他会说出名字）不会赞同"诸如此类的口头语。许多学生羡慕他，包括演说和整个仪态。

[37] 他极其善辩（heuresilogôtatos），从而能准确地应对问题，能把整个论证过程带到所提出的问题上来，善于把一切要素结合得恰到好处（sunarmosasthai）。其说服力超过所有的人，可以把许多学生拉到自己的学校，尽管他们害怕其咄咄逼人的锋芒。然而，他们却乐意承受这些，因为他是极为善良的，满怀希望地激励学生。在日常生活中，他极善交往（koinônikôtatos）、乐善好施，却低调地（atuphotatos）隐瞒自己的好意。有一次，他去看望生病的科泰西比俄斯（Ctesibius），发现此人穷困潦倒，便偷偷地把钱袋放在他的枕头下面。当被发现后他说："这是阿尔克西劳的一个玩笑。"在别的时间，他还送给此人另外 1 000 个德拉科马。

[38] 阿尔克西劳通过向尤美尼斯（Eumenes）国王①引荐阿卡迪亚的（Arcadia）阿尔基亚（Archias），使此人逐步地位显赫。由于他自由洒脱，不爱金钱，所以总是第一个出席有偿席位的节日表演，尤其热心参加阿尔凯格拉底（Archecrates）和卡里格拉底

---

① 指尤美尼斯一世，佩尔加摩（Pergamon）国王（约公元前 263 年—前 241 年）。

（Callicrates）的此类活动，其席位价格直逼黄金。他非常乐于助人，募集捐款。一次，某人为了接待朋友向他借了银器没有归还，阿尔克西劳没有去要，反而假装未曾借过。但有人说阿尔克西劳是故意借给他的，当此人归还时，因为他很贫穷，就当礼物送给他。阿尔克西劳在彼塔那有财产，他由此供给其长兄佩拉德斯。另外，菲勒泰鲁斯（Philetaerus）之子尤美尼斯时常向他提供大笔费用。出于这个原因，尤美尼斯是现今国王当中唯一一个他为之献书的。

[39] 许多人奉承安提戈诺斯国王①，每当他到来便趋之若鹜，但阿尔克西劳却保持静默，不愿让自己挤进熟人圈子。他与掌管墨尼吉亚（Munichia）和比雷埃夫斯（Piraeus）的指挥官希洛克勒斯（Hierocles）尤为交好，每个节日都要下来看望。尽管希洛克勒斯和他人一起劝说阿尔克西劳要向安提戈诺斯示好，但阿尔克西劳未被说服，而是每当走到城门便转身返回。海战之后，许多人纷纷投奔安提戈诺斯或写阿谀奉承的信，阿尔克西劳还是依然缄默。他曾代表其家乡城邦出使狄米特里阿斯（Demetrias），前往拜会安提戈诺斯，但这次任务并未成功。他在学园度过所有时光，远离城邦政治。

[40] 一次，出于希洛克勒斯的亲密友谊，他在比雷埃夫斯讨论问题多花了一些时间，为此受到一些人的指责。他非常奢华（难道他是另一个阿里斯底波？②），喜欢口腹之乐，但除非碰到口味相

---

① 指马其顿国王安提戈诺斯二世格纳他斯（Antigonus Ⅱ Gonatas，约公元前 320 年—前 239 年）。

② 阿里斯底波（Aristippos），昔兰尼派的创始人。

投者。他与爱利亚的妓女泰奥迪特（Theodete）和菲拉（Phila）公
开同居，他引述阿里斯底波的用语回应指责他的那些人。他喜欢男
童，多情易感。因此，他被来自希俄斯的斯多亚派的阿里斯托一伙
所诟病，称他是年轻人的败坏者和胆大妄为、淫荡下流的说教者。
[41] 据说他尤为爱恋后来去了昔兰尼（Cyrene）的德谟特里俄斯
（Dmetrius）以及迈尔尼亚（Myrlea）的科莱奥卡勒斯（Cleo-
chares）。关于后者有个故事：当一群狂热崇拜者涌到门口，阿尔克
西劳对他们说他很想让他们进来，但科莱奥卡勒斯不让。科莱奥卡
勒斯也是拉克斯（Laches）之子德谟卡勒斯（Demochares）和布吉
勒斯（Bugelus）之子裴多克勒斯（Pythocles）的恋人。当阿尔克
西劳发现他们在一起时，便强忍怒火让他们离开。为此，上面提到
的那些人攻击和挖苦他取悦大众（*philochlon*）、爱好虚名（*philo-
doxon*）。最为激烈的苛责来自漫步学派的希罗尼穆斯（Hierony-
mus）及其追随者，因为有一次阿尔克西劳召集一帮朋友为安提戈
诺斯之子哈勒居奥尼斯（Halcyones）过生日，对于此类事情安提
戈诺斯通常会送来足够的费用以供享乐。[42] 这种场合他总是规
避谈论超出杯中之物（*epikulikeious*）的话题，有次阿里迪克斯
（Aridices）提出一个论题并要求他解释，他说："这正是哲学的特
性（*idion*）：知道每件事情的恰当时机（*ton kairon*）。"对于指责他
取悦大众，提蒙还谈了其他一些事情，其中这样说道：

> 正如所说，他把自己置于众人的簇拥之中。
> 他们惊诧地看着他，如同燕雀环绕着老鹰，
> 指出他的虚妄，因为他是群氓的马屁精。

你没有什么了不起的（*ou mega prêgma*），可耻的家伙：
为何把自己装扮成白痴？

然而无论如何，他非常谦逊（*atuphos*），以至于会建议学生听其他人的课。某位来自希俄斯的年轻人不太满意他的学说，而是喜欢前面提到的那位希罗尼穆斯，阿尔克西劳便带着他过去，引荐给这位哲学家，并告诫他应举止得体。

［43］另外还流传着他的一件趣事。当某人问他为什么总是有学生从其他门派到伊壁鸠鲁那里，而不是从伊壁鸠鲁那里到其他门派，对此他说："因为由人可以变成阉人（*galloi*），而由阉人不会变成人。"①

大限将至，他把所有财产留给了他的长兄佩拉德斯，因为在摩伊莱阿斯不知道的情况下，佩拉德斯把他带到希俄斯，并由此地去了雅典。终其一生他没有婚配和生育。他立了三分遗嘱，一份留在埃雷特里亚，由阿姆费克里特（Amphicritus）掌管；一份留在雅典，由一些朋友掌管；第三份他送回家乡，交给他的一个亲戚陶马西亚斯（Thaumasias），要求他安全保管。对此人他写了这封信：

阿尔克西劳向陶马西亚斯致敬：

［44］我已托第欧根尼把我的遗嘱转交给你。因疾病频发、身体虚弱，决定立此遗嘱，以免如果有什么意外发生，对我如此忠诚爱戴的你，不会因我的离去而受到不公。你是当地最值

---

① 据第欧根尼记载，伊壁鸠鲁身体孱弱，常被哲学家讽刺为"女人气的"。

得信任来保护这份遗嘱的人，既因为你的年龄，也因为与我的关系。切记我给予你的绝对信任，竭力为我公正行事，以至于只要依靠你，我制定的遗嘱条款将体面而尊严地得以执行。遗嘱的一份放在雅典由一些朋友掌管，另一份放在埃雷特里亚，由阿姆费克里特处理。

据赫尔米普斯（Hermippus）说，他因喝了点未混合的酒，神志不清而亡，享年七十五，他赢得了雅典人前所未有的礼遇。

[45] 下面是我写的有关他的诗句：

> 阿尔克西劳啊，为何奢侈地喝下这么多醇酒
> 以至于夺走你的神志？
> 对你的死我不怎么遗憾，
> 因为你用无度的酒杯冒犯了缪斯。

还有另外三个阿尔克西劳，一个是古代喜剧诗人，另一个是挽歌作者，第三个是雕刻匠，关于他西摩尼得斯写了这样的碑文：

> 这是阿尔忒弥斯（Artemis）的雕像，耗资二百个帕罗斯（Paros）的德拉科马，上面印有山羊图案。
> 它是亚里士多迪克斯（Aristodicus）那有才（*axios*）之子，在雅典工艺中训练出来的阿尔克西劳做的。

据阿波罗多罗斯在《编年史》所说，上面提到的这位哲学家其鼎盛年约在第 120 届奥林匹亚盛会举办的一段时期。

2. 卡尔涅亚德^①

[62] 据亚历山大在其《哲学师承录》所说，卡尔涅亚德是埃庇考莫斯（Epicomus）或菲洛考莫斯（Philocomus）之子，昔兰尼人。他精心研读斯多亚派（尤其是）科律西波的著述，进行合理的（*epieikôs*）挑战，并得以功成名就（*euêmerei*），以至他专门谈到这点：

> 如果没有科律西波，就不会有我。

此人非常刻苦，但在自然哲学上投入精力较少，在伦理学上投入了较多精力。因此，他可以因忙于（*ascholiai*）论证而任凭头发和指甲疯长。他在哲学上吸引力如此之大（*ischusen*），以至于修辞学家们停下自己学校里的课，跑到他这里听讲。

[63] 他的声音极其洪亮，为此体育场的主管派人前来让他不要大声吼叫，他对此人说："请给我声音的尺度（*metron*）。"此人听后机智地回答："你有一个尺度：你的听众。"他是一个令人望而生畏的批评家，一个难以战胜的探究者。出于上述原因，他常谢绝一些宴请。他曾有一个来自俾泰尼亚（Bithynia）的学生蒙托（Mentor），想引诱他的侍妾。据法佛里诺斯（Favorinus）在《杂史》中说，一天当蒙托前来听课时，卡尔涅亚德在讲话中以滑稽诗

---

① 卡尔涅亚德（公元前 214/213 年—前 129/128 年），昔兰尼人，新学园派的代表人物。他继承并发展了阿尔克西劳的怀疑论，主张"可信性"学说。公元前 155 年代表雅典出使罗马，展示赞同自然正义和反驳自然正义的正反论证。他追随阿尔克西劳和苏格拉底之风，没有留下任何著述。参见 *PH* 1.220，230。

的口吻直指此人：

> [64] 这儿来了一个海上的老叟，不会错的，
>
> 在体型和声音上很像蒙托，
>
> 我宣布将他赶出这所学校。

此人站起来说：

> 一边有人宣布，一边有人迅速集结。

面对死亡，卡尔涅亚德似乎显得有些胆怯，他不断地说："聚合的自然将会解体。"当得知安提帕特喝毒药而亡，其离世的勇气备受鼓舞，他说："也给我来一点。"当他们问："什么？"他回答："一点甜酒。"有人称在他死的时候出现了月食，另如一些人所说，太阳后面显现出最亮丽的星团以示同情。

[65] 阿波罗多罗斯在《编年史》说，他在第 162 届奥林匹亚盛会之后的第四个年头离开人世，享年八十五岁。他给卡帕多西亚（Cappadocia）国王阿里阿拉特斯（Ariarathes）的书信得以幸存，其他东西则由他的学生辑录下来，他自己没留下任何东西。下面是我用混合音步格律写的有关他的诗句：

> 为什么，缪斯啊，为什么你让我指责卡尔涅亚德？
>
> 因为他不清楚有谁不知道他是何等地惧怕死亡。①
>
> 他在恶病缠身中消磨，

---

① 显然这里是借用卡尔涅亚德绝对怀疑主义的表述"我不知道我一无所知"进行讽刺。

无法获得解脱。但当听说

安提帕特饮鸩而亡，他说：

[66]"也给我喝一点吧。"

"什么？你要什么？"

"给我一点甜酒喝。"

他常把这句话挂在嘴上，

"使我聚合的自然，也会把我解体"。

无论如何他也要进入坟墓，

带着无数悲戚拜见冥府哈德斯。

据说，他的眼睛在夜间就会变盲，而他对此全然不觉。他命家奴点灯，当家奴拿灯进来说："灯来了。"他回答说："那就读吧。"

他有许多其他学生，其中最著名的是克利托马库（Clitomachus），关于此人我后面要介绍。

还有另外一位卡尔涅亚德，是个冷漠的挽歌诗人。

3. 克利托马库①

[67] 克利托马库，来自迦太基。其原名叫哈斯德鲁拔（Hasdrubal），他在家乡城邦用当地语言学习哲学。在他十四岁时到达雅典，成为卡尔涅亚德的学生。卡尔涅亚德认可他的刻苦，便让他

---

① 克利托马库（公元前187/186年—前110/109年），迦太基人，卡尔涅亚德的学生，于公元前129/128年主持学园。写有400多部著作，阐发卡尔涅亚德的怀疑论，这些观点为西塞罗、普鲁塔克和塞克斯所引用。迦太基被罗马攻陷后，写有告慰同胞书。参见 *PH* 1.220，230。

学习文法，接受训练。克利托马库非常勤奋，撰写了 400 多部著作。他继承了卡尔涅亚德的学园，以其著述极大程度昭示了其先师的观点。此人在三个学派都很知名：学园派、漫步派和斯多亚学派。提蒙一般这样抨击学园派：

> 没有被腌好的学园派的大杂烩（*platuremosunes*）。
> ⋯⋯⋯⋯⋯

二、真理的标准：从"老学园派"
到"新学园派"①

　　[141] 接下来，让我们关注自然哲学家之后的学派。当柏拉图在《蒂迈欧篇》把事物划分成可思的（*noêta*）和可感的（*aisthêta*），并声称可思的是为理性（*logôi*）所把握的，而可感的是意见的对象（*doxasta*）之后，明确地把理性界定为事物的认知标准，同时也把感官所获得的清楚的（*enargeian*）经验包含在内。[142] 他这样说："什么东西永远'是'（*to on*）而非'成为'（*genesin*），什么东

---

　　①　本节选自塞克斯都·恩披里柯的《反学问家》第七卷，第 141 – 189 行（*M* 7. 141 – 189），从希腊文译出，依据的文本是：R. G. Bury, *Against the Logicians*, *Vol. 2*. Loeb Classical Library. (London：Hermann，1933)，同时参照了 H. Mutschmann and J. Mau, *Sexti Empirici Opera*, Vol. 2：*Adversus Dogmaticos*（Leipzig：Teubner，1958)，另参考了最新英译本 R. Bett, *Sextus Empirucus*：*Against the Logicians*（Cambridge，2005)。本节塞克斯都·恩披里柯对学园派真理标准的演进做了较为详尽的介绍和批评，可与 *PH* 1. 220 – 235 对照阅读。

西总是'成为'但永远不'是'？一种借助理性为思想所把握，另一种借助感觉为意见所获取。"① ［143］柏拉图学派的人说，清楚的经验和真理两者所共同具有的理性被他称作"能普遍理解的（perilêptikon）理性"。因为，在判断真理的活动中，如果有关真东西的判断的确由显明之物（anargôn）产生，那么理性必须从清楚的经验出发。然而，清楚的经验对于真理的认识不是自足的（autarkês）。因为并非如果有物清晰地显现，它就会真实存在。一定存在着某种用来判断什么仅仅显现，什么伴随显现但同时也真实存在的东西，这就是理性。［144］因此，在真理的判断上作为理性起点的清楚的经验，以及确定清楚的经验的理性本身，两者不得不结合在一起。然而，为了诉诸（to epiballein）清楚的经验并确定蕴藏其中的真理，理性反过来又需要感觉的协作。因为正是通过感觉来接受表象，思想和真东西的知识才得以产生。因此，理性是"能普遍理解"清楚的经验和真理的，它等同于"能理解的"或"能把握的"（katalêptikon）。

　　［145］这就是柏拉图的观点。然而，斯彪西波②声称，既然某些东西是可感的，某些是可思的，那么可思之物的标准就是"能认知的理性"（tên epistêmonikon logon），而可感之物的标准是"能认知的感觉"。他把"能认知的感觉"理解为一种分有理性真理的东西。［146］正像笛子和竖琴演奏者的手指具有技艺活动能

---

　　①　本句出自《蒂迈欧篇》27d6－28a2。这里为了更清楚地理解文本，对于"to on"和"genesis"我们不翻译为"存在"和"生成"，而是直接取系动词原意"是"和"成为"。
　　②　斯彪西波（约公元前410—前339年），柏拉图的侄子，学园派的直接继承人。

力，但这种能力并非事先通过手指本身造就的，而是通过与理性的共同实践完成的。这点也像音乐家的感觉，具有把握音调和谐与不和谐的功能，但这种功能不是自身生长的（*autophuê*），而是由理性滋生出来的，因此"能认知的感觉"，为了对存在物的准确（*aplanê*）辨识，它本性上从理性那里分有认知活动经验（*tribês*）。

[147] 但色诺克拉底^①声称，有三种形式的存在（*ousias*），可感的、可知的以及混合的和意见的。其中可感的位于天内，可知的乃是所有天外之物，意见的和混合的乃是天本身：因为借助感官它是可见的，通过天文学它是可知的。[148] 既然事物以这些形式存在，他宣称天外的和可思的存在的标准是知识，天内的和可感的存在的标准是感觉，混合形式的存在的标准是意见。因此，一般说来，基于能认知的理性的标准是确切的和真的，基于感觉的标准也是真的，但不像基于能知的理性的标准那样真，而混合的东西同时既是真的又是假的，[149] 因为意见中有些是真的有些是假的。因此，有三个命运女神传承下来：阿特洛波斯（Atropos），可知之物的命运女神，因为她是不可更变的。克罗托（Clotho），可感之物的命运女神；拉刻西斯（Lachesis），意见之物的命运女神。

[150] 阿尔克西劳学派的人并未率先（*proêgoumenôs*）界定标准，他们中的那些被认为做出界定的人，是基于对斯多亚派的观点

---

① 色诺克拉底（公元前 369 年—前 314 年），第三代学园派领袖。

进行猛烈抨击而给出的。[151] 因为斯多亚派声称，存在着三种互为关联的东西（*ta suzugounta*），知识、意见和置于两者中间的理解。其中，知识是可靠的、确切的和不为论证所动摇的认识，意见是弱的和假的赞同（*sugkatathesin*），而理解则介于两者之间，是对"可理解的表象"（*kataleptikês phantasias*）的赞同。[152] 按他们的说法，"可理解的表象"是一种真的，而且是如此这般以至不可能为假的表象。他们说，其中知识仅存在于智者中，意见仅存在于愚人中，而理解则同属于两者，它是真理的标准。[153] 这些是斯多亚派所说的东西，阿尔克西劳对此反驳，称理解不是一种介于知识和意见之间的标准。因为他们说的"理解"和"对可理解的表象的赞同"，或发生在智者中，或发生在愚人中。如果发生在智者中它就是知识，如果发生在愚人中它就是意见，除了两者没有任何其他东西可以替代（*meteileptai*），除非只是一个名称。[154] 如果理解是对"可理解的表象"的赞同，它就不是真实存在的。首先，赞同的发生不是关乎表象而是关乎论证的，因为赞同是一种"命题"（*axiômatôn*）；其次，是因为没有任何真的表象可以被发现如此这般以至不可能为假，正如多种多样的例证所表明的那样。[155] 如果"可理解的表象"不存在，理解也就不会发生，因为它是对"可理解的表象"的赞同。如果理解不存在，所有东西将是不可理解的。如果所有东西都是不可理解的，那么，即便按斯多亚派的观点，也会得出智者保持存疑（*epechein*）这一结论。[156] 让我们如此思考这个论证。既然由于斯多亚派的标准是非实在的，因为一切是不可理解的，那么要是智者赞同，智者将持有意见（*dox-*

asei)，因为既然无物可以理解，如果他赞同任何一种东西，就会赞同不可理解的东西，而对不可理解的东西的赞同就是意见。[157]因此，如果智者是赞同者，智者将是持有意见者，但智者不是持有意见者（因为按他们的说法，意见即无知，是错误的原因）。所以，智者不是赞同者。如果这样，他将不得不拒绝赞同（*asugkatath-etein*）一切东西。而拒绝赞同无异于保持存疑。因此，智者将对所有东西保持存疑。[158]然而，在这之后，必然需要研究生活方式（*tês tou biou diexagôgês*），而生活方式如果离开标准在本性上是无法解释的，而幸福，即生活之目的，其可信性正是依赖这个标准。阿尔克西劳称，凡对一切保持存疑者，将通过"正当理由"（*tôi eulogôi*）① 来匡正或校准（*kanoniei*）②、选择和规避一般活动。按照这种标准前行，他就会正确地行动（*katorthôsei*）。因为幸福由慎思（*phronêsis*）而生，慎思则寓于正确的行动（*katorthôma*）。而正确的行动在于，一旦发生就会获得正当理由的辩护（*apologia*）。因此凡诉诸"正当理由"的人，就会正确行动和过得幸福。

[159]这就是阿尔克西劳的观点。卡尔涅亚德不仅针对斯多亚派，而且还针对他的所有前人组织了有关标准的反驳。他的第一个

---

① "*eulogos*"一词是阿尔克西劳与斯多亚派论战时，为逃避其绝对怀疑论所提出的行动准则。怀疑论者尽管对一切知识的标准保持存疑，但在行动上不会丧失自由选择。行动的理据不在于形成真的判断去指导行动，而在行动之中，正确的行动本身蕴含着其合理性和正当性，它是一种慎思或实践智慧（*phronêsis*），而非理论的沉思。

② 该词是"准则""标准"（*kanôn*）的动词形式。如，伊壁鸠鲁的"准则学"（*Konôn*）就是使用该词。

论证普遍指向所有东西，他据之确立没有任何东西是纯粹的真理标准，理性、感觉、表象以及其他任何存在物都不是，因为所有这些东西统统是欺骗我们的。[160] 第二个论证他据之表明，即便有一个标准，它也不会离开由清楚的经验所产生的感受（*tou apo tês enargeias pathous*）而独立存在（*huphistatai*）。因为既然通过感觉能力动物与无生命物区别开来，那么当然它会通过这种能力把握自己和外部对象（*tôn ektos*）。感觉如果是不运动的、无感受的和无变化的，那它就不是感觉，也不会把握任何东西。[161] 当它根据显明之物的作用而产生变化和获得某种感受时，就会指示出感觉对象。因此，标准应当是在灵魂的那种由清楚的经验所产生的感受中去寻找。这种感受应当能够指示出它自己和产生它的显现之物，而这种感受不过是表象。[162] 因此必须说，表象是动物的一种能呈现自身和他物的感受。比如，安提奥库声称，当我们观看某物，我们的视觉器官处于某种状态，但它并非等同于我们观看之前所具有的那种状态。因此，根据这种变更，我们把握两种东西：一是变更本身，也就是表象；二是引起变更的东西，即所观看的对象。对于其他感官同样如此。[163] 正像光既显示自己也显示光域中的万物，表象也是如此，作为动物认知的出发点（*archêgos*），它像光一样，既应当展现（*emphanizein*）自己，也应当能指示出产生它的显明对象。然而，表象并不总是指示为真之物，就像一个糟糕的信使，经常欺骗我们，误报（*diaphônei*）那些差遣他的事情，因此必然得出结论：我们不能把所有表象，而是仅仅把为真的表象，如果有的话，视为真理的标准。[164] 再者，既然不存在这样一种为真的表象以至于它不可能为假，而对于每个似乎为真的表象都可以发现某个高度相似的（*aparallaktos*）为假的表象，那么标准将系于同时包含真假的表象。但同时包含真假的表象是不可理解的，既然是不可理解的，它就不是标准。［165］如果没有任何一种能用来判断的（*kritikês*）表象，理性也就不是标准，因为理性通过表象推证（*anagetai*）。这点是合乎道理的，因为被判断的对象（*krinomenon*）应当首先向人们显现，而离开非理性的感觉无物得以显现，因此非理性的感觉和理性都不是标准。

［166］这些就是卡尔涅亚德针对其他哲学家所提出的反驳，目的在于表明标准的非真实性。然而，当他本人为了生活的引导和幸福的获得而需要某种标准时，实际又不得不为自己编造一套有关这个论题的说法，引入了"可信的"（*pithanên*）表象，以及既是"可信的"又是"不可动摇的"（*aperispastos*）和"仔细验证的"（*diexôdeumenên*）表象。① ［167］这些东西的区别是什么，必须给出简短的解释。表象是某物的表象，即是那种由之而生的东西和那种发生于其中的东西的表象。"由之而生的东西"，比如说，作为外部存在的感觉对象；"发生于其中的东西"，比如说，人。［168］作为这样的东西，它呈现两种情况：一是关乎表象的对象（*to phantaston*），二是关乎获得表象的主体（*ton phantasioumenon*）。在关乎表象的对象方面，表象或是真的或是假的。当它与表象的对象一致时为真，不一致时为假。［169］在关乎获得表象的主体方面，一

① 　这里 *M* 7.166 - 189 行可与 *PH* 1.226 - 231 行对照。

种表象显得为真，一种则并非显得为真。其中，显得为真的表象被卡尔涅亚德派称为"反映"（*emphasis*）、"可信"（*pithanotês*）和"可信的表象"（*pithane phantasia*）。并非显得为真的表象则被命名为"不反映"（*apemphasis*）①、"不可信"和"不可信的表象"。因为既不是那些本身直接显得为假的表象，也不是那些尽管本身为真却没有这样显现给我们的表象，在本性上是能够让我们信服的。[170] 那些明显为假，或并非显得为真的表象，是要被排除的，它们不是标准，不管它们是来自非真实存在的对象，还是来自真实存在的对象，但和这个对象不一致，不符合对象本身，这点正如那个打动厄勒克特拉的来自俄瑞斯忒斯的表象，当他认为她是其中的一个复仇女神时，喊道：

> 走开！你是我的一个复仇女神。②

[171] 在显得为真的表象当中，有一种是昏暗不清的（*amudra*），正像那些或因观察对象小，或因间距大，或因视力弱，从而以混合的、非清晰的方式所获得的表象。而另一种表象，不仅显得为真，而且显得为真的程度极高（*sphodron*）。[172] 其中，那些昏暗不清和松散乏力的（*eklutos*）表象也不会是标准，因为它既不能清晰地指示出自己，也不能清晰地指示出那些产生它的东西，它本性上

---

① 这里"*emphasis*"和"*apemphasis*"很难找到恰当的词汇对译。"*emphasis*"源自动词"*emphainomai*"，指"外部表象""印象""反映"，另源自动词"*emphaimô*"，有"说出""叙述""表达""意义"等意思。本文是指主体所获得的表象似乎与对象一致，显得为真。"*apemphasis*"原意指"不一致""矛盾""荒谬"等，本文则是指表象似乎与对象不一致，显得为假。这里我们结合语境，译为"反映"和"不反映"。

② 欧里庇德斯《俄瑞斯忒斯》（*Orestes*）.264。

无法让我们信服，无法迫使我们给予赞同。[173] 而依据卡尔涅亚德派的说法，那种充分显现的表象才是标准。作为标准它有多种程度〈的可信性〉，随着程度的加强，一种标准比另一种标准具有更为可信的和更为生动的表象形式。[174] 在当下的讨论中，"可信的"（to pithanon）一词有三种意思：第一种是真的且显得为真，第二种是假的但显得为真，第三种是两者兼有［即显得为真但实际或真或假］。因此，标准将是显得为真的表象，这种表象被卡尔涅亚德派称为"可信的"。[175] 但有时碰巧发生它的确是假的这种情况，因此我们有时不得不使用真假兼有的表象。但由于这种情况很少发生，我指的是"模仿"（tes mimoumenês）真东西的表象［即显得为真但实际为假］，因此人们不该不相信多数情况下为真的表象，因为事实上判断和行动恰恰是由多数情况下为真的表象来校准的（kanonithesthai）。

这就是按卡尔涅亚德派所说的第一位的和一般意义上的标准。[176] 既然没有任何一种表象是单一形式的（monoeidês），而是像锁链一样环环相扣，因此就要加上第二个标准——"既是可信的又是不可动摇的表象"。比如，有人获得一个人的表象，他必然获得这个人本身和外部存在物的表象。[177] 关于这个人本身的表象，有肤色、身高、体态、运动、言谈、衣服和脚上穿戴；至于外部存在物的表象，有空气、阳光、时间、天空、大地、朋友及所有其他东西。一旦这些表象中没有任何一种由于显得为假而使我们摇摆不定（perielkêi），而是所有共同一致地显现为真，则我们的相信程度就会更高。[178] 因为我们由归属于某人的所有习惯特征

（*ta eiôthota*）——肤色、身高、体态、对话、外衣以及他所处于的那个无人与之相比的场所，相信此人就是苏格拉底。［179］正像有些医生，并非仅仅通过一个症状来诊断真正的发烧，如心跳过速或体温极高，而是通过各种病征的汇集（*ek sundromês*），如心跳过速，同时体温极高、触觉酸疼、肤色潮红、口干舌燥以及其他类似的症状。因此，学园派也是通过表象的汇集做出为真的判断，如果在所汇聚的表象中无一为假从而使他动摇分心（*perispôsês*），那么他就会说打动他的表象（*to prospipton*）是真的。［180］"不可动摇性"（*aperispastos*）乃是能产生可信的表象的汇集（*sundromê*），这点从墨涅拉俄斯（Menelaus）的事例来看是显而易见的。当他把那个被当作海伦从特洛伊带走的海伦的幻影留在了船上，踏上法洛斯岛（Pharos）之后，他看到了真海伦，尽管他得到了真海伦的表象，但他并不相信这个表象，因为他被另一个表象动摇分心（*perispasthai*），根据这个表象，他知道他已把海伦留在船上。［181］这就是"不可动摇的表象"。它似乎也具有宽泛的程度，由此可以发现一种比另一种更具不可动摇性。

比"不可动摇的表象"更可信的以及最完善的是产生判断的表象。它除了是"不可动摇的"，而且还是"仔细验证的"（*diexôde-umenê*）。［182］这种表象的特征究竟是什么，接下来必须做出解释。至于"不可动摇的表象"，唯一要探究的是在所汇集的表象中应当无一作为假的让我们分心动摇（*perispan*），所有表象应当明显是真的和不是不可信的。在基于"仔细验证的"表象的汇集方面，我们专心、细致地考察每个汇集其中的表象，这点正像在公民大会上所发生的那样，公民仔细考量那些想要做执政官或法官的人，看看他们在执政或判断方面是否值得信任。[183] 在判断这一论题上存在判断者、被判断者和判断由之发生的东西，比如距离、间隔、场所、时间、样式、状态、活动，我们仔细甄别每种东西究竟如何。对于判断者，其视觉是否钝化无力（如果这样是不利于判断的）；对于被判断者，是否太小；对于判断由之发生的东西，空气是否阴郁浑浊；对于距离，是否不够长；对于间隔，是否并非杂乱不清；对于场所，是否不够广袤；对于时间，是否流逝得不够迅速；对于状态，是否没有发现不正常；对于活动，是否不可接受。

[184] 所有这些东西一起形成标准：可信的表象，同时是可信的和不可动摇的表象，此外，同时是可信的、不可动摇的和仔细验证的表象。基于这个原因，正像在日常生活中，当研究微不足道的事情时，我们寻找单一的证据；当研究较大的事情时，我们寻找多个证据；当研究更加重要的事情时，我们基于每个证据与其他证据之间的相互一致性，对之进行详细验证（exetazomen）。因此，卡尔涅亚德派声称，在那些偶然发生的小事上，我们仅仅使用"可信的表象"这一标准。在那些比较重要的事情上，我们使用"不可动摇的表象"。在那些有助于幸福的事情上，则使用"仔细验证的表象"。[185] 此外，正如他们声称，对于不同的事物他们采用不同的表象，因此在不同的环境下他们并非跟随（katakolouthein）同一种表象。他们说，在那些环境条件没有给我们足够的时间去精确

思考的事物上，他们仅仅诉诸"可信的表象"。[186] 比如，某人被敌军追赶，当到达一条壕沟时他获得一种表象，似乎敌军正埋伏在那儿等着他。被这种作为可信的表象所驱动，他避开并逃离了壕沟，因为在他准确地知道那个地方究竟有没有敌人的伏兵之前，他跟着（hepomenos）表象的可信性走。[187] 在那些时间允许对所遭遇的东西做出细致而全面的判断的事情上，他们跟随（hepontai）"可信的"和"仔细验证的"表象。比如，当某人看到在黑暗的屋子里有一团绳索，立即跳了过去，认为这是一条蛇，但当他回头仔细检视真相，发现它是不动的，心里倾向于认为这不是一条蛇。[188] 但他仍然推测，当蛇因冬天的寒冷而被冻僵时也是不动的，他用木棍戳一戳这团东西，于是在他仔细验证打动他的表象之后，肯定显现给他的这个物体是一条蛇为假。再者，如前所述，当我们清楚地看到某物就会赞同它是真的，因为在这之前已经仔细查验过，我们具有完备的感官，我们是在清醒而非睡眠状态下观看的，同时〈我们与那东西之间的〉空气是干净的，距离也恰当，那个打动我们的东西也没有运动，[189] 因此，由于这个原因，这个表象是可信的，我们具有充足的时间去详细检验位于那个场所的被观察的对象。至于"不可动摇的表象"也适合于同样的解释。因为仅当没有任何东西能够祛除（antiperielkein）这种表象的时候，他们才会接受它，正像前面谈到的有关墨涅拉俄斯的事例。

三、怀疑派与学园派的区别①

[220] 某些人说学园派哲学与怀疑论相同。因此，接下来就这一问题进行探讨。

按多数人的说法，存在三个时期的学园，第一个和最老的是柏拉图的学园，第二个和中间的是波莱谟②的学生阿尔克西劳的学园，第三个和新近的是卡尔涅亚德和克利托马库的学园。但有人把菲洛③和查马达斯（Charmidas）④ 的学园填列为第四个，还有人把

---

① 本节译自塞克斯都《皮浪学说概要》第 1 卷第 220－235 行（PH 1.220－235）。依据 R. G. Bury, Sextus Empiricus, Vol. 1：*Outlines of Pyrrhonism*, Loeb Classical Library（London：Heinemann, 1933），从希腊文译出。另外参照了 H. Mutschmann and J. Mau, *Sexti Empirici Opera*, Vol. 1：*Pyrroneion hypotyposeon libros tres continens*（Leipzig：Teubner, 1958）希腊文本校阅。译注参考了以下几种英文译本：B. Mates, *The Skeptic Way*：*Sextus Empiricus's Outlines of Pyrrhonism*（Oxford, 1996）；C. B. Inwood, *Hellenistic Philosophy*：*Introductory Readings*（Hackett, 1988）；C. J. Annas and J. Barnes, *Sextus Empiricus*：*Outlines of Scepticism*（Cambridge, 2000）。

② 波莱谟（约公元前 350 年—前 270/269 年），雅典人，老学园哲学家，色诺克拉底的学生，后继任学园主持。安提奥库认为，波莱谟是老学园时代对柏拉图伦理学和自然哲学进行系统化、理论化阐释的代表人物。

③ 菲洛（约公元前 159 年—前 84 年），拉利萨人，克利托马库的学生，继任学园主持。早期接受卡尔涅亚德的观点，持温和怀疑论立场，参见 Ac. 2.78。后在流放罗马期间著有"罗马书"，放弃并反驳怀疑论。

④ 查马达斯，生平不详，怀疑论学园派的最后一代，对修辞学有较大兴趣。

安提奥库①的学园算作第五个。[221] 让我们从最老的学园开始，看看上述这些哲学与我们的区别之处。

有些人说柏拉图是独断的，有些人说是怀疑的（*aporêtikon*）②，还有些人说他部分是怀疑的，部分是独断的。因为在带有训练性质的对话里③，苏格拉底或以调侃众人或以舌战智者的角色被引入，他们说柏拉图〈的对话〉在这里表现出来的特征是训练性的和怀疑性的，但在以苏格拉底，或蒂迈欧，或其他人物之口严肃表达（*spoudazôn*）的作品中则是独断的。[222] 对那些声称柏拉图是独断的，或部分是独断的而部分是怀疑的人，这里再说什么实属多余，因为他们自己承认柏拉图与我们④存在区别。关于柏拉图是不是纯粹的怀疑论者，我们会在提要⑤那一部分更为详尽地讨论，现在我们在这部概要中针对美诺多图斯（Menodotus）⑥ 和埃奈

---

① 安提奥库（约公元前 130 年—前 68 年），阿斯卡罗（Ascalon）人，学园派菲洛的学生。约公元前 95 年创建自己的学派，他回归"老学园"和漫步派，同时大量吸收斯多亚派的伦理学和认识论思想以矫正旧传统。在亚历山大里亚时期著有《梭苏斯》一书，以回应菲洛的"罗马书"。后在雅典教学，西塞罗于公元前 79 年听过他的演讲。

② "*aporêtikon*"一词的名词为"*aporos*"，动词为"*aporein*"，本义"无路可走"，引申为"犹疑""怀疑""困难""辩难"等。

③ 有古代文献把柏拉图的某些著作归为训练性质的（*gumnastikon*），如《曼诺篇》和《泰阿泰德篇》（参见 DL 3. 49）。"*gumnastikon*"原指"体训的""锻炼的"。

④ 这里的"我们"指皮浪怀疑派。——译者注

⑤ 塞克斯都多次提及的"提要"（*hupomnêma*），但究竟是指哪一部分，是《反学问家》的一部分，还是遗失的著述的一部分，尚不清楚。现代学者倾向于认为是指《反学问家》中的后五卷（*M* 7 - 11）。

⑥ 美诺多图斯来自尼各美狄亚（Nicomedia），公元 2 世纪经验派医生，著有大量哲学著作。

西德谟①（因为他们是这一观点的主要倡导者）进行简短的反驳。当柏拉图表明理念或神意是存在的，或表明有德性的生活比恶的生活更加值得选择的时候，如果他把这些东西作为真实存在予以赞同，那他就持有独断的信念（dogmatizei）；如果他把这些东西作为更具可信性的东西予以肯定，那他就背弃了怀疑论者的特征，因为在可信性或不可信性上他对某种信念做出了有倾向性的选择。由以上所述，这些东西与我们有别是显而易见的。

[223]即便柏拉图的确像某些人所说的那样，在进行训练时以怀疑的方式表达了某些东西，这也不足以使之成为一个怀疑论者。因为一个哪怕仅对一种东西持有独断信念的人，或一个在可信性或不可信性方面倾向于选择一种表象而非另一种表象的人，或一个对非显明之物做出表达的人，本身就有独断论的特征。这点恰如提蒙在他谈论色诺芬尼②的作品中所表明的那样。[224]他在许多段落对色诺芬尼赞誉有加，甚至还把自己的《讽刺诗》（Sillos）献给他，并以挽歌形式表现他，说道：

> 假如我碰巧也有一个充满智慧的心灵，可以同时观看两
> 边。但我还是被邪恶之路欺骗，因我如此年迈，无心任何

------

① 埃奈西德谟（公元前1世纪），克诺索斯（Cnossus）人。他离开学园派，打起皮浪的旗帜，开创了彻底的怀疑论运动，是十大论式的提出者。他的《皮浪派的论证》成为塞克斯都、第欧根尼·拉尔修研究和撰写怀疑论的主要文献来源，此外他对赫拉克利特哲学也表现出极大的兴趣。有关埃奈西德谟文献的最新评注本，参见 R. Polito, Aenesidemus of Cnossus：Testimonia（Cambridge：Cambridge University Press，2014）.

② 色诺芬尼（约公元前570年—前478年），科勒封（Colophon）人，诗人和哲学家，被后代怀疑论者视为其思想先驱。

探究①。

无论我把心灵转向何方，万物归于同一个一②。永恒存在的万物，被从四面八方收回，确立为一个相同的本性。

出于这个原因，他把色诺芬尼说成是"半虚夸的"（*hupatuphon*），因为还没有完全不虚夸。于是他说：

半虚夸的色诺芬尼，荷马骗术的嘲笑者，

形塑了游离于人类之外的神，各方相等，

静止不动，不受伤害，比思想更像是思想③。

称其为"半虚夸的人"，因为他在某些方面不自负；称为"荷马骗术的（*homêrapatês*）嘲笑者"，因为他蔑视荷马惯用的骗人伎俩。[225] 色诺芬尼同其他所有人的既有观念相悖，独断地判定万物是一，神与万物自然地生长在一起④，是球形的、无感受的、不变化的和理性的，由此可以很容易地指出色诺芬尼同我们之间的区别。⑤ 因此，基于以上所述，十分清楚，即使柏拉图在某些事情上犹疑不决，他也不可能是一个怀疑论者，因为有时他似乎表明了非显明之物的真实性，在可信性方面对非显明之物做出了有倾向性的

---

① 即"*skeptosunês*"，这里不译作"怀疑论的"，取其本义"探究的"。

② 即"*eis en tauto*"。"同一个一"，相当于英文 One and the Same，强调一的同质性。

③ 即"*noerôteron êe noêma*"。

④ "生长在一起"（*sunphuô*）一词，由前缀"*sun*"（共同，一起）和动词"*phuô*"（生长）构成。动词"*phuô*"演化出名词"*phusia*"（自然），因此"自然"在希腊语即为"生长"。我们在此译出该词的词源意义，即"自然地"，旨在强调色诺芬尼具有自然神论倾向的观点。

⑤ 作为怀疑派的色诺芬尼问题，可以比较 M 7.49 – 52。

选择。

[226]① 来自新学园派的那些人，即便他们声称一切都是不可理解的，甚至包括"一切都是不可理解的"这句话本身，也是有别于怀疑派的，因为他们对之做出了确切的断言，而怀疑派则希望某些事物是有可能被理解的；另外，他们在对善和恶之物的判断上也明显区别于我们。学园派不像我们那样去说某些东西是善的和恶的，而是充满自信地表明，他们称之为善的东西比与之相反的东西更加可能是善的。恶的东西同样如此。但当我们说某种东西是善的或恶的时，并不是说我们所说的东西就是可信的，而是不持有任何独断信念地（adoxastôs）遵循生活经验，以至于我们不会无所作为。② [227] 再者，我们说表象就其理据（logos）而言，在可信或不可信方面是等效的；他们则声称有些表象是可信的，有些则是不可信的。

在可信的表象（ton pithanon）③ 当中，他们进行了区分。他们认为，有些表象仅仅是可信的（pithanê haplôs），有些表象是可信的和查证了的（periodeumenê），有些表象是可信的、查证了的和不可动摇的。比如，一条绳索随便盘绕在黑暗的屋子一角，对于刚从外面匆忙进来的人来说，由之生成了好像是一条蛇这种"仅仅可信的表象"。[228] 但是对于经过仔细检视和查证有关特征的人来

---

① 这里 PH 1.226－228 三节有关新学园派的怀疑论思想，可比较 M 7.159－189。

② 参见 PH 1.23。

③ 这里，"pithanos"一词的动词形式为 peithô（说服、信服、相信），过去英译常误解为"probable"（可能的）（参见 Loeb 丛书的 Bury 译本），后来基本译为"plausible"（似乎可信的、貌似有理的）。

说，比如它是不动的，具有什么颜色及其他个别特征，基于这些可信的和查证了的表象，它似乎是一条绳索。不可动摇的表象是这样的。据说，赫拉克勒斯在阿尔克斯提斯（Alcestis）死后，把她从冥神哈德斯那里带回并呈现给阿德墨托斯（Admetus），阿德墨托斯曾经获得过关于阿尔克斯提斯的可信的和查证了的表象。他知道她已死去，因而他的心灵迷惑不解，难以确定，倾向于认为（ek-linen）这是不可信的。①［229］因此来自新学园派的那些人，他们倾向于选择可信的和查证了的表象甚于仅仅可信的表象，倾向于选择可信的、验证了的和不可动摇的表象甚于前两者。

即便来自新学园派和怀疑派的人都说他们相信某些东西，两种哲学在这个问题上的区别也是十分明显的。［230］"相信"（to pei-thesthai）一词有不同的意思。一则意味着没有抗拒，只是简单地遵从，无强烈的倾向和意愿，就像一个孩子被说成是相信他的教师那样；有时则意味着伴随某种基于强烈愿望的选择和同感去赞同某个东西，犹如放荡不羁之徒相信奢靡生活的鼓吹者。因此，卡尔涅亚德和克利托马库一派声称，某些东西是可信的，就是说带有强烈倾向地（meta proskliseôs sphodras）相信这些东西；而我们则声称，相信某种东西意味着简单地、无任何意愿地遵从或跟随（eikein），在这个方面我们一定与他们有别。

［231］再者，在有关目的问题上我们有别于新学园派。那些声

---

① 塞克斯都引用的这个例子似乎没有解释"不可动摇的"表象，而解释的是不可信的、犹疑不定的表象。这个例子同样出现在 M 7.254–256。另一个有关墨涅拉俄斯怀疑海伦的表象的相似例子出现在 M 7.180–181。

称归属这一学派的人，把"可信性"原则运用于他们的生活。我们则遵从自己的法律、习俗和自然的感受，从而不持有独断信念地生活。① 如果不是为了概要这一写作目标，关于两者的区别还会谈得更多。

[232] 阿尔克西劳，我们称之为中期学园派的创建人和领头人，〈其观点〉对我来说似乎与皮浪学说具有共同之处，其规训与我们的几乎是一样的。因为我们没有发现他对任何事物的真实性或非真实性做出表明，也没有在可信性或不可信性方面倾向于选择一方甚于另一方，而是对一切东西保持存疑。他说存疑才是目的，宁静随之而来，就像我们所说的那样。[233] 他还说对于某些特殊事物的存疑是好的，对于某些特殊事物的赞同是不好的，但无论怎么说，我们是基于现象给予我们的东西来谈论这些问题的，并非确切地肯定，但他谈论这些问题涉及事物的本性，因为他说存疑本身是好的，赞同本身是不好的。[234] 如果人们应当相信他所谈论的这东西，那么可以说，他表面上显得似乎是一个皮浪派的人，但实质上却是一个独断论者。既然他常用诘难的方法（*aporetikes*）来考验学员，看看他们是否具备获得柏拉图基本信念的良好天分，那么阿尔克西劳似乎是有怀疑倾向的；但对学员中那些天分优异者，他便着手传授柏拉图的学说。因此，阿里斯托②这样谈论他：

---

① 参见 *PH* 1.23-24。

② 阿里斯托（Aristo，约公元前约 320 年—前 240 年），希俄斯人，芝诺的学生，斯多亚派哲学家。其思想被认为是非正统的，受到后继者科律西波的批判。曾与阿尔克西劳论战，捍卫斯多亚派的知识论。

，

柏拉图的头，皮浪的尾，狄奥多罗斯的身子。

尽管他使用了狄奥多罗斯^①的辩证法，然而他却是一个十足的柏拉图主义者。

[235]^② 追随菲洛的人声称，就斯多亚派的标准，即"可理解的表象"而言，事物是不可理解的；就事物自身的本性而言，则是可理解的。另外，安提奥库把斯多亚学说搬进了学园，因此他被说成在学园里做着斯多亚的哲学，因为他试图指出，斯多亚的信念内在于柏拉图的哲学之中。因此，怀疑派的规训与所谓的第四和第五学园派之间的区别是十分明显的。

---

① 狄奥多罗斯（约公元前 350 年—前 283 年），辩证法家（麦加拉派的一个分支），其辩证法受到芝诺和阿尔克西劳的关注，发展了诸如连锁推理、反运动论证等逻辑悖论。
② 有关菲洛和安提奥库的研究，参见 Harold Tarrant，*Scepticism or Platonism?* (Cambridge，1996)。

附录 IV：现代论文

《论学园派》的写作：动机和版本^①

一、导言

研究西塞罗的《论学园派》（*Academica*），即使从历史的视阈出发，也很快会陷入存疑（"*epokhê*"）之中。关于其写作各个阶段的证明材料及其创作的原因杂乱无章又彼此矛盾，并且西塞罗的前后不一有时也让人质疑他的诚意。

---

① 本文译自 Griffin，M.，"The Composition of the *Academica*：Motives and Versions"，in B. Inwood and J. Mansfeld（eds.），*Assent and Argument*（Brill，New York/Leiden，1997），p. 127。

　　然而，西塞罗写作和修改这部著作的时间和步骤，以及他为这一创作活动或真诚或违心地摆出的理由，尚可寻出一些蛛丝马迹。尽管诉诸其他材料过于冗长或分散，因而无法一一列出，但"附录Ⅰ"囊括了我们所掌握的核心事实：《论学园派》各个版本的写作、誊抄和传播，以及西塞罗打算为各版本拟写的标题。并且，我们由此获悉，西塞罗如何陈述《论学园派》与他同期的其他作品之间刻意为之的关系，以及他如何解释自己基于个人和政治生活的写作理由。①

　　这些事实源自西塞罗的书信及其哲学著作。不过，我们目前所能获得的关键材料是他致阿提卡（Atticus）的书信。遗憾的是，此信并未交代公元前 46 年 11 月末至公元前 45 年 3 月 6 日的情况，因而我们难以确定他着手写作最后一系列哲学著作的时间。一些学者②根据《演说家》（Orator）回溯，由于此书显然直到公元前 46 年底才出版③，而西塞罗又在书中谈到"更重要也更有分量"（graviora et maiora）（T22），如果我们将这一短语同"如此重要而卓越"（res tam gravas tamque praeclaras）（DND Ⅰ.7）比较，就会发现它特别暗示了西塞罗哲学著作的写作计划。实际上，布林格曼（Bringmann）在《演说家》的末尾找到了一处明显的线索，表明西塞罗特别用心于《论学园派》中的主题，因为西塞罗在《演说家》的 237 节提到自己坚持"近乎真理"（simillimum veri）的观点，并且允许自己

---

　　① 相关文段用"T"加相应的阿拉伯数字表示，如"T1"；所有的引文收录于"附录Ⅰ"。

　　② 参见 Reid（1885），p. 29 n. 6 和 Bringmann（1971），p. 91。

　　③ *Att.* Ⅻ. 6a. 2 和 *Fam.* Ⅵ. 7. 4。参见 Bringmann（1971），p. 41。

在这个一直讨论的问题上改变想法。① 但一定要记住，西塞罗在此是对布鲁图斯（Brutus）施展策略，他明知自己论辩中的观点是矛盾的，因而他用各种理由强调这些观点仅仅是一种试探。

根据《演说家》所做的推论显示了一种充满希望的猜测，就是说我们会不可避免地考察西塞罗的写作计划和意图。因此，我们继续讨论"在这两个部分"（in utramque partem）展开的一系列问题和难题是适当的。一些"或然的"（*pithanôn*）和"可能的"（probabile）东西也会偶尔被提出来，但即便如此，就连"似真的"（verisimile）东西也往往得不到。

二、为什么西塞罗当初决定写作《论学园派》?

本问题需从三个方面加以探究：首先，找到西塞罗写作此主题的创作目的（这关涉本书与他同期其他著作的关系）；其次，找到他写作的个人原因；最后，找到可能的政治原因。

1. 创作的目的

有学者曾指出，《论学园派》是西塞罗宏大写作计划的一部分，其中的开篇之作应是《霍腾西乌斯》（*Hortensius*），因其具有哲学劝言书的性质。② 相关的证据可以在《论诸神的本性》（*DND* I.9,

---

① 参见 Bringmann（1971），pp. 88 - 89。
② 参见 Philippson（1939），p. 1123 和 Bringmann（1971），pp. 90 - 91。

T25）中找到，西塞罗在此为自己的哲学著作于公元前 45 年突然问世而辩解，并且提到了自己决定如何安排整个哲学著作及其相关联的各部分。布林格曼[①]倾向于认为，这更为清楚地表达了西塞罗在近一年前于《演说家》（*Orat.* 148，T22）中预告过的计划。他指出，西塞罗之后在《论预言》（*Div.* Ⅰ.1 - 3）中梳理自己的哲学著作，第一次将公元前 45 年或前 44 年写成的著作归为一组，因为他清楚地意识到，这一组著作是为自己的同胞开拓的一条通往"高贵学问"（optimae artes）的道路。这一组著作[②]以现在讨论的这部书和《论命运》（*De Fato*）完结，他显然将这些与他后面将列举的其他哲学著作分开，比如政治和修辞作品、劝慰诗或《加图》（*Cato*）和《莱利乌斯》（*Laelius*），尽管其中一些是与此类著作同时创作的。

相反，《论目的》（*Fin.* 1. 2，T24）的证词却与上述写作计划的解读背道而驰，而此证据却更接近西塞罗开始写作《论学园派》本身的时间。正如赫泽尔（Hirzel）指出的，西塞罗认为《霍腾西乌斯》的成功将他带上了写作之路："你本人和其他我认为有鉴赏力的人得到那卷书都如获至宝，这鼓励我从事进一步的各项任务。"（Qui liber, cum et tibi［Bruto］probatus videretur et iis, quos ego posse iudicare arbitrarer, plura suscepi⋯）[③] 虽然他用的"进一步的"（plura）主要是指当时手里的《论目的》，但其话意中也许包

---

① 参见 Bringmann（1971），pp. 90 - 91。

② 指《霍腾西乌斯》、《论学园派》、《论目的》、《图斯库兰辩》、《论诸神的本性》和《论预言》。

③ 参见 Hirzel（1895），p. 504。Glucker（1978，p. 411 n. 40）对此提出异议，但未论证。

含第一版的《论学园派》，因为二者明显都是在公元前 45 年三四月间写作的。①

现在从直接的证词转向创作方面的论证。从某些写作策略看，我们似乎至少应将《卡图鲁斯》（*Catulus*）和《卢库鲁斯》同《霍腾西乌斯》合为一体，因而这证实了上述写作是有统一的计划的。赫泽尔指出，不仅其中的对话者一致，而且他们的特征也没有变化。② 因此，霍腾西乌斯，这位在劝言书中倡导演讲并攻击哲学的人，在《卡图鲁斯》中仅肤浅地解释了安提奥库的学说（根据 *Luc.* 10），并在《卢库鲁斯》的结尾也对哲学多有讽刺；卢库鲁斯在《霍腾西乌斯》[fr. 11 Grilli（1962）]中为历史辩护，而他在《卢库鲁斯》仍然扮演历史学家的角色，他博闻强识，道出一番关于安提奥库的高谈阔论。其中的地点也有明显的联系，因为此三篇对话都发生在三位令人尊敬的发言者的庄园里，《霍腾西乌斯》发生在卢库鲁斯的家里，《卡图鲁斯》发生在他自己的家里，而《卢库鲁斯》发生在霍腾西乌斯的家里；并且，它们在时间上也统一，《霍腾西乌斯》设定在公元前 1 世纪 60 年代末期，而其他两篇设置在公元前 62 年或前 61 年中前后相继的两天（*Luc.*）。这似乎很难

---

① *Att.* XII. 12. 2（T3）是我们了解《论目的》写作情况的首要证据；西塞罗在 *Att.* XII. 23. 2（T4）中询问阿提卡关于公元前 155 年哲学家出使活动一事，这或许是我们得知的关于《论学园派》的首要线索，而信中所询问的执政官的姓名出现在 *Luc.* 137。但对此联系的反驳，参见 Glucker（1978），pp. 411 - 412 n. 40。*Att.* XII. 44. 4（T6）表明《论学园派》完成，*Att.* XIII. 32. 3（T8）说明《论目的》完成。

② 参见 Hirzel（1895），pp. 506 - 508。学界不再主张巴尔布斯（Balbus）是《霍腾西乌斯》中的发言人，因为一些残篇错误地引入了此人的姓名，参见 Reid（1885），p. 31。

不将《霍腾西乌斯》、《卡图鲁斯》和《卢库鲁斯》合为"三部曲"，认为它们一开始就被规划为一个整体。

在布林格曼看来，西塞罗也有意将三部曲本身作为有相同发言人参与的整套对话集的一种导言。这是因为，西塞罗在《卢库鲁斯》(*Luc.* 147，T23)中期盼与相同对话者之后的讨论，这些人物将考察独断哲学中自然哲学和伦理学各观点之间的区别。① 这些预定的主题也很可能暗指《论诸神的本性》和《论目的》。此外，卢库鲁斯回应西塞罗的邀请时称："我们将更频繁地会面，特别是在我图斯库兰的庄园里，探究我们认为合适的问题。"这至少大致上是指卢库鲁斯在图斯库兰的庄园，《论目的》的"第三卷"和"第四卷"中的"斯多亚式的"讨论也都在那里进行②，尽管里德(Reid)注意到这实则暗示了《图斯库兰辩》，并可能提示了《论预言》，它们讨论的场景都位于西塞罗在图斯库兰的庄园。③ 布林格曼称，西塞罗更换了《论学园派》的发言人，仅在这时才放弃了使用相同发言人的想法。

然而，反对布林格曼观点的理由是，西塞罗在创作以霍腾西乌斯、卡图鲁斯和卢库鲁斯为角色的第一版《论学园派》时，就已经忙于写作《论目的》了，其中以另一组去世的贵族为发言人：L. 曼留斯·托夸图斯(L. Manlius Torquatus)、C. 瓦勒里乌斯·特里亚里乌斯(C. Valerius Triarius)、M. 波丘斯·加图(M. Porcius

---

① 参见 Bringmann (1971)，p. 111，p. 137 n. 87。

② 本书设定的剧情时间为公元前 52 年，比三部曲的时间晚十年，此时卢库鲁斯已过世，并且此庄园已归其儿子所有，参见 *Fin.* Ⅲ. 7 - 8。

③ Reid (1885)，p. 347 n. 29.

Cato)、M. 普皮乌斯·毕索（M. Pupius Piso）。① 其实，根据《致阿提卡的信》（*Att*. ⅩⅢ.32.3，T8），当西塞罗正在《卡图鲁斯》和《卢库鲁斯》增加颂辞（eulogistic prooemia）时，就已经完成了《托夸图斯》（*Torquatus*）（第一卷或第一至二卷）——那是在他决定改变《论学园派》中原本的发言者之前。再者，即使根据卢库鲁斯已在 129—141 概括的伦理学分歧判断，《论目的》可以说成是完成了《卢库鲁斯》（*Luc*. 147，T23）中的写作计划，但我们几乎不能声称《论诸神的本性》也同样如此。为了完成此项计划，西塞罗本该立即着手撰写一篇综合性的论著，涵盖卢库鲁斯在《卢库鲁斯》（*Luc*. 117‑126）概述的一系列主题，尤其以此连接上述两篇，而参考《卢库鲁斯》（*Luc*. 147）可知，它一定会探究"自然的暗昧不明"（de obscuritate naturae），从而阐明《卢库鲁斯》（*Luc*. 122）提到的"暗昧不明，恍若深陷黑暗"（occultata et cir-cumfuse tenebris）的"事物的本性"（de natura rerum）。不过，《论诸神的本性》其实仅包括极其有限的自然哲学，并不关涉《卢库鲁斯》提纲中的主题，如物质的基本性质、空虚的存在、地球在宇宙中的位置，以及人类身体和心灵的本性。事实上，西塞罗在《论预言》中回顾自己的著作后，认为《论诸神的本性》以及随后的《论预言》和《论命运》都涵盖了"所有这些问题"（*tota* haec quaestio）（*Div*.2.3）。这让人难以相信这些作品旨在完成《卢库鲁斯》中概述的原本的写作计划。

---

① 一般认为，在世的参与者一如既往地是西塞罗及其家庭成员，还有阿提卡。

从写作主题的论证中能得出更可靠的结论吗？西塞罗计划将《论学园派》作为系列著作中的一部，这一观点通常的理由是，它是有意安排的系列著作中的一部分，服务于其中的一种或多种显著的功能。下面论述其可能具有的两种功能。

(1)《卢库鲁斯》的末尾为依据学园派的原则讨论自然哲学和伦理学做了铺垫，那里将提出独断学派充满矛盾的论证，却不会下结论，而至多根据"或然性"做决定。因此，我们可以认为《论学园派》为全部主要著作定下了批判性的基调。①

为了证明这一点，我们可以引用《论预言》（*Div.* Ⅱ.2）对《论目的》的描述，称该著作主张"我们或许会认识不同哲学家之间针锋相对的观点"，以此来考察本主题及其末尾的"悖论"（*aporia*）（Ⅴ.95-96）。《论预言》本身也有与之相同的结构，可看作"在对立中论证的练习"，其中支持和反对占卜的哲学证明分别以历史经验和怀疑理性为根据，而两者都会引起众人的共鸣。② 再者，《论神性》的结尾③略有提示"或然性"，并指出西塞罗在《论学园派》捍卫通过"正反"（contra omnis et pro omnibus）论证的方法发现真理，又明确将此同他用以阐释当前主题的学述方法（doxographical method）联系起来（DND Ⅰ.11-13）。然而，也有人反对这一观点，认为西塞罗明显将《图斯库兰辩》归入连同两卷本的《论占

---

① 参见 Hirzel (1895)，pp. 135-138 和 Steinmetz (1989)，p. 17 ff. 。

② 有关解释参见 Schofield (1986)，尤其是 pp. 55-61。

③ 参见该书Ⅲ.40，"而在我看来，巴尔布斯的论证仿佛才是真理"（mihi Balbi ［disputatio］ ad veritatis similitudinem videretur esse professior）。

卜》在内的一系列后期作品当中，而该书几乎只能被视为独断论的
著作。尽管布林格曼试图辩称，这篇论著仍然符合《论学园派》的
精神，并未将其推崇的学说呈现为任何一个学派所特有的主张①，
但西塞罗在《论预言》（*Div.* Ⅱ.2）中描述自己的作品时使用了动
词 "*apeuerunt*"（表明）和 "*docet*"（教导），这显示出其中的独断
特征。西塞罗称自己会继续撰写其他独断的伦理学著作②，也说明
了这一点。

(2) 不管功能 "(1)" 是否可信，我们还是可以主张，在西塞
罗的宏伟计划中，《论学园派》代表了哲学的逻辑学（"*logikê*"）
分支。③ 这一点在《卢库鲁斯》（*Luc.* 147，T23）阐述的哲学
的三个领域得以显示，而自然哲学和伦理学是其余的两个领
域。这也得到《论诸神的本性》（*DND* Ⅰ.9，T25）的佐证，
西塞罗把自己的目标确定为处理 "所有哲学" 及其 "所有部分
和成员" 和 "所有问题"，因为没有其他 "理性部分"（pars
rationalis）的明显备选目标呈现出来。④

---

① 参见 Bringmann（1971），pp. 138 - 139，157，169 - 170。哥勒（Görler）很好
地解释了理性批评的贬抑和拥护自己观点的人的鼓励如何与《图斯库兰辩》中对理性反
驳的捍卫统一起来，参见 Görler（1995），pp. 89 - 94。斯泰因梅茨（Steinmetz）反对将
该系列中的一些著作中的批评辩证性和其他作品的特征视为 "密切相关的疗法"（medic-
ina animi），参见 Steinmetz（1989），p. 18。

② 除了 *Div.* Ⅱ.3 提到的《论老年》（*De Senectute*），他还写了《论友谊》（*De
Amicitia*）和《论义务》（*De Officiis*）。

③ 参见 Gawlick & Görler（1994），pp. 1020 - 1021。

④ *Div.* Ⅱ.4 也与此相通，西塞罗在此为自己立下的目标是，摒弃那些拉丁语不
可接近的 "非哲学的领域"（nullum philosophiae locum）。

然而，将作为发言人的西塞罗在《卢库鲁斯》（*Luc.* 147，T23）所表达的观点归于作者西塞罗本人，这可能不对。① 毕竟，发言人建议首先讨论逻辑学分支，最后讨论伦理学，而作者其实并未将自己的伦理学著作留到最后，已经开始（与《论学园派》同时）写作《论目的》了。此外，如上所述，《论诸神的本性》也没有如《卢库鲁斯》所概括的那样回应哲学中的自然哲学分支。

除此之外，这两项对《论学园派》功能的提议都遇到了一个主要的障碍，就是西塞罗在后来的描述中并未将此书确定为关于知识基础的讨论。相反，他强调该书是对某种特殊哲学体系的拥护（"patrocinium"）。② 其实，西塞罗告知我们，该书被解读为他自己观点的陈述（*DND* Ⅰ.6，11—12 和 *Div.* Ⅱ.1）。他自己最清楚的陈述在于《图斯库兰辩》Ⅱ.4，指出《论学园派（书卷）》（*Academici libri*）意在捍卫学园派学说，这是他青睐的哲学体系，并且该书也续写了《霍腾西乌斯》中对哲学的总体辩护。

根据上述所有考虑，我们可以得出相对合理的结论，西塞罗在公元前 46 年夏天只计划撰写"三部曲"《霍腾西乌斯》《卡图鲁斯》《卢库鲁斯》，其中后两本书主要用以回答《霍腾西乌斯》的读者可能会产生的一个明显的疑问：西塞罗本人赞成哪个学派的观点？③

---

① 关于此讨论，有必要大体上将作者和发言人分开，参见本书"附录"中的《西塞罗在〈卢库鲁斯〉中的哲学立场》。

② 参见 Gawlick，Görler（1994），p. 1020。

③ 一些学者主张，西塞罗当时已从安提奥库的立场重新转变为怀疑论；并且他们可能还想补充一点，即西塞罗当时是作为一个信徒写作，以阐述自己重新发现的信念。

《卢库鲁斯》（*Luc.* 61）表明，西塞罗在早期的著作中没有明确指出他自己拥护哪种学说，而这毫无疑问会如卢库鲁斯在此暗示的那样削弱其为哲学辩护的效果。《论学园派》也让西塞罗得以展现用拉丁语写作专业哲学著作的才能，而之前的《霍腾西乌斯》只是一本通俗读物。① 正是《霍腾西乌斯》的成功——或许在公元前46年或前45年冬出版，但几乎可以确定不迟于公元前45年夏——使得西塞罗决定"三部曲"完成后将撰写更多的作品，特别是《论目的》。实际上，关于该书的第一封信《致阿提卡的信》（*Att.* XII. 12.2，T3）就表达了西塞罗对《霍腾西乌斯》成功的感慨，他称自己当时承受了来自同辈的压力，并将这一切都融入自己的哲学著作中。因为，正如布林格曼准确推测出的②，《霍腾西乌斯》一书让这些人意识到西塞罗现在已经不再使用老的对话人——如在《论共和国》（*De Republica*）和《论演说家》（*De Oratore*）中所为——而是转而使用他同时代的人。也许正因为第一部对话录取得了成功，西塞罗才开始将《论学园派》中阐明的方法用于其余系列作品的创作。③ 然而，发言人西塞罗和卢库鲁斯之间一直对话直至《卢库鲁斯》（*Luc.* 147，T23），对此我们不应望文生义地宣称，这就表明作者西塞罗已经清楚构想了一份专门的写作方案，并称其中每本著作都表明了《论学园派》所提倡的批判方法，或者称其涵盖了整个哲学的三大分支。

---

① 阿提卡显然非常关心此事，可参阅 *Att.* XII. 52（T7），而且他还寻求帮助，见 XIII. 21.3（T21）；参见 Lévy（1992），pp. 183-185。

② Bringmann（1971），p. 92.

③ 参见 *Luc.* 147、*DND* I. 11-2、《论目的》和 *Div.* II. 2。

2. 个人的原因

主题和发言人的遴选如何反映西塞罗当时的个人生活和心境的？当西塞罗正在撰写首版《论学园派》时，恺撒赢得了内战：蒙达（Munda）捷报于公元前 45 年 4 月 20 日传到罗马。西塞罗的女儿图利雅于公元前 45 年 2 月中旬去世。在终版《论学园派》和其他地方①，他给出了转向哲学写作的理由：在恺撒独裁统治的新的政治形势下，他需要找到一项有益于国家的高尚活动，以卸下积极的公共事务，同时也帮助他在女儿去世后从中得到慰藉。

有学者根据书中发言人指出，《霍腾西乌斯》《卡图鲁斯》和《卢库鲁斯》这一组最初的三部曲是怀乡之作，西塞罗以此悼念旧时的"贵族派"，就是他的故人和社会同人②，并追忆自己过去的政治角色。其实，由于图利雅在公元前 45 年 2 月的夭折，他的怅然若失之感愈发强烈，因而流露于《霍腾西乌斯》和其他两本著作当中。他的某位友人得知图利雅的亡故而试图安慰他，提起了"卡图鲁斯和那些旧时光"③。利维（Lévy）根据某种理由将《卡图鲁斯》和《霍腾西乌斯》一起描述为"共和时代"（the Republican époque）的悼词（laudatio funelnis）。④

这类观点得到以下事实的佐证，正是凭借三部曲，西塞罗才开

---

① *Ac.* Ⅰ.11 和 *DND* Ⅰ.7，以及 Gawlick，Görler（1994），pp. 1016 – 1019。

② 这是多么理想化的观点，参见公元前 55 年的 *Att.* Ⅴ.2.2。该信中提到西塞罗的邻居霍腾西乌斯来访库迈的家时所遭遇的惊险经历。

③ *Fam.* Ⅸ.15.13。参见 Reid（1885），p. 40。

④ 参见 Lévy（1992），p. 635。

始以亚里士多德的风格出版对话录①，其中设置了同时代的发言人，也包括他自己，而没有像赫拉克利德斯（Heraclides）那样从更久远的过去选取发言人，他本人之前在写《论共和国》和《论演说家》时正效仿了此法。② 西塞罗选择自己参与讨论，对方是他年轻时的首席元老，并最终有机会在正文之前加上对卡图鲁斯和卢库鲁斯的颂词③，而与这些"高贵的人物"（homines nobilissimi）相对的正是他本人，因为自从他执政以来显然将自己安排为元老院的领袖。④ 对话应该设置到卡图鲁斯逝世以前，方可加强效果。在对话里的这些颂词和旁白中，西塞罗不仅褒奖他们的文化成就，还颂扬他们的政治功勋以及他们之间的政治活动。因此，西塞罗和卢库鲁斯就被表现为针锋相对的辩论角色（*Luc.* 63，64）；卢库鲁斯则用以提示西塞罗在公元前 63 年（*Luc.* 63）的政治功绩；而嘲弄保民官（*Luc.* 13，cf. 72，144）则表现出他们都有高尚的贵族之风。西塞罗在《卢库鲁斯》（*Luc.* 125）称自己"一直仰慕一流的人"（semper…studiosus nobilitatis），绝非笑谈。

　　然而，有些学者却质疑这种强调怀旧的观点，其依据的事实是，西塞罗并未坚持使用那一代的人物，两个修订版的《论学园

---

① 《论法律》（*De Legibus*）写于公元前 1 世纪 50 年代晚期，西塞罗在书中使用了同时代的发言人，但该书并未出版。

② *Att.* ⅩⅢ. 19. 3（T16）将此类作品称为"赫拉克利德斯式的"。*Fam.* Ⅰ. 9. 23 中描述《论演说家》时提到了亚里士多德关于演讲的宽泛概念，而未涉及此对话的形成。

③ 参见 *Att.* ⅩⅢ. 32. 2（T8）："我已在这些书里加了新的前言，其中我倍感荣耀地提到每本书。"（nova prohoemia sunt addita, quibus eorum uterque laudatur.）

④ *Att.* Ⅰ. 13. 2。另见 Reid（1885），pp. 39 – 40，其中有关于卡图鲁斯的文段，此人是西塞罗作品中的人物。

派》则是从他同时代的那辈人中挑选角色的。① 当然，这也不能排除怀旧是他的初衷，哪怕这后来对他而言显得没有那么重要了；尽管如此，却不必坚称这就是他唯一的或主要的动机，因为就他改选同时代的发言人一事存在某种不同的解读。他首次和之后的选择都有一个共同之处，就是他们保证西塞罗本人能发言，并且是以执政官的身份，从而确保身份对等。这最后一点在最初的两版中尤其重要，其中其他发言人，如霍腾西乌斯、卡图鲁斯和卢库鲁斯，以及之后的加图和布鲁图斯都是"一流之人"（nobilissimi）。② 其实，这一重要性从一开始就可用以解释西塞罗为首版所拟的剧情时间：他将对话发生的时间设置在公元前 62 年或前 61 年，从而设法以前任执政官的身份出现在卡图鲁斯身边，因为他在公元前 63 年任职，卡图鲁斯逝世于公元前 61 年。为他自己角色的考虑是其改换同时代发言人的主要动机，或者至少是他坚持在之后的修订版中决定如此的原因。这一点从他拒绝阿提卡的提议便可看出，当时后者建议让科塔（Cotta）扮演与瓦罗（Varro）相对立的怀疑论学园派的发言人，参见《致阿提卡的信》（*Att.* ⅩⅢ.19.3，T16）。西塞罗的困难在于，科塔逝世于公元前 74 年或前 73 年，这样他就只能以初等元老的身份与科塔一同出场，而他在三个版本中都是前任执政官。事实上，西塞罗在《论诸神的本性》中将时间设为科塔去世前三年左右，

① 关于这两次修订，参考本文"第三节"。

② 无论从任何标准衡量"一流"或"高贵"（nobilis），此五人都堪当此名，因为他们都是执政官的后裔。瓦罗如何虚夸自己是执政官泰伦提·瓦罗尼（Terentii Varrones）的后代，参见塞尔维乌斯（Servius）的《致埃涅阿斯》（*Ad Aeneid*）Ⅸ.743，但西塞罗都拒不承认，参见 *Att.* ⅩⅢ.13.1–2（T12）。

他本人其实是"一声不吭的角色"（*kôphon prosôpon*）；要是采纳了阿提卡的建议，那么此人的发言都会出现在《论学园派》中。①

此外，就这种"动机论"来看，西塞罗对主题的选择可能与他使用同时代发言人的决定相关。这是因为，他在《论学园派》中不仅力图首先公开宣讲自己的哲学倾向，而且如我们所言，他打算用自己的话表达出来。② 并且，他在实践中运用棘手的主题来显示自己堪当专业哲学家的资格，为他自己，也为年轻的一代人就得塑造出训导者的新角色。③ 这种强调自我展现的做法可以见于公元前46年的著作，如《布鲁图斯》和《演说家》，西塞罗在此尽心地彰显自己的学识，庆贺自己的成功，以便为自己的判断和劝导增添筹码。

在《论学园派》首版中，确切地说在《卢库鲁斯》当中④，也可能在《卡图鲁斯》中，西塞罗确实描述了他自己年轻时发生的事情，以开启哲学讨论，这也符合他强调自己的做法。此事件是过去菲洛（Philo）和安提奥库之间的争论，这持续了很多年，而西塞罗这些年一直没有写过这方面的东西。在公元前88年，西塞罗听了菲洛所做的演讲，其内容出自此人的"罗马书"⑤；在安提奥库

---

① 里德正确地看到，反对意见不能针对这两位怀疑派发言人，因为他们都出现在《卡图鲁斯》中，参见 Reid（1885），p. 34。

② 在 *Luc.* 64 - 65 中，西塞罗将自己和卢库鲁斯设定为两位各执己见的演说者，并且宣布他会首先捍卫自己的反驳意见——正如他在《为苏拉辩护》（*Pro Sulla*）的演讲中的所作所为。

③ *DND* Ⅰ.8、*Div.* Ⅱ.4 fin. 和 *Off.* Ⅰ.1.4。

④ 即 *Luc.* 11，12，18。

⑤ 参见 *Ac.* Ⅰ.13、cf. *Luc.* 11 - 12 和 *Brut.* 306。

于公元前 1 世纪 90 年代转向独断论之后，西塞罗于公元前 79 年在雅典聆听了这位哲学家的教诲。① 西塞罗挑选首版中的发言人时似乎心里想着这场争论：卡图鲁斯被安排来报告其父亲对于"罗马书"的反应（*Luc.* 12，18），这是事实，或者至少是行得通的虚构②，而卢库鲁斯在亚历山大里亚获知安提奥库对"罗马书"充满敌意。

然而，我们必须承认，这种实际承认菲洛作为修正者的观点似乎提不起西塞罗的哲学兴趣，哪怕在该书的第一版当中。这是因为，该版的现存部分，即《卢库鲁斯》，尽管其中清楚指明卡图鲁斯批评了菲洛在"罗马书"中的观点（*Luc.* 11，12，18），但安提奥库对此的批评被刻意排除在亚历山大里亚的讨论解释之外："然而，我们还是放过菲洛吧。"（*Luc.* 12）"安提奥库"得用来对抗更为极端的对手，即阿尔克西劳（Arcesilaus）和卡尔涅亚德（Carneades），这正是卢库鲁斯所要阐释的内容。并且，事实上，菲洛一直扮演拥护怀疑论学园派的角色③，西塞罗明确表示他所解释的怀疑论就是菲洛的——这显然就是"前罗马书"的观点（*Luc.* 69）。④ 由于西塞罗在终版里变更了发言人，对菲洛哲学创新的处

---

① 见 *Brut.* 315。

② 里德认为，这在时间上是说得通的，参见 Reid（1885），pp. 42，59 – 60；但是，他却忽略了 *Ac.* I . 13 的暗示："罗马书"作为演讲内容在罗马发表时，西塞罗是在公元前 88 年听到的（*Brut.* 308）。

③ 比较 *DND* I . 17 中的"从菲洛那里学到了：什么都认识不了"。（ab eodem Philone nihil scire didicistis.）

④ 参见 Lévy（1992），p. 196。

理就会被削减，或者甚至被抛弃①，当然西塞罗也在引言里浮光掠影地提过"罗马书"，以便邀请瓦罗解释安提奥库的观点（*Ac.* 1.13）。更具说明性的证据就是，西塞罗在致瓦罗的献词（*Fam.* Ⅸ.8）中称，他本人承担"菲洛的部分"（partes Philonis），因为从此版现存的部分可知，他受邀发言，表示"对阿尔克西劳哲学创新的支持"，并且论证从柏拉图以来学园的怀疑论从未断绝（*Ac.* Ⅰ.43—46）。这些残篇占有太多《论学园派（后篇）》（*Academica Posteriora*）的东西，因而看不出一丝菲洛"罗马书"中的观点。②

3. 可能的政治原因

难道西塞罗创作《论学园派》是以某种更具体的方式影射当时的政治形势吗？该书是在政治上反对独裁者恺撒，就是利维在其相关研究专著中所提出的那种观点吗？③

利维认为，西塞罗确确实实在《论诸神的本性》（*DND* Ⅰ.7）中把独裁政体的出现同自己为满足共和国的需要所进行的哲学著述联系起来，并在《论义务》（*Off.* 1.26）将恺撒对"皇位"（principatus）的觊觎同"恐惧"（temeritas）和"谬见"（error opinionis）

---

① 参见 Glucker（1978），pp. 414 – 415。

② 我们没有理由认为，西塞罗在终版的第一卷中就提到了菲洛的创新，那时他正在瓦罗所中断处接续学园派的历史，例如普拉斯贝格（Plasberg, 1922）也持有相同的观点；里德提出了更为合理的意见，即西塞罗以安提奥库所创立的"老学园派"结尾，参见 Reid（1885），p. 168。

③ 参见 Lévy（1992），pp. 121 – 124，630 – 635。

勾连起来。这最后一点表明，西塞罗现在之所以希望自己的学园派怀疑论在大众间流行（他从年轻时起就一直忠于此主义），正是要以此广开言路，激起反对权威主义和独断论的观点。利维便是如此论证的。

其实，《论义务》（*De Officiis*）中的文段本身并不特别表示，就怀疑论学园派的标准而言恺撒犯了错，因为"恐惧"和"谬误"也遭到了独断哲学家的抨击。因此，瓦罗在终版《论学园派》里称，芝诺将"错误、鲁莽、无知、意见、假想"（errorem…et temeritatem et ignorantiam et opinationem et suspicionem，*Ac.* Ⅰ. 42）排除在德性和智慧之外。

此外，利维本人认为，罗马的氛围实则促成了菲洛转向更独断的立场，也导致西塞罗青睐常识而厌恶宗派之争。另外的观点是，西塞罗在阿尔克西劳的怀疑论中发掘出了罗马共和国的精神，但这两种观点恐怕很难调和。事实上，其他学者指出，西塞罗的《论共和国》就展现了罗马共和国政体的共商和谐的发展状况，而与波利比乌斯（Polybius）描述的相互攻讦的政体相对立。①

值得注意的是，西塞罗也或多或少找到了适于讨论罗马政治问题的更独断的方式：他在《论法律》（*De Legibus*）中确实将新学园派放在一边，而接纳了斯多亚学派的自然法观点（Ⅰ. 39）。②

---

① 参见 Ferrary（1984）和 Lintott（1996），pp. 80–84。

② 西塞罗后来在《论预言》所表达的观点部分解释了此说法。他在那里指出，我们更适合向政治家而非哲学家请教政治观念，因为哲学家适于专研伦理学（Ⅱ. 10–12）。

在之后数年间，正是斯多亚派的加图支持西塞罗，成为反抗独裁统治的伟大英雄，正如他反对君主专制一般。西塞罗在写作《论学园派》之前就已于公元前 46 年完成了《斯多亚的悖论》（*Paradoxa Stoicorum*）和《加图》，两本书都表达了对加图的崇敬之情，后一本也确实将其称颂为自由斗士。并且，在《致友人之信》（*Fam.* Ⅸ.17.2），于公元前 46 年 8 月或 9 月致帕披里乌斯·帕伊图斯（Papirius Paetus）的信中，西塞罗一改往日的决定，以真正的"勇士和哲学家"（vir fortis et philoso-phus）的姿态活下去，并接受来自独裁者的恩赐，而未将活命视为"最美"（pulcherrimum）之事，这显然暗指加图的反抗和自戕。①

有学者指出，尽管西塞罗在公元前 46 年之后确实对恺撒更怀有敌意，但在他写作和修改《论学园派》期间应对这位独裁者也游刃有余。尤其在写作方面，5 月，就是在该书首版临近完成之时，他还起草文书建言恺撒（*Att.* Ⅻ.40），并在本月晚些时候，在首版送往阿提卡之后，他还在为如何足够委婉而不唐突地奉承恺撒发愁（*Att.* Ⅻ.27）。在 6 月 29 日，即《论学园派》的终版完成之后，他还派自己的助理奥庇乌斯（Oppius）和巴尔布斯（Balbus）将《为利伽瑞乌斯辩护》（*Pro Ligario*）的复本呈献恺撒（*Att.* Ⅻ.19.2）。在公元前 45 年 8 月，瓦罗收到该书的终稿，西塞罗还写了一封措辞老练的信寄与恺撒，信中谈到了后者的《驳加图》（*Anticato*），另外

---

① 参见 Graff（1963），p. 134 n. 28。

又向阿提卡抱怨，称自己反对这样你来我往的写作（*Att.* ⅩⅢ.51）。到了公元前 45 年 12 月，他才打算出任占卜官以示合作，说"一切都为了消停的生活"（*Att.* ⅩⅢ.42.3）。西塞罗不可能是把《论学园派》当作煽动言论的典型著作来写的。他在这一时期表现得克制（或者懦弱），甚至一直持续到恺撒死后一段时间①，这就在一定程度上解释了他直到最后才攻击（特别是在《论义务》中）恺撒的原因。

三、为什么西塞罗更改最初的写作计划?

1. 第一次更改

《致阿提卡的信》（*Epistulae ad Atticum*）道出了西塞罗更改首版《论学园派》中发言人的原因，其中最初的发言人本来是卡图鲁斯、卢库鲁斯和霍腾西乌斯，而这批人已不再适于艰涩的哲学主题了。② 这是很有道理的，因为《论取材》（*Inv.* Ⅰ.20）表明，西塞罗从最早开始就敏锐地注意到发言人必须同主题相适应。这一解释西塞罗改动发言人真正原因的观点也得到了一篇具有辩护性质的序言的证明，而该序言就加在《卢库鲁斯》当中（*Luc.* 7）。如《致阿提卡的信》（*Att.* ⅩⅢ.16，T14）所揭示的，甚至

---

① 朗讨论了关于恺撒之死的未成文对话，以及西塞罗担心安东尼对现已佚失的《论荣誉》（*De Gloria*）的不满，参见 Long（1995），pp. 222 - 223。

② 参见 *Att.* ⅩⅢ.12.3（T11）、ⅩⅢ.16.1（T14）和ⅩⅢ.19.5（T16）。

在阿提卡敦促他为瓦罗安排一个对话角色之前，他就已经用博学的加图和布鲁图斯替换了这些角色，这也是他不满意最初发言人的一种表现。

西塞罗在《致阿提卡的信》（*Att.* XIII.12.3，T11）首次提到改变发言人，称自己会为卡图鲁斯和卢库鲁斯在其他地方安排一个角色，大致上就是在其他著作中使用这些人物，这就让我们好奇他是否对那些人极不满意。而且，就在同一封信前边，西塞罗还称卡图鲁斯和卢库鲁斯"并非学者"（nullo modo philologi），这就可能表示他承诺会对他们做一番修改，就是说会在既不太学术又不太专业的地方使用他们。

2. 第二次更改

就在西塞罗用加图和布鲁图斯替换卡图鲁斯、卢库鲁斯和霍腾西乌斯的这两天，他又将发言人变成了瓦罗。他在信中做了解释，称将加图和布鲁图斯换为瓦罗是因为受到了来自阿提卡的压力，此人强调瓦罗渴望在西塞罗的书中现身。① 西塞罗确实准备应对这一压力，因为他夸赞阿提卡，相信他找到了解决发言人不当问题的办法。因此，他一开始就在致阿提卡的信中谈到了这一点，参见《致阿提卡的信》（*Att.* XIII.12.3，T11），甚至在后来的信件文段中（*Att.* XIII.19.5，T16），似乎他把书名直接从"卡图鲁斯"和"卢库鲁斯"改为了"瓦罗"。② 不过，在这两封信之间，他还写了另一

---

① 参见 *Att.* XIII.12.3（T11）、XIII.13.1（T12）和 XIII.16（T14）。
② 比较 *Att.* XIII.13.1（T12）。

封信，表示自己已经找到了解决方法，就是把人物替换为加图和布鲁图斯。①

但是，这就让人怀疑阿提卡的要求是否足以解释西塞罗的改动。这是因为，西塞罗本人说过，他将此书由两卷改为四卷，并完善了结构（"meliora, multa detracta"），扩充了主题（"grandiores"），却又让论证更为简练（"breviora"）。② 那么，这就证实了相关的修改一定在当时就已经进行了，特别是为了瓦罗这一版，因为西塞罗称就第一次改动而言，他将"同样的对话"（eosdem illos sermones）从首版的发言人转移到了加图和布鲁图斯身上。③ 那么，阿提卡坚持要求西塞罗使用瓦罗作为发言人还有可能完全解释该书终版问世的原因吗？

事实上，针对此反驳有一种回答：这些改动是顺理成章的（consequential）。西塞罗其实在第二封关于瓦罗的信中才提到此事（Att. ⅩⅢ. 13.1，T12），并且他如此变动是因为担心瓦罗的要求太过严苛。他也希望平息瓦罗的不满，他的担忧确实有缘由。他有所顾虑，并对阿提卡一再暗示和口头承诺④，毫无疑问他最终明确提出要用特别昂贵的书写材料来制作瓦罗版，"我经常想象着他在这事上对我的抱怨，说我在书中的一方得到的辩护要比他那一方的充

① 参见 Att. ⅩⅢ.16.1（T14）中的"我一回来，旋即将同样的对话转移到加图和布鲁图斯上。当时，我又收闻你关于瓦罗的来信"。（simul ac veni ad villam eosdem illos sermones ad Catonem Brutumqu transtuli. ecce tuae litterae de Varrone. ）

② 见 Att. ⅩⅢ.13（T12）。

③ 参见 Att. ⅩⅢ.16.1（T14）。对"将同样的对话转移到加图和布鲁图斯上"一语的充分讨论，见于本文"第三节 2"。

④ 参见 Att. ⅩⅢ.18.2（T15）、ⅩⅢ.19.5（T16）和 ⅩⅢ.22.1（T18）。

分，尽管我保证……事实并非如此"，参见《致阿提卡的信》（*Att.*
XIII.25.3，T19）。此外，阿提卡知道最后的总是最强的①，西塞罗
也明白，不过显得有些尴尬，因为他早先就对此暗示过："引入这
样一个角色（瓦罗），免得我看起来在抬高自己。因为安提奥库的
观点很有说服力，我也真心实意地将它们阐释；这种阐释也如同这
位原创者那样细致，也有我自己娴熟的文风……"② 西塞罗为了稳
住瓦罗，才克服重重困难，将他安排进书里。

四、重构早期版本的问题

学者们在这种重构工作中投入了大量的精力，这样的重建不可
能完全客观，也是收效甚微的。因此，我仅限于讨论一些与第一版
有关的问题，而这鲜有学者注意；我还会处理加图和布鲁图斯版的
问题，这也似乎没有引起学界应有的关注。

1. 佚失的《卡图鲁斯》

先重申已知的事实，如下：

该卷书冠以"卡图鲁斯"之名，参见《致阿提卡的信》（*Att.*
XIII.32.3，T8）和《雄辩术原理》（*lnst.* III.6.64）。

对话的场景是卡图鲁斯位于那不勒斯海湾的庄园，有可能是在

---

① 比较公元前 60 年的 *Att.* II.3.3。

② 参见 *Att.* XIII.19.5（T16）。

库迈的庄园（*Luc.* 9，80）。①

西塞罗在海滨的阿斯杜拉（Astura）写作此卷（*Att.* Ⅻ.
19.1），首版的"两篇散论"（duo magna *suntâgmata*）在 5 月中旬
完成，参见《致阿提卡的信》（*Att.* Ⅻ.44，T6）。

对话发生的时间是公元前 62 年或前 61 年上半年②，就在西塞
罗任执政官的那年秋天喀提林阴谋揭发之后（*Luc.* 62），在卡图鲁
斯逝世之前（*Att.* Ⅰ.16.5，Ⅰ.20.3）。

该卷完整版的前言是致卡图鲁斯的开篇颂词，参见《致阿提卡
的信》（*Att.* ⅩⅢ.32.3，T8）。

其中的发言人包括卡图鲁斯（*Luc.* 11，12，18）、霍腾西乌斯
（*Luc.* 10，28）和西塞罗（*Luc.* 13，22，79）。卢库鲁斯也在场
（*Luc.* 9）。虽然里德和利维认为此人并未发言③，但根据《卢库鲁
斯》（*Luc.* 10）的暗示可知，卢库鲁斯在前一天的讨论中承诺过如

---

① *Luc.* 80 称，"从这里一直眺望，我可以看卡图鲁斯在库迈的宅院，却看不到他
在庞贝的那个……"（Ego Catuli Cumanum ex hoc loco cerno et e regione video, Pompeia-
num non cerno…）所谓的"庞贝的"通常指的就是第二所配套庄园，虽然未经证实，但
属于卡图鲁斯。但是，达姆斯（D'Arms）指出，发言人西塞罗指的是他自己在庞贝的
家，而这已在 *Luc.* 9 提到过，参见 D'Arms（1970），pp. 188－189。该处的拉丁文或许
艰涩，也未必不可读。无论如何，一些学者主张这两处庄园都归卡图鲁斯所有，参见
Reid（1885），p. 46；Plasberg（1922）；Lévy（1992），pp. 155－156，他们都赞成《卡
图鲁斯》的场景在"库迈"，大致上是因为该处距离《卢库鲁斯》的场景博利（Bauli）
更近。因此，该地也与 *Luc.* 9 的汇报更相符，即三位发言人在当日稍早时就已抵达，是
从库迈其中一处庄园到另一处的；并且他们之所以如此刻意安排，是为了方便其中两位
当日晚些时候赶赴自己的庄园，卢库鲁斯去往那不勒斯，而西塞罗去往庞贝。这似乎暗
示，从卡图鲁斯的庄园到博利的旅程短，而西塞罗接下来的旅程远。

② 参见 Bringmann（1971），p. 113。

③ 参见 Reid（1885），p. 46 和 Lévy（1992），p. 192 n. 33。

此。这必定说明，卢库鲁斯在《卡图鲁斯》中至少允诺自己会报告安提奥库的传闻，也许就在该对话的末尾。①

卡图鲁斯引述他父亲对菲洛"罗马书"的反驳意见：他显然说过，菲洛否认学园派坚持过通常归于阿尔克西劳和卡尔涅亚德的怀疑论立场，这是在撒谎（*Luc.* 18, cf. 12）。其中一些反驳理由同于安提奥库在《梭苏斯》（*Sosus*）对菲洛的驳斥（*Luc.* 12）；霍腾西乌斯不太专业地讨论了安提奥库的观点（*Luc.* 10, cf. 28）；西塞罗为怀疑派做论证（*Luc.* 61-3），引用了前苏格拉底哲学家的观点来佐证（*Luc.* 13-4, 72）；他也批判感官的可靠性，其程度超过了自己主题论证的必要（"non necessaria loco"，*Luc.* 79），并引入了拉丁语新词以相应地替换希腊语的专业术语（*Luc.* 17）。

那么，根据上述事实，可以做出以下推论：

（1）这卷对话很可能没有献词，因为其中的标题、附加的颂词、场景和时间都表明，没有什么可以减损对卡图鲁斯的颂扬；何况他那时已经去世了，不能成为其同名作品的献词对象，如同布鲁图斯在《布鲁图斯》中受到的献词那样。

（2）此卷的标题表明，卡图鲁斯被设定为两个主要对话人中的一位（我们可以猜测，另一位是西塞罗），类似于题为《霍腾西乌斯》的这一相关对话。因为《论目的》（*Fin.* I.2）描述《霍

---

① 此观点见于 Plasberg（1922），xiii 和 Philippson（1939），p. 1131。格鲁克（Glucker）似乎为卢库鲁斯设想了一个相当可观的角色情景，参见 Glucker（1978），p. 419。

腾西乌斯》称，"我在此书中捍卫并称赞哲学，就在它遭到霍腾西乌斯尖刻的抨击之际"①。这是容易理解的——正因为我们也从残卷中知晓卢库鲁斯和卡图鲁斯都是参与者②，所以霍腾西乌斯和西塞罗两位也都是主要发言人。因此，在此系列接下来的对话中，其标题就表示了其中主要的某位对话人。③

（3）关于发言人的出场次序，从对话的场景或许能窥知一二，但其实只能凭此得到不确定的结论。西塞罗对话集都有相同的模式，年长的政治家受到亲友的邀请做客家中，而邀请人通常是年轻的人。这都发生在《论共和国》、《论法律》（尽管阿提卡确实不比西塞罗年轻）、《论演说家》、《布鲁图斯》、《论目的》、《论诸神的本性》、《论预言》、《论老年》（De Senectute）和《论友谊》（De Amicitia）（这些所有对话既有戏剧性的，也有报告性的）。大多数情况下，受邀人都是被连哄带骗发言的，例如《论共和国》中的西庇阿（Scipio）、《论法律》中的西塞罗、《论演说家》中的克拉苏（Crassus）、《布鲁图斯》中的西塞罗、《论老年》中的老加图，以及《论友谊》中的 Q. 穆修斯·斯伽沃拉（Q. Mucius Scaevola）和如其自己所说的莱利乌斯（Laelius）。由此，我们推知，在《卡图鲁斯》中，卡图鲁斯经过开场的寒暄之后便第一个发言。

---

① 该句的原文是 "eo libro quo philosophia a nobis defensa et collaudata est，cum esset accusata et vituperata ab Hortensia."。

② 参见《霍腾西乌斯》（残篇）11（Lucullus）和 21（Catulus），Grilli（1962）。比较 Luc. 61，卢库鲁斯在该处称西塞罗在《霍腾西乌斯》中有力地驳斥了霍腾西乌斯。

③ 但是，没有证据支持卡图鲁斯是两位主要发言人之一的结论，因为对话的场景在卡图鲁斯的家中，正如《霍腾西乌斯》设定在卢库鲁斯的庄园里，而《卢库鲁斯》又被设定在霍腾西乌斯的家里，霍腾西乌斯仅在对话中扮演次要的角色。

　　然而，这一模式也有例外，这对我们推测该情况有所启发。因此，《论目的》第一卷发生在西塞罗的庄园里，西塞罗应托夸图斯和特里亚里乌斯之请发言，但他简短陈述了对伊壁鸠鲁学说的反对意见后，一直到第二卷才进行主要的发言。《论诸神的本性》发生在科塔的家里，科塔劝伊壁鸠鲁派的威莱乌斯（Velleius）第一个发言（Ⅰ.17），因为如科塔暗示的（Ⅰ.57），他总是做一番否定性的演说，什么肯定的话都没说。《论预言》的场景是西塞罗的庄园，奎图斯（Quintus）引发了有关《论诸神的本性》的话题，并做开场发言（Ⅰ.8–11）。

　　在上述所有情况下，对话发生在谁的家中，谁就坚持怀疑论学园派的立场，而接受他人的反驳。事实上，在《论诸神的本性》中，西塞罗用科塔表明了此人的哲学怀疑论与发言的次序有联系。我们也许可以凭此认为，卡图鲁斯最后发言，而非首个发言。但是，西塞罗也明确表示《论诸神的本性》中发言人的次序是一种例外，他让这个首位发言人道歉，因为他在本该聆听别人的时候发言了（Ⅱ.56）。此外，在《卡图鲁斯》中，西塞罗担任反驳论证的角色，在最后发言。《卡图鲁斯》还有另外一处需要注意的，就是与书同名的人物或许第一个发言。既然卡图鲁斯显然讨论了他父亲关于菲洛"罗马书"的观点（*Luc.*11，12，18），我们自然可以推测这就是整篇对话的引子。同样地，在《卢库鲁斯》中，卢库鲁斯发表了一番适宜的开场白，回忆了安提奥库和赫拉克利特（Heraclitus）之间的讨论（*Luc.*11）。无独有偶，西塞罗也以谈论历史事件作为《论共和国》和《论演说家》开篇，其中他也赞颂了他所崇敬的伟大人物。因此，在那里，以讲述历史作为开场白是对老卡图鲁斯的纪念，因为他在批评菲洛之后不久便遭到苏拉（Sulla）的放逐而身亡。这也有助于提升小卡图鲁斯作为发言人的哲学资质，大抵在序言中就已经强调了这一点，因为他重述了含有自己父亲的对话，由此完全表明在小卡图鲁斯身后的就是老卡图鲁斯。事实上，《卢库鲁斯》（*Luc.* 148）的结尾暗示，卡图鲁斯确实克制自己提到《卡图鲁斯》中他父亲的观点，因为他被要求谈谈自己的观点，并称自己打算返回到父亲的观点上去。［有一个暗示，就在对话间歇，他反而微妙地赞美卢库鲁斯的雄辩，并对此深表敬意，参见《卢库鲁斯》（*Luc.* 63）。］①

总的来说，里德认为卡图鲁斯首先发表重要讲话，而西塞罗最后发言，这一观点值得强调。于是，霍腾西乌斯就会在对话中场发言。里德还比较正确地指出，霍腾西乌斯的挑战——在《卢库鲁斯》（*Luc.* 28）有所暗示——在最后一版的瓦罗阐述中被删减（除非是在后来的书中保留），因为不像霍腾西乌斯，他是第一个发言的。② 在《卡图鲁斯》中，霍腾西乌斯会从总体上辩护安提奥库的观点，也许会像瓦罗在终版中所做的那样强调历史，并会留下更晦涩的材料，交由卢库鲁斯处理（*Luc.* 10）。卢库鲁斯也许诺在《卡图鲁斯》中紧接着他发言。

---

① 对话中透露出文雅之气（urbanity），一部分是因为各发言人之间相互尊重。因此，*Luc.* 61 称霍腾西乌斯在《霍腾西乌斯》中遭到西塞罗的驳斥，而在 *Luc.* 64 西塞罗便承认自己一直受到卢库鲁斯权威的影响，直到卡图鲁斯的介入。

② 参见 Reid（1885），pp. 42–46。关于 *Luc.* 28 的观点，见于 p. 44。

2. 中间版本：存在和发言人

西塞罗仅在公元前某年 6 月 26 日致阿提卡的书信中提到过这个版本一次（*Att.* Ⅷ.16，T14）。在信中，他解释首版的发言人，如卡图鲁斯、卢库鲁斯和霍腾西乌斯不合适，并写道："我一回来，旋即将同样的对话转移到加图和布鲁图斯上"。虽然该版仅存在了两年或三年的时间，西塞罗从 6 月 21 日到 23 日收到阿提卡的来信，并决定再次更改发言人①，他在此使用动词转换（"transfero"）来表示转换的过程，并且他在后来写信告诉阿提卡有关瓦罗版的更替情况时，也同样使用了这个词（*Att.* Ⅷ.12.3，T11）。这必定表示某种行为，而非一种尚在酝酿中的计划或者想法。此外，他也用了"transtuli"，即上述动词的完成时，如此措辞正表明终版确实完成了角色转移。由此，中间版本也必定成形，若非下笔，至少也在考虑当中。②

至于不同角色的分派情况，我们所能掌握的直接证据就是《致阿提卡的信》（*Att.* Ⅷ.16.1，T14）中的人名次序，即"这是分派在卡图鲁斯、卢库鲁斯和霍腾西乌斯上的……将对话转移到加图和布鲁图斯上"。（primo fuit Catuli, Luculli, Hortensi; …eosdem illos sermones ad Catonem Brutumque transtuli.）然而，与此相关

---

① 参见 *Att.* Ⅷ.12.3（T11）和 Ⅷ.13.1（T12）。

② 有学者提出此类观点，其依据是阿提卡的信"在处理第二个版本时"（während der Arbeit an dieser zweiten Fassung）到达，由此至少可以推出上述观点，参见 Gawlick, Görler (1994)，p.1038。格鲁克认为，西塞罗仅"随便聊到将角色换为布鲁图斯和加图的想法"，但他为了证明此观点，就必须将 *Att.* Ⅷ.16（T14）提到 Ⅷ.12（T11）之前——然而，从心理学的角度看，公认的顺序非常合理。

的是，他谈到，可能会将布鲁图斯替换为瓦罗（ⅩⅢ.25.3，T19），
"他也拥护安提奥库"[①]。（est enim is quoque Antiochius）

我们能从这些支离破碎的信息中推论出什么呢？当西塞罗在
《致阿提卡的信》（*Att.* ⅩⅢ.16.1，T14）写道，卡图鲁斯、卢库鲁斯
和霍腾西乌斯都用加图和布鲁图斯替换掉了，我们自然会期待人名
的次序反映了改换角色的真实情况。不过，两位发言人又如何换掉
三个人的呢？

赫泽尔根据上述人名次序推测，加图和布鲁图斯换掉了给首版
冠名的两位，因为卡图鲁斯和卢库鲁斯是首版的两位主要发言人；
他认为，霍腾西乌斯的角色被删去了。[②] 布鲁图斯替换卢库鲁斯也
符合西塞罗之后的暗示，就是将布鲁图斯自然而然地换为瓦罗，以
阐释安提奥库的观点（*Att.* ⅩⅢ.25.3，T19）。此外，西塞罗除去霍
腾西乌斯的角色也合情合理，因为后者在以自己冠名的对话（即
《霍腾西乌斯》）中占据了"一整天时间"的篇幅；并且，此人在
《卡图鲁斯》中的发言也可以抹去，他只是对安提奥库的哲学做了

---

　　① 在 ⅩⅢ.13.1（T12）和 ⅩⅢ.18（T15）中，西塞罗据阿提卡的话推测，瓦罗或许羡
慕布鲁图斯成为西塞罗对话中的角色，而此角色已经在《布鲁图斯》中出现过。*Att.* ⅩⅢ.
18.2 有句"他断然不会嫉妒霍腾西乌斯，或者《论共和国》中的发言人"（multo
Hortensium minus aut eos，qui de re publica *loquuntur*），表明西塞罗在此并未考虑将布
鲁图斯作为《论目的》的"接受献书的人"（dedicatee），这与萨克里顿—贝利（Shackle-
ton-Bailey）关于 ⅩⅢ.13.1（T12）的观点不符，尽管这或许表达了瓦罗的态度。之后不
久，瓦罗写文章讨论《论目的》的主题。在 *Ac.* Ⅰ.12，西塞罗借用瓦罗对布鲁图斯的
态度，敦促他以布鲁图斯为榜样，以拉丁语撰写哲学著作。这一段话正好表明，因为布
鲁图斯恪守安提奥库的信念，也致力于希腊哲学拉丁化，所以瓦罗显然会接替他的角色
代表安提奥库在对话中发言。

　　② 参见 Hirzel（1895），p.513 n.2。

通俗的解释，这便预示了卢库鲁斯在第二次对话中会进行彻底的诠释（*Luc.* 10）。大致上，西塞罗会在第一卷回应加图，而在第二卷回应布鲁图斯。他又如何用加图换掉了卡图鲁斯——卡图鲁斯代表怀疑论的学园派，加图几乎只能被描述为独断的斯多亚派，而他本人就是这类人？赫泽尔认为，《卡图鲁斯》整体上比《卢库鲁斯》更通俗易懂，也更少学术气；发言人卡图鲁斯尤其看重哲学史。他料想，这个角色，加图能够胜任。①

里德并未注意到《致阿提卡的信》（*Att.* XIII.16.1，T14）的人名次序，尽管如此，他还是从《致阿提卡的信》（*Att.* XIII.25.3，T19）得出结论：布鲁图斯换掉了卢库鲁斯。然而，与赫泽尔不同，他认为加图在《卡图鲁斯》中担负了霍腾西乌斯的角色，并捍卫了安提奥库，还提出一个独断论的总体观点，即"如此这般，凡为学养之士断然不会委身于怀疑论的原则"②。就此情况，斯多亚派的加图就会充当起某种知识的护卫以抵御西塞罗（可能吸纳了卡图鲁斯的角色）。一些相关证据可在《卢库鲁斯》（*Luc.* 28）的提示中找到，此处暗示霍腾西乌斯在《卡图鲁斯》中的要求类似于斯多亚派的安提帕特（Antipater），他挑战卡尔涅亚德，要求后者至少承认某一种认识，即"人们什么都不能确定"。霍腾西乌斯在《卡图鲁斯》中的论证甚至与斯多亚派的论证有一些密切的联系。再者，安提奥库在名为《梭苏斯》的对话中以独断论的方式发表了关于菲洛创新的批评。在此对话中，梭苏斯，一位斯多亚派哲学家，大致上是发

---

① 参见 Hirzel（1895），pp. 509 – 510 n. 4。
② 参见 Reid（1885），p. 46。

言人，也是独断论的捍卫者。他也许像格鲁克所认为的那样反驳了所谓的"不可理解"（*akatalêpsia*）。[1] 此外，在首版的第一卷中，卢库鲁斯指出，安提奥库的观点和斯多亚派的认识论多有相似之处。[2]

与里德相同，利维并未理会《致阿提卡的信》（*Att.* ⅩⅢ.16.1，T14）中的人名次序，却相信是加图替代了卢库鲁斯，布鲁图斯取代了霍腾西乌斯，而西塞罗取代了卡图鲁斯。[3] 虽然他正确地指出卢库鲁斯的发言与瓦罗相对立，因为此人申明了斯多亚学派关于感官真实性和真理标准的严苛教条[4]，但还是没有排除卢库鲁斯被布鲁图斯替代的可能，因为后者同斯多亚主义的亲缘关系曾经并且现在都是一清二楚的。[5] 其实，虽然利维的方案不乏真知灼见，但仍然疑窦重重，因为这就意味着西塞罗会由"布鲁图斯"这一角色充当，此人信仰安提奥库的哲学，并且在阐释这种哲学上还不如已被证实的斯多亚学派加图严格。

另一种解决方案会认可根据《致阿提卡的信》（*Att.* ⅩⅢ.16.1 & ⅩⅢ.25.3）的明显推论，即加图替代卡图鲁斯，布鲁图斯取代卢

---

[1]　格鲁克称，"毕竟，即使安提奥库的观点并非在所有方面上都等同于其斯多亚老师的教诲（并且在一些方面，例如在道德哲学上，我们发现他们并不相同），但他们对'*akatalêpsia*'的反驳却极有可能一致"，参见 Glucker（1978），pp. 418 – 419。

[2]　利维正确地提出此观点，参见 Lévy（1992），p. 187（尽管他是以此论证加图接替了卢库鲁斯的角色）。

[3]　Lévy（1992），p. 191.

[4]　Lévy（1992），p. 187.

[5]　参见普鲁塔克（Plutarch）的《布鲁图斯》（*Brutus*）2.1 – 2 和《西塞罗》（*Cicero*）4.1；另见 Moles（1987），p. 64 和 Pelling，（1989），pp. 222 – 227。

库鲁斯。尽管布鲁图斯换下卢库鲁斯，显然会扮演严格诠释安提奥库哲学的角色，加图会接手卡图鲁斯的角色，并批判当前在学园派中发展的独断论（明显是针对当时的安提奥库），但其视角是独断论的，而非怀疑论的，因而他没必要替换霍腾西乌斯。特别是在《卢库鲁斯》（*Luc.* 113 ff.）中，相比西塞罗，加图用更长的篇幅论证，也更强调这样一个观点，即安提奥库对学园派和斯多亚派之间历史关系的解释大错特错，并且学园派没有在真理标准问题上踏入决定性的一步以保证知识的确定性。① 那么，加图会让斯多亚派显得更前后一致，更全心全意地赞成确定的知识，去捍卫斯多亚派的知识标准，而不是随着卢库鲁斯的发言亦步亦趋。有些讽刺的是，他或许会有些相信安提奥库，因为此人接受了斯多亚派的标准。西塞罗会站在怀疑论的立场上予以回应。

如果存在某种实践存疑（"*epokhê*"）的案例，那么这些替换性的重构似乎就会需要这种案例。事实上，发言人的角色由首版以来的变动超出了西塞罗的短语"这些同样的对话"（eosdem illos sermones，*Att.* XIII. 16. 1，T14）所传达的意思——这好像把所有的猜测都驳斥了一遍，除了里德的方案或许可信。不过，正如接下来所要谈论的，由于其他的一些原因，如此做一番猜测也是有必要的。

3. 中间版本的意义

（1）"标题"的相关证据将在后边的"附录 II"中讨论。这里

---

① 比较斯多亚派巴尔布斯在 *DND* I. 16 的提法，即安提奥库错误地缩小了斯多亚派和漫步派伦理学（安提奥库采纳过）之间的差别。

会说明，没有证据证明西塞罗为首版制定了总标题，而他在《致阿提卡的信》（*Att.* ⅩⅢ.32.3，T8）将之称为《卡图鲁斯》和《卢库鲁斯》。然而，随着中间版本的改换完成，以发言人命名这些书就不再可行了，因为"加图"和"布鲁图斯"早已成为西塞罗著作的题目。因此，最终的总标题"论学园派（书卷）"（*Academici Libri*）便伴随中间版本出现了。

（2）至于"场景"，海景可能会被保留，因为这与首版对话的主题密切相关。在那里，大海用于说明感官具有欺骗的特征，也不可靠①，并且西塞罗能够用"抛锚"暗喻"消除赞同"，从而从容不迫而行之有效地收场（*Luc.* 148）。此外，西塞罗在终版中保留了大海的场景，始于瓦罗在库迈的庄园，而在其中第三卷行至附近的卢克林湖（Lucrinum）（fr. 13 Reid）。他在此运用大海以比喻感觉的非真实性（frs. 3，7 Reid，来自第二卷），显然也有其他的用意（fr. 13 Reid，来自第二卷）。对于中间版本，也存在几处可能。布鲁图斯是西塞罗在库迈的邻居——直到公元前 46 年（*Brut.* 300），而在公元前 56 年或前 55 年卢库鲁斯逝世后，加图因照顾他的儿子，而成为其财产受托人。其财产包括卢库鲁斯在那不勒斯的庄园，而布鲁图斯在公元前 44 年还有可能在此居住过（*Att.* ⅩⅥ. 1.1）：西塞罗在公元前 44 年从普妥拉努（Puteolanum）的家里航行于此。② 西塞罗确实在该对话的所有版本中都设置了大海的场景，但由于反摇橹（"inhibitio"）这一航海术语不能准确地表示希

① 例如 *Luc.* 80 - 81，105，并参见相关的讨论，Lévy（1992），pp. 157 - 159。
② 参见 D'Arms（1970），pp. 178，184 - 186。

腊语的搁置（"*epokhê*"），他放弃了该词，这就表明了自己的思虑周全——使用该词是阿提卡的建议，西塞罗起初很受用，并在终版采纳了（*Att.* XIII.21.3，T21）。

（3）历史场景。西塞罗使用菲洛著述问世一事，在于引出《卡图鲁斯》和《卢库鲁斯》中的哲学讨论，但在第二次对话中，菲洛的修正已然排除在实质性的讨论之中了，终版也是如此。这样一来，因为卡图鲁斯作为发言人出现与此事件有具体的关联，所以此人一旦被替代，西塞罗便有机会将菲洛的事情完全移除，或者仅仅一笔带过。如果"加图"这一角色也由历史事件引出，那么备选的事件显然会是公元前155年哲学家的出使活动，并且西塞罗在《论共和国》中也对此抱有浓厚的兴趣。加图担任首位发言人，回忆自己伟大的祖父对公元前155年哲学家出使的反应——那时，此人抗议这些哲学家所做的演讲，认为这给罗马青年造成了不良影响，其中的卡尔涅亚德备受追捧，也对罗马的价值观最具颠覆性，那么还有比这更合适开场的吗？① 西塞罗在第一版已经提到了这插曲，但还得做一番改良，因为他在《卢库鲁斯》（*Luc.* 137）只是略有提及，还得设法加强与卢库鲁斯祖先的关联。此外，西塞罗如此便可以掌握更丰富的信息，就是他在其书信《致阿提卡的信》（*Att.* XII.23.2，T4）中说过的要从历史学究朋友那里探知的事情。在瓦罗一版中，"罗马书"事件好像几乎被删去了，而以瓦罗的成就及其对哲学的兴

---

① 参见普鲁塔克的《加图》（*Marcus Cato*）22 和 Cic.，*Rep.* III.6。若诉诸老加图，则该对话的情景会更为逼真，因为加图习惯于奉自己的祖先为"家族的榜样"（domesticum exemplum），见 *Mur.* 66。

趣为序章，就与写作同时代的剧情时间而言也更为合适。

（4）说到"结构"，某种重大的改变必然出现在中间版本里，因为讨论的角色数量减少了。既然西塞罗仅提到加图和布鲁图斯替换了卡图鲁斯、卢库鲁斯和霍腾西乌斯，那么此三人在初版中的相互作用一定在中间版本的两卷里被替换为独断论者与怀疑派的西塞罗之间的互动。这早已是《卢库鲁斯》中的模式，其中霍腾西乌斯和卡图鲁斯仅仅在主要发言的开头和结尾做了次要发言，但《卡图鲁斯》的情况显然并非如此，书中霍腾西乌斯在卡图鲁斯和西塞罗的怀疑论反驳之间对安提奥库的哲学进行了相当可观的，或许也是通俗的解释。① 因此，尽管《致阿提卡的信》（*Att.* ⅩⅢ.16.1，T14）中有短语"所有同样的对话"（eosdem illos sermones），可以说明发言人被简单地改名，但此中间版本必定朝着终版所采纳的格式做了大幅度改进，其中瓦罗和西塞罗相互遭遇，而阿提卡仅是附带发言。②

---

① *Luc.* 10 称："我之前讲的比我想讲的还多了——这全部内容本应该全盘留给卢库鲁斯的。"（feci plus quam vellem，totam enim rem Lucullo integram servatam oportuit.）卢库鲁斯在《卡图鲁斯》末尾插入的讲话更与阿提卡在瓦罗版中的角色相容，也更与《卡图鲁斯》中的次要发言人的角色相通。

② 西塞罗在 *Att.* ⅩⅢ.14.1（T13）将阿提卡描述为"引入对话当中的第三位发言人"，而且他在 *Att.* ⅩⅢ.19.3（T16）写道："由安提奥库收集的一大堆论证，我都交于瓦罗；我自己去答复他，而你是对话集中的第三位发言人。"这似乎暗示，阿提卡本人在对话中没有阐释某种立场，却如现存的第一卷所显示的那样服务于部分情景。这一观点为里德所采纳，参见 Reid（1885），p.50；里德为此辩护以反驳其他意见，参见 Lévy（1992），pp.139 - 140 n.58。阿提卡也很乐意参与其中，见 *Att.* ⅩⅢ.22.1（T18），但西塞罗此处暗示，希望自己的朋友勉为其难地适应他给阿提卡在《论法律》和《论目的》第五卷安排的次要角色。我们所掌握的关于阿提卡的一切情况表明，他避开了聚光灯，也不想被描绘成不同的形象。

　　除了分拆为四卷之外，中间版本还在诸多重要方面预告了终版。这就解释了西塞罗为何能够如此迅速地由前者转换为后者。我们最早在 6 月 23 日的《致阿提卡的信》（*Att.* XⅢ.12.3，T11）中得知西塞罗修改瓦罗版的想法，而且致瓦罗的献词就在 7 月 12 日之前送往瓦罗，参见《致阿提卡的信》（*Att.* XⅢ.25.3，T19）。但是，这并不意味着本次修改正好用了三周时间①，因为西塞罗一直怀疑自己的选择是否明智，并因而推迟书写献词。事实上，瓦罗版修改的工作似乎在五天时间内就完成了，即 6 月 23 日到 28 日（*Att.* XⅢ.18，T15 & XⅢ.19.3，T16）。西塞罗于 6 月 28 日将之送往罗马誊写，因为截止书信《致阿提卡的信》（*Att.* XⅢ.21a.1，T17）写成时，即 6 月 30 日或 7 月 1 日，该书就已经送走了。该书甚至有可能在更短的时间内完成，因为在 6 月 24 日的《致阿提卡的信》（*Att.* XⅢ.13.1-2，T12）提到，西塞罗好像终于决心修改著作，并步入新的工作阶段。②

　　相反，虽然中间版本于 6 月 21 日至 22 日在阿尔庇努姆（Arpinum）很快完成，但相关的构思可能耗费了一些时间。西塞罗一开始就担心书中的发言人不太合适，我们可以由此设想他考虑这次改换角色，至少从他增加新序言时就开始了，就在 5 月底之前的某一

---

　　① 参见 Glucker（1978），p.415。利维和鲍威尔都引用 *Att.* XⅢ.18（T15），说明《论学园派》的终版完成于 6 月 28 日，参见 Lévy（1992），p.131 和 Powell（1995），XV n.4。

　　② *Att.* XⅢ.13.2（T12）写道，"不过，我现在不知从何处修改。我想为多拉贝拉（Dolabella）做点儿什么事……"（Nunc autem *aporô* quo me vertam. volo Dolabellae val de desideranti…）

时段，参见《致阿提卡的信》（*Att.* ⅩⅢ.32.3，T8）。因此，很可能，西塞罗对《论学园派（后篇）》——或者《论学园派（书卷）》（*Academici Libri*），后面的"附录Ⅱ"表明该书其实如此命名——的大部分构思都已用在"加图-布鲁图斯版"当中。

西塞罗甚至在大幅度地改成瓦罗版之后，还对"加图-布鲁图斯版"念念不忘。这是因为，他在两封致阿提卡的书信中略有保留地提到瓦罗版的改写，称"我想我们必须考虑再三，尽管这些名字已经加进去了；但它们却会被抹去或者替换掉"，参见《致阿提卡的信》（*Att.* ⅩⅢ.14.1，T13）；而他又在次日的信中首次披露了早先改换角色的事情（*Att.* ⅩⅢ.16，T14）——如果阿提卡认为该计划有胜过前版的优点，西塞罗便可不再对瓦罗有所顾虑。其实，在写完致瓦罗的献词之后，他还不放心，进一步向阿提卡表达了更稳妥的想法："但我再提一下，此事你一定要负责。因此，如果你有什么疑虑，我们就改到布鲁图斯身上：他也拥护安提奥库。"（*Att* ⅩⅢ.25.3，T19）他以一句话结束了这场一波三折的讨论，"易变的学园派，总是这般，一时这样，一时又那样"。

附录 A：《论学园派》：写作和出版的时间表

公元前 45 年

2 月中旬　图利雅逝世于西塞罗图斯库兰的庄园。

3月7日　西塞罗于阿斯杜拉

T1　*Att.* XII.13.1（SB 250）我发现，我的文学创作不比深居家中更困难。不过，旧日的苦楚压抑着我，挥之不去，尽管我保证不会妥协，会与之对抗到底。

3月8日

T2　*Att.* XII.14.3（SB 251）为何，我做了前人未做过的事，写一本书聊以自慰。一旦付梓，我会即刻寄与你处。我保证，没有其他的慰藉能与之相比。我写了一整天，并不是说有任何切实的好处，但这让我得以短暂地平静：这并不太多，因为悲伤侵袭，过于强烈。

3月16日

T3　*Att.* XII.12.2（SB 259）关于伊壁鸠鲁，你可以有自己的理解方式①：不过，将来我会改变计划，考虑我对话集中的人物。你绝不会相信有些人是多么渴望占据一席之地。因此，我会局限于古人：这就会避开令人厌烦的差别。

3月19日

T4　*Att.* XII.23.2（SB 262）为了向你表明我的伤痛尚未消退，你已将那日子载入自己的编年史，就是卡尔涅亚德（Carneades）

---

①　显然，阿提卡要求获知《论目的》中由他的朋友口中说出的伊壁鸠鲁学派的观点。

的造访，这次著名的出使罗马的事件①：我对他们远道而来的缘由感到好奇。恐怕这和奥罗普斯（Oropus）有关，但不敢确定。并且，若是如此，问题的关键是什么？进一步说，谁才是这个时代伊壁鸠鲁派出类拔萃的人物，谁是雅典花园学派的带头人；而谁又是那里著名的政治家？我想，所有这些你都会在阿波罗多罗斯（Apollodorus）的书中找到。

3 月 24 日

T5 *Att.* Ⅻ.28.2（SB 267）因为我埋头写作以求慰藉，所以对自己这种成功的方法没什么不满意。这让我的悲伤显得少些；但我却不能平息悲伤本身，即便我能，我也不会。

4 月　西塞罗与阿提卡同在诺门塔纳（Nomentanum），因而无通信。

5 月 13 日

T6 *Att.* Ⅻ.44.4（SB 285）我在此已写就两篇散论。② 这便是我逃离悲痛的唯一途径。

5 月 16 日　　西塞罗离开阿斯杜拉，暂时停留于拉努维姆

---

① 三位著名的哲学家，卡尔涅亚德、第欧根尼（Diogenes）和克里托劳（Critolaus）在公元前 155 年抵达罗马，控诉雅典因突袭奥罗普斯而罚以 500 塔兰特。

② 这里指《论学园派》和《论目的》。此外，里德认为，这里可能单指《论学园派》，因为该书最初被分为两卷。

（Lanuvium），之后前往图斯库兰。

5 月 21 日

T7 *Att.* Ⅻ.52.3（SB 294）用拉丁语写作不算什么。你会说："什么，在你写作这类主题的时候?"① 它们都是复写，不会给我多大的麻烦。我就是添言加句，反正我有的是。

5 月 29 日

T8 *Att.* Ⅻ.32.3（SB 305）"托夸图斯"② 在罗马。我已经命人将它交付你。《卡图鲁斯》和《卢库鲁斯》，我想你已经有了。我已在这些书里加了新的前言，其中我倍感荣耀地提到每本书。我希望你有这些作品，还有其他一些。我所说的十位使节，你没有完全理解，可能是我用速记写的缘故……但是，我不知道波斯图米乌斯（Postumius）就是其中之一，你说你记得他的塑像在伊斯特姆（Isthmus）。他就是与卢库鲁斯同为执政官的人……

5 月 31 日

T9 *Att.* Ⅻ.6.2（SB 306）但请告诉我，在那篇颇有洞见的重要散论里面有什么东西增益你的道德目的（"*têlos*"）③。

---

① 阿提卡评述，用拉丁语转译希腊哲学术语十分困难。

② 这里指《论目的》"第一卷"，书中托夸图斯是主要的发言人。同样，卡图鲁斯和卢库鲁斯指代《论学园派》初版中的前两卷。

③ "*têlos*"又译为"summum bonum"，即"至善"。

6 月 5 日

T10 *Att.* XIII.5（SB 312）我已将《托夸图斯》（*Torquatus*）① 寄送你。

6 月 21—22 日 西塞罗离开图斯库兰，前往阿尔庇努姆。《论学园派》中的讨论由卡图鲁斯、卢库鲁斯和霍腾西乌斯转换到加图和布鲁图斯身上。之后，他收到阿提卡关于瓦罗的书信。

6 月 23 日

T11 *Att.* XIII.12.3（SB 320）至于你谈到的有关瓦罗的事，你知道我之前已经写过一些演说稿以及诸如此类的文章，而我没有介绍过此人；但后来，我着手撰写更具文学味道的著作时，瓦罗早已许诺要献给我一本重要的大部头。两年已过，这慢车，尽管一直在动，却没有往前行驶一步，而因其馈赠，我却打算回赠瓦罗以"重礼"，如果可行的话——赫西俄德（Hesiod）加了一句"如若可行"。至此，我保证其中有我的《论目的》，正如你对布鲁图斯建言的，我颇为看重此书，而你也告诉我他喜不自禁。因此，我一定将这"学园派"分派给瓦罗。其中的各位发言人当然是活生生的人，但不是学者，他们把自己的带头人捧得很高。事实上，这些学说都是安提奥库的②，瓦罗便是其中一位有力的拥护者。我会在别处安

---

① 即《论目的》第一卷。

② 西塞罗和瓦罗都在雅典拜安提奥库为师，并在其门下学习。他的教学包括学园派和斯多亚学派的学说。

排卡图鲁斯和卢库鲁斯①；也就是说，如果你同意的话。望写信告知。

6 月 24 日

T12 *Att.* XⅢ.13.1－2（SB 321）因为你在信中提到瓦罗，受此影响，我已将整个"学园派"中的著名对话人替换为我们的朋友，并将该书由两卷改为四卷。这样，尽管做了大量删减，还是比初稿更成样子。不过，我很好奇你何以知晓瓦罗有此想法，而且有件事我无论如何都想知道，你提到过他嫉妒某人，到底是谁：该不会是布鲁图斯吧。在我看来，这是唯一可能的答案，但我还是想弄清楚。除非我像大多数人那样因偏私而受哄骗，这些书已经证明，其甚至优于用希腊文写就的任何一部书。你白白地誊写了一部分"学园派"，你不必为此损失而恼怒。新的书稿会更通顺，更简练，更完善。

不过，我现在不知从何处修改。我想为多拉贝拉（Dolabella）做点儿什么事，因为他翘首以盼。但是，我什么都想不出来，同时"我也忌惮特洛伊人"②，就算我想到了什么，也逃不开大众的批评。因此，我要么无所事事，要么绞尽脑汁去做些什么。

6 月 25 日

T13 *Att.* XⅢ.14.1（SB 322）请你深思熟虑后再决定该不该将

---

① 他们都是《论学园派》初稿中的主要发言人。
② 指"大众意见"。

我写就的部分送与瓦罗，尽管这是你自己私人的好恶，你一定知道我已将你引入对话当中，作为第三位发言人。由此，我想我们必须考虑再三。然而，这些名字已经加进去了，而它们却会被抹去或者替换掉。

6 月 26 日

T14 *Att.* Ⅻ.16.1（SB 323）目前，我足不出户；倾盆大雨，连绵不绝。我已将"学园派散论"完全转至瓦罗身上。起初，这是分派在卡图鲁斯、卢库鲁斯和霍腾西乌斯上的；之后因其显得不大合适，他们都不是因这些事情出名的，尽管他们都不是不能识文断句之辈；我一回来，旋即将同样的对话转移到加图和布鲁图斯上。当时，我又收闻你关于瓦罗的来信，他好像是讲出安提奥库观点最为合适的人选。然而，我想听听你是否赞成献给他什么角色，要是同意，又是否赞成就用这一本书。

6 月 28 日

T15 *Att.* Ⅻ.18（SB 325）同时，我已接受你的暗示，也完成了一些漂亮的稿子，并分派在瓦罗身上。但是，我写信就是想得知你对以下问题的回答：首先，你是如何知道他想从我这里得到些什么，你看，尽管他的书信一封接一封，还从未强迫我做什么事；其次，告诉我他嫉妒的人是谁，除非此人就是布鲁图斯。倘若他没有嫉妒此人，那么他断然不会嫉妒霍腾西乌斯，或者《论共和国》中的发言人。我想请你帮我弄清楚，特别是你是否坚决认为我该把写好的稿子送给他，或许你会觉得这样没有必要。然而，亦可面谈。

6 月 29 日

T16 *Att.* XⅢ.19.3 - 5（SB 326）在瓦罗一事上，我不应烦扰，就像一根刺插在心里——因为我的原则一直都是不在我的对话集中掺杂活生生的人物；但你称瓦罗却想参与其中，又欣赏这溢美之词。我的工作业已完成，四本书涵盖整个学园派的哲学——我不敢自诩有多好，但总算用心用力。由安提奥库收集的关于感觉不确定性的一大堆论证，我都交于瓦罗；我自己去答复他，而你是我对话集中的第三位发言人。如果我接受你最近一封信中的建议，在科塔和瓦罗之间安排辩论，那么我本该做一个普普通通的人。如果角色是旧时代的人，这是相当合适的；赫拉克利德斯也经常这样写书；而我本人也在六卷本的《论共和国》中如此为之；我极为看重的三卷本的《论演说家》亦复如是。在这些书中，角色都如此这般，我不参与任何发言也是合情合理的。因为其中的发言人是克拉苏（Crassus）、安提奥库、老卡图鲁斯、G. 尤里乌斯（G. Julius，卡图鲁斯的兄弟）、科塔和苏尔比基乌斯（Sulpicius）；而对话的发生时间也设置在我年幼的时候，以便自己不牵扯其中。但在现代著作中，我遵行亚里士多德的实践：其他人的对话都是那样展开，从而把主要的角色让给他自己。为了将伊壁鸠鲁派的部分派给托夸图斯，我安排了五卷本的《论目的》，将斯多亚派交给加图，漫步派让给毕索（Piso）。我想，这该不会引起什么人的嫉妒吧，这些都是不在世的人。当前的这本"学园派"，你知道，我交到卡图鲁斯、卢库鲁斯和霍腾西乌斯。我得承认该书并不适合这些人物；因为哲学离他们太远了，有些事他们想都想不到。当我读到你有关瓦罗的提示，我大喜过望，如获神助。由对某项哲学学说特别感兴趣的人来阐释此哲学，没有什么能比这更合适的了，而引入这样一个角色，我也免得看起来在拔高自己的观点。因为安提奥库的观点很有说服力，所以我小心翼翼地处理，带有安提奥库的洞察力，也有我自己娴熟的文风，如果我确实有的话。不过，请再三斟酌，你想我该不该将此书献给瓦罗。我想到了一些不这么做的理由，不过见面详谈。

6 月 30 日或 7 月 1 日

T17 *Att.* Ⅻ.21a.1（SB 327）你当真以为自己把书送给布鲁图斯（我在你的建议下将此书献给此人）之前就送给别人有道理吗？因为巴尔布斯写信告诉我，你让他誊写《论目的》的第五卷，其中我做了一些改动，只不过不太多。然而，要是你躲在人后，我会万分感激，这样巴尔布斯就不会得到未经修改的稿件，仅仅得到了旧的文稿。要是这就足够了，我看起来就不会为了鸡毛蒜皮的小事操心。虽然这些都是我现在的要紧事，但我还有别的什么事吗？我按你的建议，急于将写完的部分送给瓦罗，我已将之送往罗马誊抄。若你需要，即刻便得此书。

7 月 4 日（？）

T18 *Att.* Ⅻ.22.1（SB 329）我自有缘由，这样不断地询问你关于瓦罗的意见。我想到了一些不那么做的理由；但我们会面时再谈。你的名字，我引入书中了，备感荣幸，我会更勤勉地写作，因为我从你最近的来信中才发现你对此并不反对。

7 月 6 日或 7 日
西塞罗从阿尔庇努姆赴图斯库兰。

7 月 10 日
Att. Ⅷ.23 - 4（SB 331—332）表示担心将《论学园派》赠与瓦罗。

7 月 12 日
T19 *Att.* Ⅷ.25.3（SB 333）但是，我让你将此书送给瓦罗，到底有什么理由让你如此害怕担起这责任？哪怕现在，若有疑惑，烦请告知。没有什么比解答你的疑惑更重要的了。我需要瓦罗，而他也正有此意；但你知道，他是个"刺头儿，他会责备无可责备的人"。我经常想象着他在这事上对我的抱怨，说我在书中的一方得到的辩护要比他那一方的充分，尽管我保证，要是你来伊庇鲁斯（Epirus），我会让你相信事实并非如此。因为我目前得为阿列克西奥（Alexio）① 的书信腾开时间。然而，我并不为赢得瓦罗的赞同而失望；正如我耗费了昂贵的文卷誊写稿子，我想坚持自己的计划。但我再提一下，此事你一定要担起责来。因此，如果你有什么

① 阿提卡的随从。

疑虑，我们就改到布鲁图斯身上：他也拥护安提奥库。啊，易变的学园派，总是这般，一时这样，一时又那样。① 不过，恳请告诉我，如果你对我写给瓦罗的信尚且满意的话。

7 月 28 日（?）

T20 *Att.* Ⅷ.44.2（SB 336）你还真敢把我的书送给瓦罗呢！我急求他的意见。不过，他什么时候才能把书看完?

8 月 25 日
西塞罗返回阿斯杜拉。

8 月 27 日

T21 *Att.* Ⅷ.21.3（SB 351）言归正传，"inhibere"② 一词由你提出，起初很合我的心意，而现在我却极不赞同。因为它是一个彻头彻尾的航海用词。然而，我之前知道；但我想船夫喊"inhibere"，就会停止划桨。昨天，一艘船从我的家宅旁驶进，我得知并非如此。他们没有止住自己的桨，而是向后退。这就和希腊语的"*epokhê*"大不一样了。因此，请将该书中的词改回它原来的那个③；如果瓦罗已经替换了，也告诉他这样改。没人会改路西律斯（Lucilius）所说的话："驻车勒马，就像行家常做的那样。"并且，

---

① 就像西塞罗的散论，它已经被重写了两次。
② 意为"反摇橹"。
③ 参见 *Ac.* Ⅱ.94，这里讨论如何用拉丁语转译"*epokhê*"，该词是哲学专业词汇，即"存疑"或"悬置判断"（suspension of judgment）。

卡尔涅亚德总是将哲学家的"存疑"（*epokhê*）比作拳击手的护卫和马车夫的停车。但是，船夫的"inhibere"暗指运动，而向后摇船也是很剧烈的运动了。

关于西塞罗计划的已出版著作中的文段

公元前 46 年 7 月至 9 月

T22 *Orat.* 148 文学曾在法庭和元老院中与我相伴；如今是我身在家中的趣事；我并未为书中所呈现的主题所累，而是忙于探究更重要也更有分量的课题。如果以这些课题作补充，那么我保证自己在法律上的孜孜不倦也会展现在相应的适宜之处，甚至就在我隐居世外时的文学创作上。

公元前 45 年 3 月至 5 月

T23 *Luc.* 147 但我们下次思考这些问题的时候，可以谈一谈思想领袖之间的重大分歧、自然的暗昧不明，以及如此众多的哲学家在何为善恶的问题上所犯下的错误——因为，既然他们的伦理学观点难以共存，且其中最多一个是对的，那么好多颇负盛名的学派便会土崩瓦解。下次，我们就这么干，不要再议论我们的眼睛或其他感官的幻觉，以及连锁论证和骗子悖论了，因为这是斯多亚学派为自己种下的苦果。

公元前 45 年 3 月至 5 月

T24 *Fin.* Ⅰ.2 你本人和其他我认为有鉴赏力的人得到那卷书都如获至宝，这鼓励我从事进一步的各项任务。

公元前 45 年 8 月中旬

T25 *DND* Ⅰ.9 ……就是不只专注于阅读，而且投身于考察整个哲学问题。当问题以写作的方式加以讨论时，它的所有部分和要素都最易于被识别出来，这是因为哲学的主题有一种显著的融贯和关联的特性，因而它的每一部分都相互依存，而所有的部分都相互契合，联结在一起。

附录 B：《论学园派》各版本的标题

西塞罗在公元前 45 年 6 月的《致阿提卡的信》（*Att.* ⅩⅢ.12.3，T11）中第一次明确提到此书为"这'学园派'（illam *Akadēmikên*）"，即"散论"（*suntaksia*），称该书的这一首版现在会改换为瓦罗这一角色。他在《致阿提卡的信》（*Att.* ⅩⅢ.16.1，T14）中也使用了相同的表达。他使用"整个'学园派'"（tota Academia）表示此书首版（*Att.* ⅩⅢ.13.1，T12），并用"当前的这本'学园派'"（*Academica* quaestio）表示瓦罗版（*Att.* ⅩⅢ.19.3，T16），诸如此类的表述显然并非标题，而是简短的指代或别称。

然而，正如在同一封信中我们找到了"学园派"（Academia），也看到"一部分'学园派'"（illa quae habes de Academicis，*Att.* ⅩⅢ.13.1，T12），并在 6 月晚些时候的《致阿提卡的信》（*Att.* ⅩⅢ.19.5，T16）中发现了"这部'学园派'"（haec Academica），它们都表示"首版"。的确，后一个表述是中性复数，我们可以将其看作与"斯多亚派"、"伊壁鸠鲁派"和"漫步派"（*peripatêtika*）类似的称谓。事实上，如普拉斯贝格（Plasberg，1922）指出的，该称谓也类似于此信中几句话之后的"安提奥库的"（Antiochia）：就是说，"学园派"可以译为"学园派的相关材料"，或者是普拉斯贝格提议的"非书，而为材料"（non libros dicit sed res）。但是，贝利（Shackleton Bailey）却将其译为"关于学园派的散论"；并且，《论义务》（*Off.* Ⅱ.8）中有"在我们的学园派中"（in Academicis nostris）和《蒂迈欧篇》（*Tim.* 1）中有短语"在学园派中"（in Academicis），里德依据这些段落和表达提出了这种理论，即西塞罗打算在所有阶段都用《论学园派》（*Academica*）（中性复数）来称谓本书，而且《牛津拉丁语词典》（*Oxford Latin Dictionary*）已经采信了此观点。

对此观点有以下反对意见：

（1）一些学者指出，没有明显的证据表明本书的首版有总标题。西塞罗在《致阿提卡的信》（*Att.* ⅩⅢ.32.3，T8）中将此版的两卷称为《卡图鲁斯》和《卢库鲁斯》，而该信早于上面提到的所有书信，并且他对所有版本标题的提法都与其对话的修改情况一致。昆体良（Quintilian）称该书首版为《卡图鲁斯》和《卢库鲁斯》，而普鲁塔克（Plutarch）仅提到其中的第二卷，称之为《卢库鲁斯》。[1] 但是，这并不能在严格的意义上反驳里德的观点，因为就在同一封信

---

[1] 参见昆体良的《雄辩术原理》（*Institutio Oratoria*）Ⅲ.6.64（以下简称"*Inst.*"）和普鲁塔克的《卢库鲁斯》（*Lucullus*，42）。普鲁塔克没有理由在卢库鲁斯的生活中提到《卡图鲁斯》。

中，西塞罗用"托夸图斯"来称谓《论目的》的第一卷（或前两卷）。由此推测，有可能存在额外的标题涵盖《卡图鲁斯》和《卢库鲁斯》这两卷。无论如何，既然由于西塞罗的其他著作已经使用过"加图"和"布鲁图斯"，中间版本必定不会以此冠名，那么至少就此而论，西塞罗采用了某个总标题。

（2）另有更为确然的意见反对里德的观点，即西塞罗后来有规律地用"学园派书卷"（Academici libri）称呼终版，比如在公元前45年，参见《图斯库兰辩》（*Tusc.* Ⅱ.4）和《论诸神的本性》（*DND* Ⅰ.11），以及在公元前44年，参见《论预言》（*Div.* Ⅱ.1）；并且他于公元前44年在《致阿提卡的信》（*Att.* ⅩⅥ.6.4）中提到"在第三部学园派书卷"（in Academico tertio libro）和"学园派书卷"（Academicos libros）。奥古斯丁（Augustine）也是如此称谓该书的，如《上帝之城》（*De Civitate Dei*）Ⅵ.2 的"在学园派的书卷"（in libris Academicis），并比较了该书Ⅱ.7.17 和Ⅲ.20.45 的"学园派的"（Academicos）；拉克坦提乌斯（Lactantius）称"在第三部学园派"（in Academico tertio），可参见此人的《雄辩术原理》（*lnst.* Ⅵ.24），而他其余的提法也与之相通。这些论据被普拉斯贝格（1922）用以反驳里德（1885），因为后者认为拉克坦提乌斯在其他地方称此书为《论学园派》（*Academica*）：在 *lnst.* Ⅲ.14.3 中，代词"该类"（quam）之后的"学园派"（Academica）显然指的就是这个"学派"。

（3）事实上，以"学园派"（*Academica*）为书名的证据不大可靠。里德所依据的三段文本之一的"在我们的学园派中"（*Off.* Ⅱ.

8）可能简化自“在我们的学园派书卷中”（in Academics libris nostris），而“在学园派中”（*Tim.* 1）同样可解释为“在学园派书卷中”（in Academicis libris）。西塞罗在《致阿提卡的信》（*Att.* ⅩⅢ. 13.1，T12）中提及“一部分‘学园派’”，其中的“学园派”（de Academicis）可想而知就是“学园派书卷”（de Academicis libris）的简称，或者就指代“学园派或学园派哲学家”（Academici），或者这个中性复数名词就描述了相关的主题而非标题。对此的证据正是《致阿提卡的信》（*Att.* ⅩⅢ.19.5，T16），如上所述，正如“伊壁鸠鲁”之于《论目的》“第一卷”，这里的提法更不会成为标题。

因此，我们可以得到以下可能的结论，就是西塞罗可能称首版为《卡图鲁斯》和《卢库鲁斯》，因为总标题尚未确定，参见（Philippson，1939）和鲍威尔（Powell，1995）。当发言人变为加图和布鲁图斯之后，相同的命名方式就不可能继续了；相应地，瓦罗和西塞罗成为发言人之后，也不可能这样命名，何况该书已经分为四卷。如普拉斯贝格（1922）认为的，终版被称为“学园派书卷”，而鲍威尔（1995）也持相同的主张。

参考文献

Bringmann，K.，*Untersuchungen zum späten Cicero*（Gottingen，1971）.

D'Arms，J. H.，*Romans on the Bay of Naples*（Cambridge MA，

1970).

Ferrary, J. -L. , 'L' Archéologie du *De republica* (2, 2, 4 – 37, 63). Cicéron entre Polybe et Platon', *Journal of Roman Studies* 74 (1984), pp. 87 – 98.

Gawlick, G. , Görler, W. , *Cicero*, in H. Flashar, ed. , *Die Philosophic der Antike*, Bd. 4: *Die Hellenistische Philosophic* (Basle, 1994), pp. 991 – 1168.

Glucker, J. , *Antiochus and the Late Academy* (Gottingen, 1978).

Görler, W. , "Silencing the troublemaker: *De legibus* 1. 39 and the continuity of Cicero's scepticism", in Powell (1995), pp. 85 – 113.

Graff, J. , *Ciceros Selbstauffassung* (Heidelberg, 1963).

Griffin, "Philosophical Badinage in Cicero's Letters to his Friends", in Powell (1995), pp. 325 – 346.

Grilli, A. , ed. & com. , M. Tulli Ciceronis *Hortensius* (Milan, 1962).

Hirzel, R. , *Der Dialog*, Vol. I (Leipzig, 1895).

Lévy, C. , *Cicero Academicus. Recherches sur les* Académiques *et sur la philosophie cicéronienne* (Rome, 1992).

Lintott, A. , "The Theory of the Mixed Constitution at Rome", in M. Griffin and J. Barnes, eds. *Philosophia Togata* Ⅱ : *Plato and Aristotle at Rome* (Oxford, 1997), pp. 70 – 85.

Long, A. A. , "Cicero's Politics in *De Officiis*", in A. Laks and M. Schofield, eds. , *Justice and Generosity: Studies in Hellenistic Social and Political Philosophy* (Cambridge, 1995), pp. 213 – 240.

Moles, J. , "Politics, Philosophy and Friendship in Horace Odes 2, 7", *Quaderni Urbinati di Cultura Classica* 25 (1987), pp. 64 – 65.

Pelling, C. , "Plutarch: Roman Heroes and Greek Culture", in M. Griffin and J. Barnes, eds. , *Philosophia Togata I*, *Essays on Philosophy and Roman Society* (Oxford, 1989, rev. repr. with bibliogr. add. 1996), pp. 199 – 232.

Philippson, R. , "Tullius Cicero: Philosophische Schriften", Pauly-Wissowa *RE* II. 13, pp. 1104 – 1192.

Plasberg, O. ed. , M. Tullius Cicero *Academicorum reliquiae cum Lucullo* (Leipzig, 1922).

Powell, J. G. F. "List of Cicero's Philosophical Works", in Powell (1995), pp. xiii-xvii.

Powell, J. G. F. ed. , *Cicero the Philosopher* (Oxford, 1995).

Reid, J. S. ed. & com. , M. Tulli Ciceronis *Academica* (London, 1885, repr. Hildesheim etc. 1966, 1984).

Schofield, M. "Cicero for and Against Divination", *Journal of Roman Studies* 76 (1986), pp. 47 – 65.

Shackleton Bailey, D. R. ed. & com. , *Cicero's Letters to Atticus*, Vol. V (*Books XI -XIII*) (Cambridge 1966).

Steinmetz, P. "Beobachtungen zu Ciceros philosophischem Standpunkt", in W. W. Fortenbaugh and P. Steinmetz, eds. , *Cicero's Knowledge of the Peripatos* (New Brunswick/London, 1989), pp. 1 – 22.

西塞罗在《卢库鲁斯》中的哲学立场①

导论

上面的标题模棱两可。在某种意义上，西塞罗在《卢库鲁斯》中的哲学立场等同于对话中的人物"西塞罗"所陈述和捍卫的主张：由阿尔克西劳和卡尔涅亚德传授和践行的学园派怀疑论（Academic scepticism）。但是，西塞罗几乎不是某种既定学说的发言人，也不是简简单单的传话人；他自始至终都以"应用他自己的明辨能力"（iudicium）为荣（*Fin.* Ⅰ.6）。因此，即使他在总体上赞成自己所汇报的信条，但其个人观点也有所侧重，有所聚焦，我们应当发现这种个人的偏差。本论文旨在剖析《卢库鲁斯》中的"非正统的"成分和诸如此类的判断，从而更为清晰地探知西塞罗个人依据怀疑论所提出的观点。这并非易事。西塞罗的《论学园派》是我们关于学园派怀疑论的首要信息来源；因而厘清其中的个人评论和"非学园派"要素的每一种尝试都会冒循环论证的风险。

---

① 本文译自 Görler，W.，"Cicero's Philosophical Stance in the *Lucullus*"，in B. Inwood and J. Mansfeld（eds.），*Assent and Argument*（New York/Leiden：Brill，1997），pp. 36 - 57. 此论文是作者参加"第七届希腊研讨会"（荷兰乌得勒支大学，1995）所做报告的修改版。

一

在开始自己的发言前，西塞罗表明自己会将开诚布公，而非仅仅扮演一个角色①（*Luc.* 65 - 66）："我选择学园派怀疑论以对付其他所有学派，不是为了争强斗狠和卖弄才学；哪怕仅仅发现一些类似知识的东西，我也乐意"；"而这只是因为我觉得发现真理是极其美妙的，所以我认为以假为真乃奇耻大辱。"② 至此，西塞罗都与阿尔克西劳及其拥护者完全步调一致。他个人随后陈述（*Luc.* 66）：

① 不同于 *Rep.* Ⅲ.7 f. 菲鲁斯（Philus）说："你给我的案子好极了，竟叫我替邪恶辩护。"（praeclaram vero causam ad me defertis, cum me improbitatis patrocinium suscipere vultis.）*DND* Ⅲ.51 怀疑论学园派科塔："说得真就容易让人相信"（verum dicentibus facile cedam 译者在 *DND* Ⅲ.51 处没有发现此句）。Ⅲ.95（Cotta）："我旨在讨论我已经阐释的学说……并且我相信你能够轻而易举地打败我。"（ego vero et opto redargui me…et facile me a te vinci posse certo scio.）*Tusc.* Ⅲ.46："我乐意受到反驳：为何我如此勤勉，要是每次探究都得不到真理的话？"（cupio refelli; quid enim laboro, nisi ut veritas in omni quaestione explicetur?）进一步的材料，可参见 Gawlick & Görler（1994）1096 f.。注意，西塞罗的对手，即独断论的卢库鲁斯担心自己被完全等同于对话中的角色（*Luc.* 10）："我不会太烦恼，因为我不关心自己所阐释的观点在多大程度上赢得〈别人的〉赞同；因为我打算陈述的观点都不是我自己的，也不是那些（就算它们不对）我也不愿意被驳倒，仍想赢的观点。"（non laboro, quam valde ea, quae dico probaturus sim…dicam enim nec mea nec ea, in quibus, si non fuerint, non vinci me malim quam vincere.）他这样说，并非坚称自己本人就是发言人。个人判断隐藏在卢库鲁斯发言中：经过前一天的讨论，他已不再绝对相信安提奥库是正确的，并且现在表现得有些赞许对方的观点。一种说法是，安提奥库的"见解"（sententia）"最大程度上为真"（verissima），这就弱于它就是"真的"这种说法：所有最高级都表现出形容词的"相对性"。

② 本文涉及《卢库鲁斯》的引文都由作者改译自英语版 Rackham（1933）。但本书正文相关部分主要译自拉丁语原文，因而二者略有不同。——译者注

"不过，我本身不是那种永远不会赞成任何假的东西，永远不做赞同，永远不持有意见的人。而我们要研究的是智慧之人。我的确是一个意见持有者，因为我不是智慧之人。"

西塞罗旋即以航海之事做了贴切的比喻，为自己思想的广博和开放而自豪。他不止一次提醒读者："但我们所研究的不是我自己，而是智慧之人。"（*Luc.* 66）尽管如此，他还是继续讲述了自己的经历和态度："当有说服力的印象①触动我，我会不时地予以赞同。不过，我不能获知（*katalambanô*）②，正如我知道任何事都不能被理解（即毫无怀疑地把握真理）。"句中的限定条件至关重要。无物能被理解（*panta einai akatalêpta*）正是怀疑论的基本观点；因而西塞罗完全有理由表明，尽管自己是"伟大的思想家"（magnus opinator），但仍恪守普遍"不可理解"（*akatalêpsia*）的原则。因此，前面的声明是一种有效的平衡：西塞罗容易表示认同和赞同，他事实上甚至以大范围地"持有意见"为荣。不过，由于坚信"无物可知"（nihil posse percipi）的原则，他明白自己所有的"意见"都是虚假的。

---

① 即"Visa＝*phantasiai*"，另一种通用的译法是"表象"（presentation）。

② 注意，此处"我不能获知"（nec percipio tamen）与之前坦露的"我认同"（approbo），"我赞同"（assentior），"我持有意见"（opinor），"我犯了错"（erro）等不在同一个语意层面上。如果我们希望一位严格的怀疑论学园派表示"认同"（approval）等，那么可以想见这有可能，尽管很难；我们能够"不做"赞同，因而不持有意见。至于"屈服"某些印象，西塞罗决定如此。但是，他没有决定"不获知"：任何一个清醒的人都不会，也不能这样做。"我不能获知"可以理解为表达了一种惋惜之情。因此，西塞罗仅仅陈述了自己无法避免的认识局限；但当他面对自己屈服于说服力的印象而持有意见之时，他做了这一断言："我知道，所有这些都可能是假的，我不会假装自己任何一次接近真理的尝试都是较强意义上的'理解'（*katalêpsis*）。"

我们会在《卢库鲁斯》的结尾发现同样的妥协。但是，令人困惑的是，西塞罗在此所"坦露"的个人态度将会复现为智慧之人的典型行为，而且我们还获知卡尔涅亚德本人（根据其发言人卡图鲁斯）也主张此观点。为何西塞罗在此强调自己并非圣贤？我们该如何看待他的个人陈述？在希腊化哲学中，智慧之人大抵是正确而正统思想的大师，而所有尚未达致智慧的人则被想成是"会犯错的人"，最多程度有所不同。① 按照阿尔克西劳及该学派的正统成员的说法，持有"意见"就是犯了严重的错误（*Luc.* 77）。然则，当读到西塞罗对自己广泛而不受阻碍地"持有意见"的描述，我们几乎不会觉得这应该是在坦白自己干错事，这就像一则对他人的劝告："看着我，我不能装作坚持了这规则，因而我不是智慧之人——你努力做得更好……"相反，读到的这段文字很像是在提倡西塞罗所做的事：屈服于印象和"意见"（opine）。我们稍后还得回到《卢库鲁斯》（*Luc.* 66）。

另一处关键段落清楚表明了西塞罗的个人迹象，就是《卢库鲁

---

① 关于智慧之人（sapiens）与大众之间的区分，可比较以下几段材料。*Tusc.* Ⅳ. 58："我怀疑，你们的问题更与你们自己有关，而不大与智慧之人有关。他没有感情，这是你们仅仅相信的事情：你们所希望的便是自己也同样如此。"（suspicor te non tam de sapiente quam de te ipso quaerere：ilium enim putas omni perturbatione liberum esse, te vis…）*Tusc.* Ⅳ. 59："你也许装作探究有关智慧之人的事，但你真正探究的也许是你自己的事。"（simulas enim quaerere te de sapiente, quaeris autem fortasse de te.）*Tusc.* Ⅳ. 63："我在悲伤和痛苦当中镇定自若，却不是智慧之人本人。"（quem in medio-non enim sapientes eramus-maerore et dolore conscripsimus.）塞涅卡的《论恩惠》（*De Beneficiis*）Ⅱ. 18. 4："我必须一再提醒你，我谈论的不是智慧之人……而是不完美的人。"（totiens admoneam necesse est non Ioqui me de sapientibus…sed de imperfectis hominibus.）《论恩惠》Ⅴ. 25. 3："智慧之人的生活更容易。"关于《卢库鲁斯》（*Luc.* 66）的进一步讨论，可见 Reid (1885)。

斯》（*Luc.* 98）。西塞罗完成自己演讲中的第一个主要部分：他已经
证明无物可被"理解"。随后，他会阐释卡尔涅亚德的"或然性"
学说。基本上，《卢库鲁斯》（*Luc.* 98）之前的部分都是"破坏性
的"，因为任何获得可靠知识的企图都破产了；而接下来的部分便
以"建设性"为特征，因为一些次级的（或然的，"*pithanon*"）认
知被引入其中。不出所料，西塞罗在第二部分感到更自在了，而正
如他在对话过渡时所表明的（*Luc.* 98b）："而把这类尖刻的回复，
以及全部拐弯抹角的论证放在一边，让我们展示出真实想法……"
这几乎是松了一口气：最棘手，并且就所谈问题而言，最遭人厌烦
的，而他又不得不阐释的部分就此结束了。如果用花样滑冰不太牵
强地比喻这位罗马执政官（consularis），那么人们会说西塞罗觉得
自己好像完成了"必选的"辩证法表演，而其余的将是"自选的"
论证。西塞罗自己的比喻取自崎岖的地形：前面的论证比作一片荆
棘丛生之地，在那里人寸步难行，只能小心翼翼地，缓慢地，艰难
地迂回前进。此比喻在《卢库鲁斯》（*Luc.* 112）再次提起：西塞
罗又滑入辩证法的问题，但他承诺，从现在起，将"在更为宽广的
领域里快乐而自由地漫游"[①]。我们会较多地讨论《卢库鲁斯》

---

　　① 这是一处过渡，从辩证的"序章"（prelude），到相对宽泛的论证，参见《图斯
库兰辩》Ⅲ. 22，"那便是斯多亚学派表达他们观点的方式，就是用严密的三段论将观点
绑在一起；而我现在会用更长的篇幅，也更自由地陈述这些观点"（haec sic dicuntur a
Stoicis concludunturque contortius；sed latius aliquando dicenda sunt et diffusius）；Ⅳ. 33：
"既然我的发言离开了这片水域，偏离了精确定位的礁石……我正盼着那航行……乘船
远航"（…quoniam tamquam ex scrupulosis cotibus enavigavit oratio…nunc vela…expecta-
mus et cursum）（cf. Ⅳ. 9）；Ⅴ. 76 "我们忽视斯多亚学派的微妙之处"（…ut iam a
laqueis Stoicorum…recedamus）。另见 *De orat.* Ⅲ. 124，"演讲者拥有自由，畅游于无边
无际之间"（in hoc…tanto immensoque campo cum liceat oratori vagari libere…）。（cf. Ⅲ. 108）

（*Luc.*112），但先仔细地考察一下《卢库鲁斯》（*Luc.*98b）。

《卢库鲁斯》（*Luc.*98b）的引文中涉及这样的问题："如此尖刻和拐弯抹角的论证"（isti aculei et tortuosum genus disputandi）事实上指的是什么？有人认为，此比喻完全符合紧接着讨论的内容，即《卢库鲁斯》（*Luc.*91 - 98a）中所揭示的逻辑难题，而西塞罗讨论的其他部分绝不是困难的，也不是专业的和"棘手的"，即《卢库鲁斯》（*Luc.*89 - 90）的所有诗句。诚然，实际使用的隐喻似乎受到前面辩证论证的影响。但是，还有一种情况是，推出知识不存在这一结论的所有论证都可能被称为困难的和"棘手的"。因此，这种观点毕竟更可信，就是说西塞罗在《卢库鲁斯》（*Luc.*98）从整个（如我们所说的）"破坏性"的发言中抽身。我们为第一个主要部分（*Luc.*66b - 98a）替换一个标签，即"阿尔克西劳式的"，而第二部分则为"卡尔涅亚德式的"，这是一种尝试，基本上也正确。阿尔克西劳是第一位否认事物可"理解"的学园派，正是卡尔涅亚德引入了一套"或然性"印象（*phantasiai*）的完备学说；由此，他们各自的名字赫然出现在本部分的最开头，似乎绝非偶然，如《卢库鲁斯》（*Luc.*66b）："不过至于智慧之人，阿尔克西劳主张……"（sapientis autem hanc censet Arcesilas vim esse maximam），《卢库鲁斯》（*Luc.*98b）："卡尔涅亚德的所有论点得以阐释"（explicata tota Carneadis sententia）。不过，存在好一些交叉之处：阿尔克西劳已经教导称一些"印象"更"合理"（*eulogos*），因而比其他印象更具或然性，卡尔涅亚德赞成普遍"不可知"（*akatalêpsia*）不亚于其前辈。因此，马尔科姆·斯科菲尔德（Malcolm Schofield）和

其他学者认为，"卡尔涅亚德的所有论点"（tota Carneadis senten-
tia）可被解读为"卡尔涅亚德的其他观点"。然而，这并不影响
《卢库鲁斯》（*Luc.* 66b - 98a，98b - 115）是西塞罗演说中头两个主
要部分的事实，正如前所言其各有侧重而已。[①]

二

西塞罗使用了第一人称复数："而把这类尖刻的回复，以及全
部拐弯抹角的论证放在一边，让我们展示出真实想法。"（ut omnes
istos aculeos et totum tortuosum genus disputandi relinquamus os-
tendamusque qui simus）至于第一个动词，其复数形式显然是"修
辞性的"（rhetorical）：西塞罗对自己演讲安排的一种评论，况且也
没有其他人能够胜任。从修辞风格看来，将其余的动词也等而视之
最为容易，而我们其实可将本句的后一部分解读为："让我阐明自
己真实的想法。"另外，西塞罗所打算解释的并不仅是其个人的观点，
而是怀疑论学园派关于"或然性"印象的学说。那么，我们又该如何
理解"我们，这些学园派怀疑论"？这种解读得到下一句话的支持
（*Luc.* 98 fin.）：西塞罗有所顾虑，因而说明接下来的内容并非自己杜

---

① 参见 Ruch（1969），esp. 320 f.，认为第一个主要部分（*Luc.* 66b - 98a）是"对
独断论者异议的反驳"，第二部分（*Luc.* 98b - 115）是关于怀疑派观点的"证明"。这会
引起误解，因为第一部分是对无物可知的一系列证明，第二部分仅涵盖怀疑派观点的具
体内容；同样具有误导性的是，Bächli 将"*Luc.* 98b - 115"概括为"没有任何话题达成
一致意见"（Keiner These ist zuzustimmen），参见 Schäublin（1995）lxxix。

撰，而是学园派的"官方"学说；并且，为了证明这一点，如文中所示，他指明了自己文献证据的引用来源（这在西塞罗的著作中相当罕见）：克利托马库《论存疑》（*On the Withholding of Assent*）的第一卷。① 但再者，读到《卢库鲁斯》（*Luc.* 112），这里提到摈弃"棘手的"狭隘主题的想法，因而将此解释为更具个人特征的发言似乎更可取。事实上，两类解读是相通的，我们可以换个说法："让我告诉你们，我所青睐的我们（学园派的）学说。"

在《卢库鲁斯》（*Luc.* 98b–110），西塞罗诠释了卡尔涅亚德或然性学说的基本原则，从而回应斯多亚学派的反驳，即怀疑派从不"赞同"，那么就因完全"无为"（*apraksia*）而遭到指责。如前所言，本部分是"积极的"和"建设性的"；尽管如此，其中绝大部分术语都是极为专业的，而《卢库鲁斯》（*Luc.* 111）不仅再次滑入辩证法，而且也是一种偏题：据西塞罗汇报，安提奥库反驳菲洛称，假设虚假印象存在，又主张这些印象在某种情况下不会与真实的印象相区别，二者相互矛盾。哪怕从表面上看，这也不仅仅是一场争吵；该议题对于独断论者和怀疑派双方都是重中之重。但是，相应的反对意见本应该在西塞罗的第一部分演讲中提出（正当"不可理解"存亡之际）；这无关乎"或然的"或"无或然性的"印象。因此，西塞罗在《卢库鲁斯》（*Luc.* 112）适时地停了下来，再一次扭转了关注点："但即便现在，我仍感到对该主题的探讨显得过于

---

① 在 *Luc.* 102，有一处地方逐字引用了克利托马库的另一部书，即"他当时几乎用这些文字写下"（…scripsit his fere verbis）。西塞罗鲜有直白的引用，参见 Görler（1989），pp. 253–256。

狭隘了。我的论证还有余地，任我自由而愉悦地发挥，那为什么我们还要陷入逼仄的巷子，在斯多亚学派的论证上纠缠不休呢？""即便现在"指明之前的《卢库鲁斯》（*Luc.* 98b）：西塞罗在此坠入他已承诺放弃的一类论证。我们已经注意到，西塞罗喜欢那里作的比喻。① 显然，他准备展开更具个人特征的论证，对此的佐证见于《卢库鲁斯》（*Luc.* 115），西塞罗再次回到中立客观的关键问题上："但我们不要再讨论自己人，请关注圣贤，他们才是我们探究的真正主题。"因此，在这两句话之间，无论有什么论证和陈述，我们都希望它们带有个人的色彩：它们不应涉及智慧之人，而应关涉西塞罗本人。

"《卢库鲁斯》（*Luc.* 112 – 115）"这部分尤其出人意料。我们的期待落空：这里就没有"漫游于宽广的领域"，也没有畅所欲言的论证，西塞罗诸如在《图斯库兰辩》和其他地方使用的多种多样的例子充斥其间；相反，论证甚至更严密，更具理论意味。我们由此意识到，与其说这显示了西塞罗所宣布的一种更为宽松的风格，不如说是一种非正统的论证。

西塞罗希望自己能够与漫步派而不是斯多亚派对话，这样，事情就会变得更容易。《论法律》（*Leg.* Ⅰ. 53 f.）也有差不多的愿望，以及相似的虚构："西塞罗想，如果我能将自己虚构成老学园派和斯多亚派之间的仲裁官，那么我将能够解决他们在最高目的问题上的争端，这分歧要么是言辞上的（如卡尔涅亚德和安提奥库所认为的），要么微不足道"——一言以蔽之：西塞罗试图摈弃极为

---

① 参见本文"一"后部分。

微妙的差异。① 正因如此，他才想要摆脱某种认识论问题上的限制和难题。为何西塞罗宁愿与漫步派对话呢？漫步派是"心思简单的人"，会不太精确地定义哪些事物是可被理解的："始于某种真实对象的印象"，并且他也不会坚持这种"繁重的附加条件"②，即"它如此这般以至于不能被看作好像来自虚假之物"。这里，我们要擦亮眼睛。西塞罗想要摆脱的不过是斯多亚学派对"可理解的表象"（*katalêptikê phantasia*）所定义的第三个广为人知的条件。他的读者却没能记得他在其演讲中的三个部分（*Luc.*77）就强调了这第三个条件的重要性。

在《卢库鲁斯》（*Luc.*77）中，西塞罗设计了一场斯多亚派的芝诺和阿尔克西劳之间的对话，以此表现出两个学派长期存在的认识论争论。首先，反对方主张唯有"印象"（*phantasiai*）能被"理解"（特指被认为是真实的，具有完全的可靠性），因而（1）"来自真实对象的印刻"（ex eo quod esset），并且（2）"与其真实的特性

---

① 比较 *Tusc.* V.120："卡尔涅亚德曾经作为一名光荣的仲裁官裁决思想上的纷争；因为在漫步派看来是善的东西，斯多亚学派也认为是有益的；并且，漫步派所允许获得的财富、健康以及诸如此类的东西不比斯多亚学派所允许的多……所以，他认为分歧是没有道理存在的。"（quorum controversiam solebat tamquam honorarius arbiter iudicare Carneades；nam cum，quaecumque bona Peripateticis eadem Stoicis commoda viderentur neque tamen Peripatetici plus tribuerent divitiis bonae valetudini…quam Stoici，causam esse dissidendi negabat.）在 *Fin.* Ⅱ.39，西塞罗愿意追随卡尔涅亚德："我尽量缩小议题的范围，将所有简单的理论……从哲学中清除出去……"（quantum enim potero，minuam contentiones omnesque simplices sententias…omnino a philosophia semovendas putabo…）

② 即 "… qui…diceret…neque adhaerere illam magnam accessionem（没有说那繁重的补充是固有的）"。这读来有些拗口，因为 "Accessio"（补充）应当在逻辑上与这类哲学家之前提出的要求相符。就此而言，补充应内在于被定义的事物中。里德（Reid）对此的推测相当有说服力。

相符"（sicut esset）。阿尔克西劳仍不满意，因为还可能存在某种虚假的印象，就其外观而言无法与真实印象区分开来。由此，这两位学者都同意在"可理解印象"（*katalêptikai phantasiai*）的定义中加入第三个条件：它们必须有这样的性质，就是若某物源自非存在的东西，则不能被理解。正是这"第三个条件"很快就成为核心议题：阿尔克西劳及其追随者否认该条件会被满足，斯多亚学派坚决认为"印象"（*phantasiai*）是一清二楚的，是"明晰的"（perspicuitas，*enargeia*），以至于谬误一定可被排除在外。在《卢库鲁斯》（*Luc.*77）中，西塞罗定下了调子："这是迄今为止唯一的分歧之处。"①

读到此处，没人会怀疑西塞罗不赞成第三个条件，他似乎没有任何束缚地回到，也不得不回到学园派怀疑论的根基上来：学园派绝不否认条件（1）和（2）会得到满足，并且通常都会被满足，也不会否认存在真实的"印象"。至此，没有任何怀疑的必要。很有可能，斯多亚学派起初设置了这两个条件，并感到满意。真正的问题实则为阿尔克西劳所提出：我们究竟如何知道条件（1）和条件（2）实现了？也许当斯多亚学派提出这两个条件时，就天真地设想我们能够查验自己感知的可靠性。事实上，倘若我们能够如此，那么所有的认识论难题都会迎刃而解了。不幸的是，我们不能。若要查验我们"印象"的真值，我们就得清楚真实的事物，也要明白这"印象"，并且将二者加以比较。据斯科菲尔德所言，斯多亚学派或许会

---

① 比较 *Luc.*83："争论完全集中在第四个前提：没有任何一个来自感觉的真实印象不伴有一个与之完全没有差别却不可理解的表象。"（omnis pugna de quarto（capite）est（i. e. the Academics' affirmation）nullum esse visum verum a sensu profectum，cui non appositum sit visum aliud，quod ab eo nihil intersit quodque percipi non possit. ）

主张："如果条件（1）和条件（2）得到满足，那么我们确实能认识事物，而且直接地认识到。"① 于是，阿尔克西劳也会认为，我们只有"印象"勉强可用，而真实的东西遥不可及。若非如此，为什么我们只提到"印象"，却不直接考虑真实的事物呢？

因此，第三个标准的逻辑关系有些复杂：这并非真实对象和"印象"之间的"双条件"关系［正如条件（1）和条件（2）所展现的］，而是"三条件"关系。认识论中的"主体"也牵涉其中：我们（主体）必须确保"印象"（*phantasia*）是对其客体的真实反映。② 因

---

① 另见 Long，Sedley（1987）1.239（讨论"39 B 2 - 3"，ps. Plu. *Plac.* 900E ＝ Aät. Ⅳ. 12.3 Diels；在"Stobaeus"没有相应文段）："此段并未暗示印象是内在的图像或影像，因而我们感知到的是客体的影像。正如光，印象是真实事物的光影，是我们观察真实事物的手段。"cp. Aät. Ⅳ. 12.2，"正如光显示自身及其成因"。但要注意，光的比喻并非真正贴切：印象由真实事物产生，该物是"施予印象之物"（impressor），但光不是由其所显示之物造成的。更要注意，斯多亚学派认为，我们可以"把握"（katalambanein）的东西主要是"印象或表象"（*phantasiai* ＝ visa）（参见 *Luc.* 77 中芝诺的回答）。并且，他们认为，"记忆是印象的宝库"（S. E.，*M.* Ⅶ.373）。因此，我们可以更确切地称，印象"指明"其"施予印象之物"，即所谓的"展示"（*endeiknunai*，Aät. Ⅳ. 12.1），而真实事物是我们通过直接推理得知的。这显然是西塞罗在 *Ac.* Ⅰ.41 中所想："并非所有印象都是可信的，只有那些以特殊方式揭示对象的清楚明白的印象才可信。"（visa，quae propriam quondam haberent declarationem earum rerum，quae viderentur.）

② 正因如此，我很难接受斯特赖克（Gisela Striker）称这个备受争议的"补充条件"为"较弱的解释"（weaker interpretation）："第三个条件阐明了第二个条件中的含义，就是说理解性印象（cognitive impression）如此精准地反映其对象，以至于它不可能来自其他事物。"芝诺也许认为，任何正确反映其对象的"印象"都自然而然地清楚而准确；在某种意义上，第二个条件确实暗示了这一点（"符合其真实的特性"）。但是，为何他本应该以第三个条件的"说法"来表达此观点呢？若某一观点已经被陈述，那么对其阐释就不算是一种额外的条件。仅当某个新条件回答了我们如何"知道"条件（1）或条件（2）是否达成的这一问题，它才能够成立。并且，该问题并非斯多亚学派自己提出的，而是阿尔克西劳提出的。

为主体不能理解客体本身，所以上述所要求的保证就一定在某种程度上包含在那些满足该条件的"印象"之内。换言之，这些"印象"一定会因其正确无误的特征而被分辨出来。斯多亚学派指出一些印象具有"清楚"或"明晰"（*enargeia*）的特征；学园派反驳道，我们找不到那种不会出错的清楚的特征。对此，我不会继续探讨。① 不过，为西塞罗所质疑的"繁重的附加条件"是这场认识论争论的真正核心，这一点应该很清楚了。于是，舍弃"那么，何以不假"（tale，quale falsum esse non possit）的要求无异于全然背弃学园派怀疑论。

正如我们所知的，西塞罗很清楚这一点，而事实上也没有放弃要求第三个条件（*Luc.* 113 fin. ，如下）。不过，这给我们造成了如此观感，就是他将之视为烦人的、不必要的负担，因而感到不适。② 我们应该如何对待西塞罗的愿望？我们读一段（*Luc.* 112b）："若与漫步派在此讨论，则不会遇到很多分歧：我会说无物可被'理解'，他回答智慧之人有时会屈从'意见'——我也不会反驳，哪怕卡尔涅亚德对这结论也不会大动干戈。"就此，西塞罗的意图变得更加清晰："免于意见"的主张岌岌可危。"心思简单的"漫步派会大方承认"智慧之人"确实如此，而斯多亚派却不会退让，正

---

① 详见 Görler（1994），pp. 800，865。

② 这并非唯一会引人误会的地方，另见 *Fin.* Ⅴ.76："我唯一不能理解的是斯多亚学派对那种能力的定义；他们认为，没有什么东西可理解，除了某种真实的印象，它具备虚假印象所不具有的特征。这里，我与斯多亚学派有争执，但与漫步派一定没有争议。"（nihil est enim aliud，quamobrem mihi percipi nihil posse videatur，nisi quod percipiendi vis ita definitur a Stoicis，ut negent quicquam posse percipi nisi tale，verum quale falsum esse non possit. itaque haec cum illis est dissensio，cum Peripateticis nulla sane. ）

是这一点让西塞罗感到愤慨，我们稍后会详谈。

在下一个部分（*Luc.* 113）中，斯多亚派再次与更有同情心的哲学家意见相左，诸如亚里士多德和第奥弗拉斯特，"或者甚至有"色诺克拉底和波莱谟：这些斯多亚派显然"稍逊一筹"①。尽管如此，西塞罗还是默许了他们关于可"理解"之物定义中的第三个条件："tale verum, quale falsum esse non possit"，即"如此这般真实而不可能为假的印象"；接着，他推出："因此（itaque），理所当然（nimirum），我会赞同尚未认识的（或者'未知的'）东西，就是说，我会持有意见"（请注意，这类行为对于怀疑派绝非"理所当然"）；"对此，漫步派会赞成我，老学园派也会，但你们学派却不会让我这么干……"西塞罗最终点名安提奥库，因为此人是这篇对话中阐释独断论的首席发言人。

现在，所有这些在侧重点上都出现了显著的偏向，更别提"学述上的"（doxographical）事实歪曲。这里很奇怪地遗漏了一些东西。西塞罗自己的学派怎么看？当然，阿尔克西劳会站在斯多亚学派边上，毫不妥协地拒绝持有无根无据的"意见"（*Luc.* 66，77）。在我们的引文中甚至没有提到此人，这几乎不是偶然。的确，卡尔涅亚德好像准备让步（*Luc.* 59，67，78，108，148），因而据说他没有针对赞同和"意见""大动干戈"。但是，根据上述相关引文，很明显，如果卡尔涅亚德有的话，只是赞成"意见"作为人类行动的权宜之计。② 在《卢库鲁斯》（*Luc.* 113），这里的调子其实是反

---

① 实际的言辞不能确定，但大致意思却毋庸置疑。
② 详见 Görler（1994），pp. 859 f.，869 – 973。

着的。①

其余的部分竟然也令人困惑。西塞罗向安提奥库（众所周知，此人佯装恢复了"老的"，即前怀疑论的学园派和更早的漫步派）发问："难道老学园派的成员或者一个漫步派竟会主张唯一可被理解的东西就是真实印象，如此这般以至于不可能有相同的虚假印象，或者认为智慧之人从不持有意见？我担保，没有这种人。"此论证让人摸不着头脑。西塞罗和安提奥库两人都将自己认作学园派，并且因为他们的认识论观点不同，要是其中某位质询对方的正统主张，也不出人意料。但事实并非如此。安提奥库希望成为"老的"（非怀疑论的）学园派，西塞罗容忍了，在此也没有力图说服此人接受自己学园派思想的怀疑论（"新的"）范式。相反，他还提醒安提奥库注意本学派的历史和学说：没有哪位古代学园派关心过这两个原则，即"唯一可被理解的……"（id solum percipi posse…）和"智慧之人不持有意见"（sapientem nihil opinari）。西塞罗没有点明的就是，这些命题正是其本人学园派哲学的立论之基，尽管它们在不久前就被介绍过了。我们值得再回过头看看《卢库鲁斯》（*Luc.* 77）："人类可能持有意见——不仅可能如此，智慧之人必须不持有任何意见，这些观点不仅从未被明确地提出，甚至他的先辈也从未讲过；但阿尔克西劳认为此观点是真实的、可敬的，而且符合智慧之人的情况。"事实就如前所述：智慧之人应当不"持有意见"（opine）是一个新观点、新设定。但是，与《卢库鲁斯》（*Luc.* 113）

---

① 注意，在 *Luc.* 78 和 108 中，西塞罗显然偏向克利托马库对卡尔涅亚德的解释。

相反，《卢库鲁斯》（*Luc.* 77）无论如何都不会引起争议：此新观点被誉为"事实"且"符合智慧之人的情况"。鉴于《卢库鲁斯》（*Luc.* 77）所说，"芝诺之前没有人"曾强调过上述原则，这话充其量真假参半；如果我们要相信西塞罗所虚构的对话，那么正是阿尔克西劳迫使芝诺制定了这些原则。《卢库鲁斯》（*Luc.* 113）甚至都没有提到阿尔克西劳的名字，我们可由此推测，西塞罗并未倾力于严格的学园派怀疑论。

不过，西塞罗还没有否弃学园派怀疑论的基本学说（*Luc.* 113 fin.）："尽管如此（这些原则后来被一个稍逊一筹的哲学家发现），我还是认为这两个原则都是对的，这并非临时起兴，而是真心实意地赞成。"是的，西塞罗不得不如此，因为他已经在其演说的第一个部分中做了一番阐释；就算这样，西塞罗在此（*Luc.* 113 fin.）仍然表现得相当克制，而他其实并非毫不妥协地恪守圣贤绝不持有意见的信念（*Luc.* 148，以及下文）。

我们应当理解到"《卢库鲁斯》（*Luc.* 114）"这一部分与前边的内容息息相关。该推论可以改写为："你如此坚定地遵循的这两条原则，虽然我对其学园派渊源表示怀疑，但我仍会放下疑虑，向你让步，承认它们是真的；但我不能承认的是，由于你对认识确立了很高的标准，建立起一套彻底的独断学说，声称'知道'每一处细节；这是十足的无知。"需要强调的是，其中所使用的一些动词具有很强的独断专行的意义（*Luc.* 114）："你们禁止我赞同任何尚无定论的事情……你们却自以为是地（'tibi adrogas'）发展出一套哲学体系，来揭示宇宙的本性，塑造我们的品格，确定伦理的目的，规范适宜的行为……"

　　这是绝妙的修辞。怀疑派柔声细语，却有效地驳斥了安提奥库和斯多亚学派的专断。其中很可能包含了历史的真相。斯多亚学派或独断论者与学园派或怀疑派之间长期争辩不休，他们的核心议题从一开始就是，智慧之人是否应当或者能够免于赞同或持有意见。两个导致"存疑"（*epokhê*）的基本前提，其中有一个就是智慧之人一定不持有意见，另一个就是"没有什么东西可理解"（nihil est quod percipi possit）。毫不妥协的怀疑派一定认可这两条，因而不可避免地做出结论：此人绝不赞同任何印象。（*Luc.* 78："illud certe opinatione et perceptione sublata sequitur：omnium adsensionum retentio."①）但众所周知，面对"无为"（*apraksia*）论证，学园派也得寻求某种折中的方案，从而在一定程度上脱离完全的"存疑"。这便意味着，他们必须在两难之中择其一：要么承认至少有些东西可"把握"，即"理解"，从而放弃普遍"不可理解"（*akatalêpsia*）的原则；要么赞成"意见"。最终，他们选择了后者，尽管表现得犹豫不决，也披上了一些伪装的术语。就斯多亚派及其"拥趸"安提奥库而言，毫无偏差地坚持"智慧之人从未持有意见"（sapientem numquam opinari）的原则容易得很，因为他们相信大量的"印象"可被"理解"，并且他们可能吹嘘自己完完全全地信守了这条崇高的格言。鉴于斯多亚学派的学说精巧繁复，学园派一定会认为这不过是表面文章。

---

　　①　此句大意为"一旦意见和理解被消除，那么存疑必定紧随其后"。——译者注

《卢库鲁斯》（*Luc.* 115）的基调是"傲慢与温和之争"；这贯穿于这部分剩下的内容："推崇自己的哲学学说（vereor ne subadroganter facias），岂不傲慢？我明白，你们坚信它的确是唯一正确的学说……难道我们真的不会因为陷入错误感到羞愧？或者你们相信唯有自己才认识一切，这岂不狂妄（adrogantes，另见 *Luc.* 126，'impudenter, non solum adroganter'，即'不止傲慢，也不体面'）？"卢库鲁斯，一位独断论者，指责他对手的学说莫名其妙，有悖常理；他将怀疑派比作暴民（*Luc.* 13），指控他们"颠覆完备的哲学学说"（*Luc.* 14），"给清楚的事物蒙上一层黑暗"（*Luc.* 16）；他在演讲的结尾（peroratio）（*Luc.* 61）做了总结："……那种哲学混淆真假，剥夺我们的判断，损害了我们的认同能力，摒弃了我们所有的感官……"可见，西塞罗在"《卢库鲁斯》（*Luc.* 115）"转而占据卢库鲁斯的上风：不是我们怀疑派，我们的学说没有屏蔽常识和普通感觉——更令人愤慨的是斯多亚学派的傲慢无礼和自以为是。此反驳到发言的结尾再次出现（*Luc.* 144）："为何卢库鲁斯不赞成（invidia）他？大多数人'嗤之以鼻'的是斯多亚派的悖论。［关于怀疑派的'或然性'学说，请参见《卢库鲁斯》（*Luc.* 105）：'sint sane falsa, invidiosa non sunt'，即'是假的，而不是惹人烦'；《卢库鲁斯》（*Luc.* 126）：'cur rapior in invidiam?'，即'为什么要把我当作责难的对象？'］"

"《卢库鲁斯》（*Luc.* 115）"最末部分的辩证法论证最为出彩。独断论者自以为是而受到指责，西塞罗迫使他们辩解："我可没装作无所不知，我说的是圣贤呢。"不过，这却让他掉入了陷阱，因为他本人企图推崇和解释斯多亚派的学说，因而西塞罗据理质问：

"难道我们还想着没有智慧的人竟然启示了智慧?"再者，西塞罗演说的末尾也采纳了这类论证。卢库鲁斯论辩称（*Luc.* 22），如果无物可"理解"，那么就不会有技艺，也不会有学问了；他也不愿意代之以"或然性"观点。至此，斯多亚派的学说便融进了如此的反驳，即他们训言，"知识"（专门的术语是'scientia'或'*epistêmê*'）为圣贤所独有。因此，西塞罗反驳道："宙克西斯、菲迪亚斯和波里克利特，他们拥有杰出的技能，却达不到斯多亚派圣贤的标准，就是说他们一无所'知'，他们如何接受你们的观点呢?"（*Luc.* 146）当然，这是论辩的修辞，卢库鲁斯对此不会应付不了，他趁机答道：他自己的学派毕竟也承认大众有"理解"，而技艺匠人更是如此。

　　但是，我们的目的不是评判这个长期存在的争议。我们关心西塞罗本人的立场，就此接下来的内容就相当有说服力了。西塞罗设想，当我们教给技艺匠人"知识"的恰当（哲学的）含义，"明白了我们摒弃的是从不存在的东西，而没有丢弃他们所必需的东西"，他们就会冷静下来，不再对西塞罗一方生气了（*Luc.* 146）。这几乎是西塞罗演讲中的最后一句话。这分明具有反讽的特征：人不应该为了言辞争吵，只要本质上一致就行了；如何描述一个称职的匠人之所以称职的特征，无关紧要：可以用"知识"，或者一连串"理解"，或者"或然的观点"。令人惊奇的是，西塞罗最后的讲话竟然二者兼备。他提及斯多亚派的"知识"概念，即知识为圣贤所专有，而凡人却勿用。并且，到目前为止，斯多亚学派不确定是否真的存在智慧之人，因而在某种程度上，"知识"（正如他们所定义的）可以说是"不存在"。倘若将此解释给技艺匠人听，那么就能平复他们对斯多亚学派的怒气。"而且，要是他们得知我们摒弃的是从不存在的东西，而没有丢弃他们所必需的东西，那么他们也就不会怨恨我们（怀疑论学园派）了。""丢弃的"是斯多亚学派口中的理解，也是学园派的"或然的观点"，这样两个学派都摒弃了为学问、技艺和所有行动所必需的东西。具体的术语被隐去，这并非偶然：在此，西塞罗不想再提起争议之事，而想强调双方的共同之处。在《卢库鲁斯》的其他地方，有更多的例子表明双方的差异被淡化，后面还会有更多的例子。

我们回到《卢库鲁斯》（*Luc*. 112–115），并作如下总结：

（1）西塞罗对专业上的复杂推理表示不满，他自己希望与心思更为简单的对手辩论。

（2）他似乎不愿意为普遍"不可理解"的格言顽强地"战斗"。

（3）他似乎不满意芝诺给可知之物的定义加入第三个著名的条件；如此严苛的"知识"定义，他认为这种"知识"根本不可能为学园派所接受。

（4）尽管如此，他还是勉为其难地接受了斯多亚学派的全部定义。①

（5）让他生气的是，斯多亚学派本身并不符合他们强迫别人接

---

① 菲洛在其"罗马书"中试图摒弃第三个条件［*Luc*. 18，详见 Görler（1994），pp. 922–926］；因此，当西塞罗对斯多亚学派过于苛刻的定义表示担忧时，人们很容易认为他受到其老师的影响。然而，应当记住，西塞罗在《卢库鲁斯》中毕竟坚持第三个条件；此外，卢库鲁斯显然没有考虑到"罗马书"中的创新（*Luc*. 12）。并且，既然西塞罗在《卢库鲁斯》的发言中没有明确地提到此书，我们就不能确信他真的借用了此书中的观点。

受的标准；他们的学说有相当多的猜测成分，而他们仍然装作知道得比别人多；学园派则温和得多。注意，斯多亚学派没有被要求搁置所有的认同和判断；仅有他们对绝对"知识"的傲慢主张才遭到了批驳和嘲笑。至于"意见"，则没有任何的异议；事实上，"《卢库鲁斯》（*Luc.*112 - 115）"算是对"免于意见"的直言不讳的恳求。再次注意，阿尔克西劳甚至没有被提到——这里的内容和态度都与"《卢库鲁斯》（*Luc.*77）"有所不同。

三

至此，我们仅限于讨论西塞罗演说的段落，这些部分明显就是其个人的陈述。我们将在别处找寻其个人的插话，这时我们的阐释就不会那样肯定了。

首先，我们浏览一下西塞罗演说中的第三部分（*Luc.*116 - 146），并为这一部分拟一个标题，就是"哲学分歧"。这一部分不在于提供学述信息，而是说明在哲学问题上不能做出理智的决定：所有对既定学说的论证都会遇到"反向平衡"，就是说受到相反观点的反驳。这是学园派论证的传统方法，好像取自皮浪派的怀疑论。① 关于"各执己见"（diaphonia），"《卢库鲁斯》（*Luc.*115）"

---

① 这并非悖于《名哲言行录》Ⅳ.28 = 68 D Long，Sedley（1987）。第欧根尼在此想到的是学园派中的改变。至于学园派怀疑论是否在一定程度上受到皮浪及其追随者的影响，有关这一备受争议的问题，可参见 Görler（1994），pp.744 f.，797，812 - 815。

（我们上面也了解过）准备了相应的材料，在此西塞罗告诉他的安提奥库派（就此而言，即斯多亚派）对手，他不明白自己为何要在众多学派中选择斯多亚学派。这里没有必要拘泥于细节；我只想指出一些段落，表明西塞罗在讨论双方的观点时没有达致完满的"均衡"（卡尔涅亚德必定会达到），而是表示赞同一方或另一方的观点罢了，尽管措辞谨慎。① 相关的论证有三个方面：自然哲学（*Luc.* 116 - 128）、伦理学（*Luc.* 129 - 141）和辩证法（*Luc.* 142 - 146）。

在《卢库鲁斯》（*Luc.* 119），我们可以发现关于斯多亚学派宇宙论的个人偏好（与漫步派的宇宙论相对）。西塞罗陈述了斯多亚派的观点，即"世界是智慧的，它拥有心灵，构建其自身、世界和秩序，并造成一切的运动，统摄万物"（mundum esse sapientem，habere mentem quae et se et ipsum fabricata sit et omnia moderetur moveat regat…），并下结论："这些学说或许都是真的（sint ista vera），尽管如此，我还是不接受它们可被理解。"这并不是放弃前面做出的让步：这正是怀疑派必须亮出的身份。并且注意，西塞罗

---

① Glucker（1995，pp. 131）统计出其中有两处提到"似真的"（veri similis）观点，八次提到"或然性"（probabilis）观点。不出所料，这些观点大抵正是西塞罗在其他著作中视为"最有可能的"哲学立场［参见 Gawlick & Görler（1994），p. 1101］。他的标准并非通过理性发现，也不是统计学上的可能性，而是主观的"相信"（conviction），其本身最大程度上基于这样的考虑："若非如此，则不良后果将随之发生。"例如，*Luc.* 134 f.："除非幸福生活仅由德性维系，或主要由德性维系，否则德性荡然无存。"有关进一步的讨论，请参见 Görler（1974），p. 128 f. 和 Gawlick，Görler（1994），p. 1106 f.。类似的观点并非西塞罗独有，参见克律西波：Plu.，*S. R* 1040D = *SVF* 3. 157；Lucr. Ⅳ. 508。

随后没有认为亚里士多德的观点是可信的，而是据其立场感到一些怀疑。［《卢库鲁斯》（*Luc.*126）话意中的情绪色彩很浓："我蔑视斯多亚学派的'命运'，他们告诉我，它统摄宇宙。"这正是西塞罗《论命运》中的观点。］接下来的陈述令人困惑："我甚至认为这个世界不是依据神圣的计划建立起来的"；这似乎反驳了他在《卢库鲁斯》（*Luc.*119）所表达的思想倾向，但他又补充了一句："或也可能如此。"（比较"*Luc.*119"的"sint ista vera"）总而言之，西塞罗就自然哲学所谈的话，勉强展现了学园派的"存疑"。

　　伦理学方面则有所不同。① 西塞罗深受斯多亚学派两条原则的触动："德性是唯一的善"和"幸福生活仅系于德性"。因此，他"渴求追随斯多亚学派"（*Luc.*132："cupio sequi Stoicos"）。这里的"cupio"（渴求）表现了强烈的个人信念。② 接着，他又倾向于拥护安提奥库，因为他害怕"芝诺赋予德性的东西超过了自然的许可"（*Luc.*134）；而他又带有些许遗憾，感到："他仿佛一个神，认为德性什么都不缺；安提奥库就是一介凡人，因为他认为除了德性，还有很多东西值得人类珍视，甚至其中一些东西是必要的。"正反双方的讨论持续了一段时间，最后两个势均力敌的观点之间似乎达到了某种均衡。然而，这并未让西塞罗感到惴惴不安，因为双方都倾

----

　　① 关于 *Luc.*129 - 141，参见 Algra，"Chrysippus，Carneades，Cicero：the Ethical *Divisiones* in Cicero's *Lucullus*"。

　　② 在较弱的程度上解释，"cupio"可以理解为"询问""问候"，其中的第一人称单数差不多就是"某人"的同义词［相关用法参见 Nutting（1924）］；Leumann，Hofmann，Szantyr（1965，p. 419）中举例 *Tusc.* Ⅱ. 28："我将这些请教伊壁鸠鲁（rogo hoc idem Epicurum …）"，详见 Kuhner（1835）。

向于看重德性的地位（*Luc.* 134 ad fin. ；另见 *Luc.* 139："我不容易从波莱谟、漫步派和安提奥库的观点中走出来"，这几乎是真诚的坦白）。另外，西塞罗直言自己不赞成伊壁鸠鲁和阿里斯底波（Aristippus）的观点（*Luc.* 139）："……德性唤我回来……她宣称：感官活动属于牲畜，而她是人与神之间的纽带。"这里，中间道路不久就被截断了，似乎断绝了（*Luc.* 139 ad fin. ）："真理本身和绝无偏差的理性会来责备我：'什么？如果高尚就意味着摈弃快乐，你当真要将高尚和快乐结合在一起，就像把人跟兽结合在一起那样？'"不过，西塞罗没有假装肯定，唯有那些把德性摆在首位的哲学家才是对的：他没有对物质主义和快乐主义的论证和尝试装聋作哑（*Luc.* 141）。

因此，无论我们在西塞罗演说中的学述部分发现了他本人的什么，顶多发现他倾向"意见"。但这些发现会很少，而这并不奇怪，因为本部分的主要目的是证明，我们根本不能偏向任何一方，也不能合理地持有任何意见。

四

斯多亚主义和怀疑论有共同的立论基础，参见《卢库鲁斯》（*Luc.* 101）："我们反对感觉的说法与斯多亚学派没有区别：他们称许多东西是假的，远远不同于它们向感官呈现的样子。"但是，由此引出的结论却在两个学派中有所不同，而这些不同正是《卢库鲁

斯》的中心议题。尽管如此，该分歧似乎时不时地被淡化了。在
《卢库鲁斯》（*Luc.* 8）中，即西塞罗的前言，我们读到："我们和那
些认为自己拥有确定知识的哲学家之间的唯一区别在于，他们从不
质疑自己的原则是真的，而我们认为许多学说是可信的，它们易于
跟随，但难以确证"；"而你们称事物可被领悟或把握，我们也说过
同样的东西——只要它们是可能的——就会'出现'。"（*Luc.* 105）
〔比较《论义务》（*Off.* II. 7）："另一些人称事物为'确定'和
'不确定'，我们也相应地遵从另外一种想法，称事物为'可能'或
'不可能'。"〕当然，观点上的分歧没有被略过，也没有被删去，而
其实被和盘托出，但显然强调了双方的共同之处。《卢库鲁斯》
（*Luc.* 105）的引文好像可以解释为，此分歧仅在于言辞和术语："你
们说的和我们说的一样。"（ea quae vos dicitis, eadem nos dicimus.）
就是说，我们说的内容相同，只是用了不同的专门术语……① 西塞
罗在《论目的》"第四卷"也做了相同的论证，大致遵循了安提奥
库的说法；例如，《论目的》（*Fin.* IV. 23）："你们一方称富裕和健
康为'善'，另一方称之为'更宜选择的事物'，只要称之为'善'
的人和视之为"更宜选择"的人都同样地坚信如此，那么这两种说
法有什么不同？"此外，还有更多的例子可以引用。② 这是西塞罗

---

① *Luc.* 141 更加强调了此类差异，其中列举了一连串独断论者所表述的同义词。

② 参见 Görler（1974，pp. 198 - 205）中对此处的引文："不是内容，而是措辞不
同"。（Non rerum sed verborum discordia.）Cp. Gawlick，Görler（1994，pp. 1043）论述
《图斯库兰辩》："本质上的共识和非本质上的异议所奠定的基调，贯穿著作始终。"（···
das Motiv vom Konsens im Wesentlichen und Dissens im Unwesentlichen ··· welches das
ganze Werk durchzieht.）

的典型风格，看来符合西塞罗的雄心壮志（不完全在开玩笑），就是"协调"（arbitrate）两个学派，以便简化哲学议题。有一处也相当有说服力："快看，我们根本上是一致的——为何要为说法不同争吵？"很难想象，阿尔克西劳或卡尔涅亚德是如何抹平与论敌之间的术语差异来战胜他们的论敌的。

我认为，还有一处反复显现的意图完全来自西塞罗。西塞罗一遍又一遍地夸赞自己作为学园派享有"自由"："……我们更加自由和无拘无束，因为仅就判断力而言全在我们自己手上"（*Luc.* 8）；"判断本身岂不自由？（quanti libertas ipsa aestimanda est?）"（*Luc.* 120）"唯此是自由的……（soli sumus liberi……，*Tusc.* V. 33）。"依我之见，没有一个希腊语可以完全表达所谓学园派的"自由"，并且这种观念也显然与他们不符合。瓦尔特·伯克特（Walter Burkert）在其有关西塞罗的著名论文①中注意到这一问题，评论称："在卡尔涅亚德看来，'自由'可能具有某种更基本的含义：他抵制了斯多亚学派关于世界必然性的激进理论。"（Bei Karneades dürfte die "Freiheit" einen grundsätzlicheren Sinn gehabt haben：er bekampft in der Theorie aufs scharfste die stoische Lehre von der Notwendigkeit im Weltgeschehen.）但是，这里却解释不通，因为自由意志是一个与此完全不同的问题。当西塞罗提到他作为学园派的"自由"（libertas），其中或许有三种含义。第一种意思，他几乎不可能想到：他被卡尔涅亚德授予了某种"豁免权"，因而他便用不着从不间断地

---

① 参见 Burkert（1965），esp. p. 192。

履行"存疑"的义务。第二种意思还有些可信：西塞罗不再想涉足任何一种学说或学派："其言论自由（tua libertas disserendi）"（*Leg.* Ⅰ.36）；"……我们的学园派最大限度地允许"（nobis…nostra Academia magnam licentiam dat）（*Tusc.* Ⅴ.33；*Off.* Ⅲ.20）；"观点自由……没有律法的钳制（iudicia Iibera…nullis legibus adstricti）"（*Tusc.* Ⅳ.7）。由此，这种"不忠诚"可能会生发出一种始终如一的怀疑态度：凡是自由地拒绝任何一个学说的人也可能会一概拒绝，于是坚持完全的"存疑"。从《卢库鲁斯》（*Luc.* 66，以及其他多段文字）来看，这显然不是西塞罗所想的"自由"。他并非在任何"消极"的意义上（"不受约束"①）表达"自由"。与之相反，它表示第三种意思，就是说西塞罗在积极的意义上设想"自由"：他可以自由地持有意见，最大限度地构思宏伟蓝图。西塞罗哲学著作的每一位读者都知道他心中的主题是神，不生不灭的灵魂，行动的自由之境，德性的至臻境界，人类的完满归宿。

五

最后，我们转向对话的结尾。当西塞罗结束了自己的对话，一小段闲谈紧随其后：卢库鲁斯展望进一步的讨论，霍腾西乌斯最后一语双关，剩下的就是卡图鲁斯评论西塞罗的发言，并总结道：

---

① 参阅《牛津简明英语词典》（*Concise Oxford Dictionary of Current English*，第4版，1951）相关词条的解释"1"。

"我将回到我父亲的观点上去……就是说，没有什么东西可被理解，但智慧的人会赞同那些没有被理解的东西，因而持有意见：当然，如此一来，他就知道这是一个意见，也会意识到没有什么东西可被理解。"（不幸的是，后续的句子几经易稿而残损，已经无法理解其本意，但卡图鲁斯所要表达的意思，大体上不会引起怀疑。）① 西

① 即"因此，虽然我不会认可普遍'epokhê'（存疑）的法则，而学园派的其他观点，如'无物可知'，我会断然同意"。（＊pert＊ epochen illam omnium rerum comprobans ＊illi alterit＊ sententiae nihil esse quod percipi possit vehementer adsentior.）其中的"per"可以修正为"quare（因此）"（Manutius）或"ergo（因而）"（Schäublin），但仍存有难以解释的地方。文中有相互抵牾之处，（前边不远处）承认"圣贤会赞同不可理解的东西而持有意见"，之后又称"认同"（approval）普遍的存疑；因而我们可以尝试接受马兹维的猜测，即"non probans"（并非认同），即戴维斯（Davies）的"improbans"（不认同）。不过，"comprobans"也许更合理："epochen illam"似乎指向前面的段落，很可能就是"Luc. 104"："据说，智慧之人搁置赞同有两个意思：一个是，他完全不赞同任何命题；另一个是，他甚至克制自己回答问题……"（dupliciter dici adsensus sustinere sapientem, uno modo, cum hoc intellegatur, omnino eum rei nulli adsentiri, altero…）"搁置"的第一层（较强的）含义就是，"完全不赞同任何东西"；第二层（较弱的）意思则允许例外（屈从"或然的"印象）。在"Luc. 104"，西塞罗接受这两种含义（"alterum placere…, alterum tenere…"；有评论者正确地指出，这两个动词分别表示"理论"和"实践"），因而卡图鲁斯在"Luc. 148"可能诉诸两种意义的"存疑"，并接受或然的意见。事实上，"Luc. 104"中所承认的较弱意义上的"存疑"明显不能作"赞同"（assent），而应称为"认同"（approbare）或者"跟随或然性"（sequi probabilitatem）。但是，在其他地方，该术语总体上不会如此严格，即区分出"存疑"狭义的（较强的）和广义的（较弱的）用法，并以此来应用"赞同"。那么，如何理解卡尔涅亚德毫无例外地坚持"不可理解"的观点，而他"有时"训诫圣贤会"赞同"不可理解的东西（Luc. 67, cp. 148）？另注意，塞克斯都也时常称学园派"赞同"（sugkatatithesthai）"或然的"印象。此外，我们也不应该过分看重"Luc. 148"中的专门用法：卢库鲁斯使用的认识论动词似乎有些过度，如"putare"（认为）"adsentiri"（赞同）"percipere"（感知）"opinari"（觉得）"existumare"（考虑）"intellegere"（辨识）"opinari"（感到）"scire"（认识）"comprehendere"（理解）"comprobare"（认可）和"vehementer adsentiri"（赞成）。因为他及其作者（西塞罗）的对话都接近尾声，因而言谈之中或带有些

塞罗随即说："因此，我洗耳恭听，定然是不可忽视的观点（nec eam admodum aspernor）。"这听起来言不由衷，也不是完完全全的赞同。就是完全赞同了？或许仅是西塞罗的反讽？① 至关重要的是，如何看待西塞罗最后的陈述，尤其是他此时已经卸下发言人的角色。但是，这里尚无定论，相关的讨论也不可能继续。我自己的建议是，西塞罗是真心实意的，此观点可以得到《卢库鲁斯》（*Luc.* 66）中其个人自白的证明，即"〈我本身不是那种〉……永远不持有意见……永远不做赞同的人；尽管如此，我却不理解它们，因为我认为无物可以理解"。（magnus……sum opinator，……adsentior；nec percipio tamen，nihil enim arbitror posse percipi.）这大致上等同于这种认识论立场：只要一个人明白确定性绝不可实现，那么他"持有意见"（opining）没错。不过，此处仍存在某种显著差

（接上页）许诙谐的意味。比如，"epochen *comprobans*"（认可存疑）和"sententiae……*adsentior*"（赞同命题）之间在哲学中没有差别；"*sciat*……nihil esse quod comprehendi……possit"（知道……没有什么是可理解的）和"sententiae nihil esse quod percipi *possit* vehementer *adsentior*"（赞同没有什么是可理解的命题）之间的意思也没有区别。真正的困难是，"illi alteri sententiae"（另一个命题）则表明这与之前的内容（即"epoche ilia omnium rerum"）有所不同。但并非如此，前后两个观点都是"较强的"和更为正统的含义。Schäublin（1995）把"nihil esse quod percipi possit"和"altera sententia"（另一个命题）都归为一类，表示"*Luc.* 104"中的第二层含义，另见 Schäublin（1993），pp. 163 f.。另外，若"illi alteri sententiae"没得到进一步的解释，则几乎不能确定原文就是如此；由此，我们不易弄清楚为何要以谬言代替正解。

① 注意，在 *Luc.* 123 中，西塞罗也用相同的方式（"不会忽视"）表达自己的态度，如那里"很不可能"存在"抵足人"（antipodes），"他们的足迹与我们的相对"（qui adversis vestigiis stent contra nostra vestigia）。这种反语（litotes）显得彬彬有礼。这也符合西塞罗对"独断"（pertinacia）常有的贬斥，参见 Reid（1885，p. 156 f.）中对 *Ac.* Ⅰ. 41 的论述。参见本文"二"后半部分论（斯多亚学派的）傲慢和"不赞成"（invidia）。

异：西塞罗在《卢库鲁斯》（*Luc.* 66）提到他本人并非"智慧之人"，而实则与圣贤相反；卡图鲁斯认为，智慧之人会屈从意见。他的父亲告诉他这是卡尔涅亚德的观点；我们从西塞罗的演说中得知，这确实如此——但是，关于这位大师的学说，有两个流行的解释，其中仅有一个是对的，有一个来自梅特罗多洛和菲洛（*Luc.* 59，67，112）；另一方面，克利托马库否认卡尔涅亚德做出过这类让步（*Luc.* 78，104，108）。西塞罗在演说中赞成克利托马库更为严格的解读（*Luc.* 78，108）。由此，如果他是"真心实意的"，那么他就会接受梅特罗多洛的观点，因而采取进一步的行动。正是这个原因，他的"赞同"才有些许保留。

但是，这不是最重要的，并且如果就此便说西塞罗的个人立场徘徊于克利托马库和梅特罗多洛关于同一位大师解释，那么这会产生误解。西塞罗所谓的"持有意见"有不同的特征："我不会让小熊星座，也即北极星引导我的思想……而是大熊星座和灿烂的北斗七星（Septentriones），也即被宽泛便利的原则引领，而非精细狭窄几近于无的原则。其结果是我可以驰骋，可以徘徊有余……"其言辞之中洋溢着自豪。西塞罗的证明理由当然是，他毫无偏差地明白自己的所作所为（*Luc.* 66，148）；并且，如我们所见，这类证明理由事实上卡尔涅亚德和其他人都认可。不过，我们也许想知道（"克利托马库的"或"梅特罗多洛的"）卡尔涅亚德是否会赞成西塞罗观点中有些真知正见，是否会满意他对怀疑论的猜想。①

① 以上相关内容很大程度上受惠于马尔科姆·斯科菲尔德和本次研讨会的其他参会者的批评指正；我向斯科菲尔德表示感谢，也感激英伍德（Brad Inwood）帮我完善英语表达。

参考文献

Burkert, W. , "Cicero als Platoniker und als Skeptiker", *Gymna-sium*72 (1965), pp. 175 – 200.

Gawlick, G. and Görler, W. , *Cicero*, in H. Flashar, ed. , *Die Philo-sophic der Antike*, Bd. 4: *Die Hellenistische Philosophie* (Basel, 1994), pp. 991 – 1168.

Glucker, J. , "Probabile, veri simile, and related terms", in. J. G. F. Powell, ed. , *Cicero the Philosopher* (Oxford, 1995), pp. 115 – 143.

Görler, W. , "Älterer Pyrrhonismus, Jüngere Akademie, Anti-ochos aus Askalon", in H. Flashar, ed. , *Die Philosophie der Antike*, Bd. 4: *Die Hellenistische Philosophie* (Basel, 1994), pp. 717 – 989.

Görler, W. , "Cicero und die 'Schule des Aristoteles", in W. W. For-tenbaugh and P. Steinmetz, eds. , *Cicero's Knowledge of the Peri-patos* (New Brunswick/London, 1989), pp. 246 – 263.

Görler, W. , *Untersuchungen zu Ciceros Philosophie* (Heidel-berg, 1974).

Kühner, R. ed. & illustr. , M. Tullii Ciceronis *Tusculanarum Dis-putationum libri quinque* (Jena, 1835).

Leumann, M. , J. B. , Hofmann and Szantyr, A. , *Lateinische*

Grammatik, Vol. 2 (Munich, 1965).

Long, A. A. and Sedley, D. N. *The Hellenistic Philosophers*, 2 Vols. (Cambridge, 1987 and later repr.)

Nutting, H. C. "The indefinite first singular", *American Journal of Philology* 45 (1924), pp. 377 - 379.

Rackham, H. ed. &. transl. , Cicero *De Natura Deorum. Academica* (London/Cambridge, 1933 and later repr.)

Ruch, M. "La disputatio in utramque partem dans le 'Lucullus' et ses fondements philosophiques", *Revue des Etudes Latines* 47 (1969), pp. 310 - 335.

Schäublin, Chr. , "Kritisches und Exegetisches zu Ciceros *Lucullus* Ⅱ", *Museum Helveticum* 50 (1993), pp. 158 - 169.

Schäublin, Chr. , Marcus Tullius Cicero: *Akademische Abhandlungen. Lucullus.* Lateinisch-deutsch, Text u. âb. v. Chr. Schäublin, Einl. v. A. Graeser u. Chr. Schäublin, Anm. v. A. , Bächli u. A. Graeser (Hamburg, 1995).

附录 V：人名对照表

Accius 阿克奇乌斯

Aelius 埃里乌斯

Aenesidemus 埃奈西德谟

Aeschines 埃斯基涅斯

Aeschylus 埃斯库罗斯

Africanus 阿非利加努斯

Ajax 阿亚克斯

Albinus 阿尔比努斯

Alcmaeon 阿尔克迈翁

Alexander 亚历山大

Alexinus 亚历克西努斯

Amafinius 阿玛菲尼乌斯

Anaxagoras 阿那克萨戈拉

Anaximander 阿那克西曼德

Anaximenes 阿那克西美尼

Andromacha 安德洛玛刻

Antiochus 安提奥库

Antiopa 安提奥帕

Antipater 安提帕特

Apollo 阿波罗

Aratus 阿拉图斯

Arcesilaus 阿尔克西劳

Archidemus 阿基德慕斯

Archimedes 阿基米德

Aristippus 阿里斯底波

Aristo 阿里斯托

Aristo of Chios 希俄斯的阿里斯托

Aristotle 亚里士多德

Aristus 阿里斯图

Athenaeus 亚特耐乌斯

Atticus 阿提卡

Avianius 阿维亚努斯

Brutus 布鲁图斯

Calliphon 卡利丰

Carneades 卡尔涅亚德

Cassius 卡西乌斯

Cato 加图

Catulus 卡图鲁斯

Censorinus 肯索里努斯

Charmadas 查马达斯

Chrysippus 克律西波

Cicero 西塞罗

Cleanthes 克莱安塞

Clitomachus 克利托马库

Cotta 科塔

Crantor 克冉托尔

Crassus 克拉苏

Crates 克拉底

Dardanus 达达努斯

Democritus 德谟克利特

Demosthenes 德摩斯梯尼

Diana 黛安娜

Dicaearchus 狄凯阿科斯

Dio 狄奥

Diodorus 狄奥多罗斯

Diodorus（Cronos）狄奥多罗斯（克洛诺斯）

Diodotus 狄奥多图斯

Diogenes 第欧根尼

Dionysius 狄奥尼修斯

Empedocles 恩培多克勒

Empiricists 恩披里柯派

Ennius 恩尼乌斯

Epicharmus 埃庇卡摩斯

Epicurus 伊壁鸠鲁

Eretrians 埃里特里安

Erillus 埃里鲁斯

Euclides 欧克利德

Euripides 欧里庇得斯

Eurystheus 欧律斯透斯

Evandrus 艾文德鲁斯

Fannius 法尼乌斯

Flaminius 弗拉密纽斯

Galba 伽尔巴

Geminus 格密努斯

Gellius 格留斯

Gracchus 格拉古

Hagnon 哈格农

Hegesinus 赫格西努斯

Heraclitus 赫拉克利特

Hercules 赫拉克勒斯

Hermarchus 赫马丘斯

Hicetas 希塞塔斯

Hieronymus 希罗尼穆斯

Homer 荷马

Hortensius 霍腾西乌斯

Hyperides 希佩里德斯

Iliona 伊欧娜

Lacydes 拉塞德

Leucippus 留基波

Libo 利波

Lucilius 路西律斯

Lucullus 卢库鲁斯

Lycurgus 来库古

Lysippus 利西普斯

Manilius 马尼留斯

Marcellus 马塞卢斯

Marius 马略

Melanthius 墨兰提乌斯

Melissus 麦里梭

Menedemus 美涅德谟

Menippus 梅尼普斯

Metrodorus 梅特罗多洛

Minerva 密涅瓦

Mithridates 米特拉达梯

Mnesarchus 姆涅撒库斯

Murena 米洛

Myrmecides 密尔梅西德

Neptune 尼普顿

Numenius 努门尼乌斯

Pacuvius 巴库维乌斯

Panaetius 帕奈提乌

Parmenides 巴门尼德

Penelope 珀涅罗珀

Phidias 菲迪亚斯

Philo 菲洛

Phaedrus 斐德罗

Plato 柏拉图

Polemo 波莱谟

Polyaenus 波利艾努斯

Polyclitus 波里克利特

Polydorus 波里多罗

Pompeius 庞培

Protagoras 普罗泰戈拉

Pyrrho 皮浪

Rabirius 拉比里乌斯

Rogus 罗古斯

Saturninus 萨图尼努斯

Scaevola 斯凯沃拉

Scipio 西庇阿

Selius 塞留斯

Servilius 塞尔维利乌斯

Simonides 西摩尼得斯

Siron 希隆

Socrates 苏格拉底

Solon 梭伦

Sophocles 索福克勒斯

Speusippus 斯彪西波

Stilpo 斯提尔波

Strato 斯特拉图

Thales 泰勒斯

Themistocles 特米斯托克利

Theophrastus 第奥弗拉斯特

Timagoras 提玛戈拉斯

Tubero 图贝罗

Tuditanus 图迪塔努斯

Ulysses 尤利西斯

Valerius 瓦列里乌斯

Varro 瓦罗

Xenocrates 色诺克拉底

Xenophanes 色诺芬尼

Zeno 芝诺

Zeuxis 宙克西斯

附录Ⅵ：拉丁文-希腊文-英文-中文术语对照表①

拉丁文	希腊文	英文	中文
accommodatum ad naturam（2.38）	*oikeion*	suited to its nature	亲缘
adsensio（2.37）	*sunkatathesis*	assent	赞同（参见"认同"）
aestimatio minor（1.37）	*apaxia*	disvalue	价值小
aestimatio（1.37）	*axia*	value	有价值
animus（2.21）	*psukhê，hêgêmonikon*	mind	心灵，灵魂（与"身体"相对）
appetitio（2.24）	*hormê*	impulse	内驱力

① 根据 Charles Brittain 版《论学园派》（*On Academic Scepticism*，2006，pp.138－142）整理。本表中的拉丁文术语主要为西塞罗在文中所使用，并标出相应的希腊文、英文和中文。其中，希腊文术语"加粗"，表示该词在正文中直接使用或明显相关，而其余的词则依据斯多亚学派常用的相关术语标识。此外，括号中的术语表示该词的相关性尚不确定，如"（*orekton*）"、"［expetendum］"。

续表

拉丁文	希腊文	英文	中文
approbatio（2.37，2.104）	*sunkatathesis*	approval	认同（参见"赞同"）
（ap）probare（2.104）	*peithesthai*	approve	赞成
argumenti conclusio（2.26）	*apodeixis*	proof	证明
argumentum（2.36）	*tekmêrion*	evidence	证据
ars（2.20）	*tekhnê*	skill	技艺、技能
ars（2.22）	*tekhnê*	systematic art	技艺系统（学问）
artificium（2.30）	*tekhnê*	artistry	匠心
beata vita（2.134）	*eudaimonia*	happy life	幸福
bonum（2.129）	*agathon*	good	善
circumspectio（2.36）	*diexhodeuein*	examination	考察
clarus（2.17）	*dêlos，enargês，tranês*	clear	清楚的
cognitum（2.18）	*katalêptos*	known	被认识的
cogitatio（2.48）	*phantastikon，phantasma*	imagination	幻想，想象
cognitio（1.15，2.129）		knowledge	认识
communis（2.33）	*koinos，aparallakton*	shared	共有（真和假）；既真又假
comprehendible（1.41）	*katalêpton*	apprehensible	可理解的，能被理解的
comprehension，perceptio（2.17）	*katalêpsis*	apprehension	理解（参见"把握"和"认识"）
comprehensio（2.17）	*katalêpsis*	grasp	把握（参见"理解"）
congnitio（1.15，2.129）		knowledge	认识（参见"理解"）

续表

拉丁文	希腊文	英文	中文
coniectura（2.42）	（*stokhasmos/epilogismos*）	inductive inference	归纳
consuetudo（omnis, 2.42）	*sunêtheia*	experience (ordinary)	（生活）经验
cupiditas（2.135）	*epithumia*	appetitive desire	欲望
dissimulatio, ironia（2.15, 2.74）	*eirôneia*	dissimulation（"irony"）	伪装，反讽
decretum（2.27）	*dogma*	principle（philosophical）	教条
effectio（1.6），efficiens（1.24）	*poiêtikos dunamis*	active（cause）	动力因；能动的
effictum（2.18, 2.77）	*ena potetu pômenon*	molded	塑形
elementum（1.26）	*stoikheion*	element	元素
enuntire, effatum（2.95）	*axiôma*	assertible	命题
error（1.42, 2.66）	*hamartia*	error	错误，偏差
evidens（2.18）	*enarges*	evident	明显的
evidentia（2.17）	*enargeia*	plain evidence	明显的证据（参见"明晰"）
exercitatio（2.20）	（*empeiria, askêsis*）	practice	训练
［expetendum］（2.29）	（*orekton*）	appetition	欲求
explicatio verborum（1.32）	*etumologia*	etymology	词源学
extremum（2.29）	*telos*	goal	目标
fallaces conclusiunculae（2.75）	*sophismata*	sophism	诡辩
fatum（2.126）	*heimarmenê*	fate	命运
firmitas（2.66）	*aneikaiotês*	strength of mind	定力

续表

拉丁文	希腊文	英文	中文
firmus（2.43）	*bebaios*	stable	稳固的
finis（bonorum）（1.19，1.22，2.29）	*telos*	end（ethical）	（道德）目的
forma（2.58）	*eidos*	form	形式
genus（2.50）	*genos*，*eidos*	kind	类
honestum（2.71）	*kalon*	honourable	高尚
imbecillus（1.41）	*asthenês*	weak	弱的，不牢靠的
immutabilis（2.23）	*ametaptôpton*	immutable	不变的
impedire（2.33）	*perispan*	impede	干扰
［impedire］（2.33）	*aperispaston*	unimpeded	未受干扰的
impressum（2.18）	*enapesphragis-menon*	stamped	压印
inane（2.125）	*kenon*	void	虚空
inanis（2.34）	*diakenos*	vacuous	空洞的
incertum（2.54）	*adêlon*	unclear	晦暗的
incognitum（2.18）	*akatalêptos*	unknown	不可认识的
iudicium（2.18）	*kritêrion*	criterion	标准
iudicium（2.19）	*krisis*	judgment	判断
infinitum（2.118）	*apeiron*	indeterminate	无定形，阿派朗
ingenium（2.1）	（*nous*）	intellect	才识，才智
insignis（2.101）		peculiar	特殊的
in nostra potestate（2.37）	*eph'hêmin*	（in our）control	自主的
inscientia（1.41），ignorantia（1.42）	*agnoia*，*aphrosunê*	ignorance	无知
intellegentia（2.18）	（*kritikos*）	critical ability	辨别力
intellegentia animalis（2.119）	（*noeros*）	intelligence（living）	灵气
materia（1.24）	*hulê*，*ousia*	matter	质料

续表

拉丁文	希腊文	英文	中文
mens（1.29，2.34）	*dianoia*	intelligence	意识，思想（与"感觉"相对）
mens（2.30）	*dianoia*	mind	心灵，意识（与"感觉"相对）
mirabilia（2.136）	*paradoxa*	paradox	悖论
mores（1.19）	*diathesis*	disposition	倾向
mundus（1.28）	*kosmos*	world	世界
［non movere］（2.130）	*adiaphoria*	indifference	无分别
［non sentire］（2.130）	*apatheia*	insensibility	不动心
norma（2.140）	*kanôn*	canon	法则（参见"规定"）
nota（2.33）	（*idiôma*）	mark	标志
notio（2.85）		marking	标示
notitia（2.21-22）	*ennoia*	conception	概念
notitia（2.30）	*prolêpsis*	preconception	前识，先存概念
nullum（2.36）	*anhuparkton*	nonexistent	不存在的
［obstare］（2.19）	*enstêma*	obstacle	阻碍
officum（1.37）	*kathêkon*	appropriate action	恰当之举，适宜行为
opinio（2.59）	*doxa*	opinion	意见
oratio accurata（2.44）		formal argument	形式论证
percipere［comprehendere］（2.17）	*katalambanein*	apprehend	理解
perceptio，comprehensio（2.17）	*katalêpsis*	apprehension	理解
permotio（1.38）	*pathos*	emotion	情感，情绪
perspicuitas（2.17）	*enargeia*	perspicuity	明晰
praeposita（1.37）	*proêgmena*	preferred（indifferents）	优先选择的（中性事物）

续表

拉丁文	希腊文	英文	中文
principium（2.117）	*arkhê*	principle（first）	本原
probabile（2.32）	*pithanon（eulogon* 2.100）	persuasive	有说服力的，可信的，或然的
［procurans］（1.29）	*pronoia*	providence	神意
proprietas（singular, 2.56）	*idiotês*	property（individual）	个性
proprium（2.43）	*idion*	distinctive	区分
qualitas（1.24）	*poiotês*	quality	质
quae percipi posse（2.17）	*katalêptikos*	apprehensible	可理解的
［quae percipi non posse］（2.18）	*akatalêpton*	inapprehensible	不可理解的
quiescere（2.93）	*hêzukhazein*	come to rest	休止
quod est（2.77）	*huparkhon*	what is	是什么
ratio（2.26）	*logos*	reason	理性
recte factum（1.37）	*katorthôma*	right action	正确行为
regula（2.32）	*kanôn，kritêrion*	rule	规则，规定
reiecta（1.37）	*apoproêgmena*	dispreferred indifferents	可排斥的（中性事物）
res prima（1.22，2.131）	*prôton*	primary object	基本事物
retentio（2.59）	*epokhê*	suspension（of assent）	存疑，搁置赞同
stabilis（2.23）	*asphalês*	secure	可靠的
sapiens（2.27）	*phronimos*	wise（person）	智慧（之人）
sapientia（2.23）	*phronêsis*	wisdom	智慧
scientia（2.23）	*epistêmê*	scientific knowledge	知识
scire（1.45，2.14）	*eidenai，katalambanein*	know	知，认识
sensus（1.41，2.108）	*aisthêsis*	perception	感觉，感知

续表

拉丁文	希腊文	英文	中文
signatum（2.18）	*enapomemag-menon*	impressed	印刻
signari（2.71）		imprint	印，呈现
signum（2.36）	*sêmeion*	sign	记号
species（1.30，cf. 2.52）	*idea*	Form，look	形式、理念；样子
sustinere（2.48）	*epekhein*	restrain	克制（参见"存疑"）
sustinere（adsensiones，2.104）	*epekhein*	suspend assent	搁置（赞同）
temeritas（1.42，2.66）	*propeteia*	rashness	鲁莽
turpis（1.45）	*aiskhros*	shameful	可耻的
usus（2.22）	*empeiria*	experience	经验
visum（1.40，2.18）[（ea quae）videri]	*phantasia*	impression	印象，表象
voluptas（2.138）	*hêdonê*	pleasure	快乐
vis（1.24）	*dunamis*	power	力量
veri simile（2.32）	*eikos*	truth-like	似真的
vitium（2.39）	*kakia*	vice	恶
virtus（2.1）	*aretê*	virtue	才华，德性
voluntarium（1.39）	*hekousion*	voluntary	自愿的，自主的

索　引

2.22；行动2.25；不可能2.50；德谟克利特的世界不可能存在2.55 - 56。学园派：即使客体有分别，印象仍然不可区分2.40，2.85。

不清楚、晦暗（*adēla*，unclear or obscure）斯多亚学派：（一些）学园派让一切事物都不清楚2.32，2.54。学园派：将其与"不可理解"分开2.32；克律西波在连锁论证中不做赞同2.94；学园派没让一切事物都暗昧不明2.110。

不受痛苦（freedom from pain）作为道德目的（希罗尼穆斯）2.131；伴随快乐（狄奥多洛斯）2.131；遭到克律西波批评2.138。

不一致（inconsistency of）学园派：坚持原则上的2.29，2.109；论证上的2.44；声称清醒和糊涂的印象之间区别时2.53。安提奥库：论证或反驳学园派观点2.69；拥护老学园派，又追随斯多亚学派2.113，2.132，2.137，2.143。安提帕特：论证"无物可知"是可理解的2.28，2.109。卡尔涅亚德：论存疑时2.59。西塞罗：政

治生活和学园派观点之间2.62 - 63。菲洛：声称真假印象无区别前已经预设二者的差别2.111。

布鲁图斯（安提奥库派）1.12

C

查马达斯（Charmadas，学园派）2.16

词源学（*etumologian*，etymology）老学园派的应用1.32

存疑、搁置赞同（suspension of assent）斯多亚学派：普遍的存疑，则生活不可能2.38；则行动不可能2.25，2.38 - 39，2.62；智慧之人克制自己在疯癫状态赞同2.53。学园派：普遍存疑2.59，2.78；菲洛和梅特罗多洛拒绝普遍存疑2.78，卡图鲁斯拒绝2.148；阿尔克西劳比卡尔涅亚德更融贯2.59，2.78；普遍存疑免于鲁莽2.68；普遍存疑紧随不可理解2.78，2.101；克律西波在连锁中不做赞同2.94；两类存疑（克利托马库）2.104；普遍存疑有可能2.107；普遍存疑不会让行动不可能2.108；智慧之人能够对任何断言存疑2.107；阿尔克西劳针

并非唯一的善（安提奥库）2.135；
空名（伊壁鸠鲁派）2.71，2.140，
1.7。作为道德目的：唯一的（斯
多亚学派）2.131；伴随无痛苦
（狄奥多罗斯）2.131；并与自然相
符合（老学园派、漫步派和安提
奥库）2.131，1.22；伴随快乐
（卡利丰）2.131，2.138-139；争
议 2.138-140。

格拉古（Gracchus，公元前 133 年任
保民官）2.13，2.14

格密努斯（Geminus）参见"塞尔维
里乌斯"（Servilius）。

个体的种类（individual kind）万物有
其类（斯多亚学派）2.50，2.54，
2.85；个性（斯多亚学派）2.56。

归纳（inductive inference）不是理解的
来源 2.42；技艺仅使用归纳 2.107；
有别于几何学的证明 2.116。

规则（rule）参见"标准"（criteri-
on）。行动的：有说服力的印象
（学园派）2.32（cf. 2.104）；快乐
（伊壁鸠鲁派）2.140。真与假的：
2.29；有说服力的印象（学园派）
2.32（cf. 2.104）；仅为真而不可

能为假（斯多亚学派）2.58。

诡辩（sophism）会干扰"清楚"
2.45-46。另见"悖论"（para-
dox）。

诡辩家（dialecticians）使用"诡辩"
2.75，2.98；收取费用 2.98。

H

哈格农（Hagnon，学园派，卡尔涅
亚德的学生）2.16 n.

合取（conjunction）由辩证法所判
断 2.91

荷马（Homer）2.51

赫格西努斯（Hegesinus，学园
派）2.16

赫拉克勒斯（Hercules）2.89，2.108

赫拉克利特（Heraclitus of Ephesus，
前苏格拉底哲学家）2.118

赫拉克利特（Heraclitus of Tyre，学
园派）2.11，2.12

赫马丘斯（Hermarchus，伊壁鸠鲁
派）2.97

恒常、持恒（constancy）取决于理解
2.23；生活的 2.31；赞同 2.39；智
慧之人的 2.53。

幻想（imagination）2.48；其产物不

1.41；感官可靠，因为没有省去所觉察的任何东西 1.42；本身既非善亦非恶 1.42；知识的标准和概念的来源 1.42。

理念（柏拉图的）（Form，Platonic）理智的对象 1.30；被亚里士多德破坏 1.33。

理性（reason）斯多亚学派：始于探究 2.26；作为德性而被偏好 2.26，作为智慧 2.30；克律西波的论证和反驳 2.87；正确的，蔑视快乐 2.139；完美，神（老学园派）1.29；源于概念 1.42。学园派：没有什么能为理性所理解 2.42，2.91 - 98；学生被理性引导 2.60。

理智（intellect）人类不能洞悉自然界 2.122；自然哲学的滋养 2.127；灵魂的善让理智把握德性 1.20。另见"心灵"（mind）。

理智（intelligence）心灵或意识 2.34；神的灵气 2.119，1.29。另见"心灵"（mind）。

力量（force）老学园派：本原（本性），能动的 1.24；无质料则部分聚合 1.24；通过质料产生"质化

之物"和世界 1.28。另见"原因"（cause）和"质"（quality）。

利波（Libo，L. Scribonius，公元前 34 年任执政官，庞培的岳父）1.3

利西普斯（Lysippus of Sicyon）2.85

留基波（Leucippus，前苏格拉底哲学家）2.118

卢库鲁斯（Lucullus，安提奥库派）发言 2.11 - 62（来自安提奥库 2.10，2.12）；生涯和品格 2.1 - 4；记忆 2.2；安提奥库 2.4，2.10，2.11 - 12，2.137；西塞罗 2.3，2.61 - 62；作为对话参与 2.9，2.10，2.63，2.66，2.71，2.79，2.87，2.99，2.105，2.122，2.133，2.141，2.147，2.148。

鲁莽（rashness）学园派的 2.31；有悖于智慧之人 2.66，1.42；由普遍存疑而避免 2.68；相信世界由神设计 2.87；卡尔涅亚德将其从思想中去除，功绩 2.108；赞同未知事物 2.114，赞同虚假或未知之物（意见）1.45；赞同自然哲学观点 2.120，2.128。

路西律斯（Lucilius）2.103

M

Y

2.80；漫步派也许接受 2.112 - 113；不能达致真理（柏拉图）2.142；可感客体易于形成意见（柏拉图）1.31；任何事物都流于意见（前苏格拉底哲学家）1.44。

印象（impression）使用 2.30；学园派的分类（克利托马库）2.40，2.99，（克利托马库）2.103；芝诺基于印象的认识分级 2.145；一种"感受"，与赞同相联结 1.40；就主题而言为真（普罗泰戈拉）2.142。［可理解的］：定义：芝诺的创新 2.18，2.77，2.113，1.41；被菲洛削弱 2.18；漫步派 2.112。斯多亚学派：论证、探究和理解得以可能 2.21，2.34；智慧之人能分辨可理解和不可理解的 2.67；仅由自身辨识 1.41；关涉理解，以及知识 2.145，1.41。学园派：相关条件 2.40，2.83；与不可理解印象无法区分 2.68；阿尔克西劳的反驳 2.77；仅为反驳（克利托马库）2.99，2.103；所有印象都具有同等效力 2.128。［不可理解的］：学园派：芝诺定义

下的所有印象都不可理解（菲洛）2.18；与"不清楚"有别 2.32；与可理解的印象无法区分 2.68，双胞胎例子 2.84 - 85，2.95；区别于"有说服力的印象" 2.99，2.103。斯多亚学派：智慧之人能够分辨二者 2.67；对其赞同则生意见 1.41。［"样子"］：梦中 2.52，2.58。［真理的标志］：2.33，2.36，2.58，2.69，2.84，2.85，2.101，2.103；（区分特征）2.141。［明晰的］：学园派：与可理解的印象相分别 2.39。斯多亚学派：2.38；空洞的印象不是明晰的 2.51。［有说服力的、可信的］：学园派的标准 2.32，2.35 - 36，2.59，2.104，2.110；与虚假的印象 2.47 - 58；学园派的反驳与此无关（克利托马库）2.99，2.103；若不存在则有悖于自然（克利托马库）2.99。另见："似真的"（truth-like）。［有说服力的和没有阻碍的］：卡尔涅亚德的标准 2.33，2.99；经过考察的 2.35 - 36；不可用的标准 2.59；学园派的智慧之人会受此触动而

原子（atom）德谟克利特的"本原"
2.118，1.6；臆想的元素（斯特拉
图）2.121；非存在（斯多亚学派
和安提奥库）2.125；fr.28。

月亮（moon）神（斯多亚学派）
2.119；无人居住（色诺芬尼）
2.123；静止的（希塞塔斯）2.123；
其性质无法理解 fr.6。

Z

赞同（assent）斯多亚学派：2.37 -
39；理解 2.37；为我们所掌控的
2.38，1.40；对明晰印象的 2.38；
基于赞同的记忆、概念和技艺或
学问 2.38；基于赞同的善与恶
2.39；醉酒时的微弱赞同 2.52；
智慧之人仅赞同不可能为假的真
实印象 2.57，2.59；赞同未知事
物没有意义 2.59；无赞同就无思
想或行动 2.62；通过论证达致的
确定、可靠且不可动摇的赞同
2.141；关涉印象和知识 2.145；
与印象相联结的 1.40；稳定而一
致的赞同具有德性和智慧的特征
1.42。学园派：西塞罗的赞同（而
非智慧之人的）2.66；危险的

2.68；若赞同不可理解之物则有
害 2.68，1.45；同等地赞同真假
印象 2.90；克律西波在连锁论证
中的辩护 2.94；斯多亚学派也认
为在不确定的情况下不宜赞同
2.99 - 100，2.109；两类赞同（克
利托马库）2.104；赞同可接受的
印象，其程度相当 2.128；赞同虚
假或未知事物是可耻的（阿尔克
西劳）1.45。另见："学园派的核
心论证"（Academic core argu-
ment）和"存疑"（suspension）。

占卜（divination）斯多亚学派 2.47，
2.128；帕奈提乌怀疑 2.107；西
塞罗拒绝 2.126。

哲学（philosophy）西塞罗在《霍腾
西乌斯》中的称赞 2.6，2.61；两
项主要的议题 2.29；辩证法不是
哲学的仲裁官 2.91；希腊语和拉
丁语哲学 1.3 - 11；神的馈赠 1.7。
倾向：取决于记忆 2.22；使用论
证 2.27；由实践和理性构成 1.20。

哲学术语（philosophical terminolo-
gy）1.6，1.25 - 26，fr.33。

哲学体系（philosophical system）何

译后记

西塞罗在《论学园派》中所力图阐发的观点是，颠扑不破的真理不可得，可得的仅为某种似真的东西（veri simile），而人们若要获得这种不太严格的"知识"，则需要通过一套"论辩术"的操练，思维在正反双方的论辩中得以明晰，即破除妄知妄见，获得正知正见。由此，论辩的过程也就是运思的过程，西塞罗在本书中借助各角色之口展现了这一论辩的过程，也揭示了这一运思的过程。这种"存疑"的方法论渗透在西塞罗哲学思想的方方面面，是理解其主要哲学著作的基础和线索。同时，他在本书中用拉丁语保留了大量希腊化时代的哲学思想，对后世影响深远。比如，奥古斯丁通过回应本书的论证而建立了自己的认识论，甚至文艺复兴时期的学者对古代哲学的认识大多基于本书。因此，我们将西塞罗的《论学园派》译为中文，以飨读者。

　　然而，翻译并非易事，翻译两千多年前的著作更是难上加难。首先，《论学园派》的原文是拉丁语，从现代外语译为中文尚且存在偏差，何况从其古代语言翻译。不过，我们在翻译时虽然必须保证准确可信，却又不可拘泥于一字一句。这是因为，本书是哲学著作，我们希望通过此书还原当年思想之交锋，从而丰富我们思想中的"批判性"，而不是补充我们自身的语言或表达，就像当时西塞罗那代知识分子谨慎地引入或转译希腊语那样：我们的语言足以表达思想！

　　其次，本书是哲学著作，其中多有专业术语，是我们自己的语言所不具备的。例如，新学园派的"*epokhē*"和斯多亚学派的"*katalēptika phantasia*"。前者表示理性判断的暂时停顿，但非停止，是一种新判断、新思想的"预备"。一般根据英语将之译为"悬搁判断"（suspension of judgment），但我们则译为"存疑"，意为"存而不论，疑而不断"。后者具有多义性，依据不同的侧重，可将其中的"*katalēptika*"译为"把握""领悟""理解"等，"把握"是主体通过自身的智识获取对象及其表象的真相，"领悟"是主体面对真实地反映对象的表象所达致的一种自然而然的赞同，"理解"是对所谓"可理解的印象"的赞同所构成的关于对象的认知；"*phantasia*"可译为"印象"和"表象"。我们一般将它的译名确定为"可理解的印象"（根据文本的需要，也译为其他名称，详见正文），主要为了揭示它作为"知识"或"真理"之标准的本质，也表明它具有直观对象的特征，并暗含某种主体认知的因素，从而凸显其所表征的"对象-主体-印象"之间的三元关系。

最后，由于本书原文已残损（现存此书首版中的《卢库鲁斯》和次版中的《瓦罗》），若是艺术品，尚可如断臂的维纳斯那样具有不完美之美，但它毕竟是哲学著作，残缺就意味着思想的"抛锚"。因此，为了读者尽可能地把握本书全貌，我们选译了较为详实的相关材料。例如，两位外国专家撰写的两篇论文：一篇是对西塞罗写作此书的动机或目的的解读，也交代了相关的版本信息；另一篇诠释西塞罗在《卢库鲁斯》中的哲学立场。此外，我们提供了古代哲人对"新学园派"的评论，有第欧根尼的《名哲言行录》和塞克斯都的《皮浪学说概要》与《反学问家》中的相关选段。需要注意的是，其中的《真理的标准：从"老学园派"到"新学园派"》一篇是了解古代认识论，特别是梳理柏拉图认识论在希腊化时代之流变的主要资料。我们还根据相关资料整理了人名、术语对照表和索引，以方便读者有针对性地理解本书。

我们的译文和注释的依据有：其一，Rackham 版《论学园派》（*Academica*，1933）中的拉丁语原文；其二，Brittain 版《论学园派》（*On Academic Scepticism*，2006）中的英语译文和其中大量的研究性注释。翻译工作由崔延强教授和张鹏举负责，具体分工如下：崔教授提出"清通可读"的翻译原则，确定了文中重要术语的中译，翻译了其中的关键段落，即 *Ac.* 1.15 - 24，26，28 - 46；2.7 - 9，18，21 - 31，37 - 42，44，59 - 60，66 - 68，76 - 78，83，85，95 - 105，108，145，以及"附录Ⅲ"，即第欧根尼的《名哲言行录》和塞克斯都的《反学问家》与《皮浪学说概要》中的重要资料；张鹏举翻译了正文的其余部分，以及"附录Ⅰ""附录Ⅱ"和"附录

Ⅳ",并整理了"附录Ⅴ""附录Ⅵ"和索引。需要强调的是,对于原文中所涉及的重要概念,我们都标注了其古希腊语或拉丁语原文,希腊语用斜体的拉丁字母表示,拉丁语则使用正体。在此,感谢中国人民大学出版社的编审杨宗元女士和编辑凌金良的严谨校对工作,让这部译著所蕴含的哲思能在中文表达的合理尺度内传递给读者。翻译西塞罗的著作并非轻而易举,其思想跨越古希腊和拉丁两大文化,其思想之对立与融通不可能不反映到文字上。因此,我们的译文中或有不妥之处,望方家不吝赐教。我们的翻译绝不会止步,会永远在路上。先哲提出的"存疑",所倡扬的正是观点的多样性、事情的可能性和生活的丰富性。不可因一言而废多语,不可尊一家而弃多家,百家争鸣,兼收并蓄,是为治学之大道。而在生活上,正如希腊化哲学追求"宁静"一般,就是不受妄见的束缚,回归生活的本真,即"自由"。我们想,哲学正是自由的学问,而翻译则是提供了千千万万种实现自由的法门!

崔延强　张鹏举

辛丑年六月廿八日

重庆　西南大学

图书在版编目（CIP）数据

论学园派 /（古罗马）马库斯·图留斯·西塞罗著；
崔延强，张鹏举译. --北京：中国人民大学出版社，
2022.8
（西塞罗哲学文集/崔延强主编）
ISBN 978-7-300-30885-2

Ⅰ.①论… Ⅱ.①马… ②崔… ③张… Ⅲ.①西塞罗
（Cicero Marcus Tullius 前 106—前 43 年）-哲学思想
Ⅳ.①B502.42

中国版本图书馆 CIP 数据核字（2022）第 139216 号

西塞罗哲学文集
崔延强　主编
论学园派
［古罗马］马库斯·图留斯·西塞罗（Marcus Tullius Cicero）　著
崔延强　张鹏举　译
Lun Xueyuanpai

出版发行	中国人民大学出版社			
社　　址	北京中关村大街 31 号	**邮政编码**	100080	
电　　话	010 - 62511242（总编室）	010 - 62511770（质管部）		
	010 - 82501766（邮购部）	010 - 62514148（门市部）		
	010 - 62515195（发行公司）	010 - 62515275（盗版举报）		
网　　址	http://www.crup.com.cn			
经　　销	新华书店			
印　　刷	涿州市星河印刷有限公司			
规　　格	148 mm×210 mm　32 开本	**版　次**	2022 年 8 月第 1 版	
印　　张	11.5 插页 4	**印　次**	2022 年 8 月第 1 次印刷	
字　　数	242 000	**定　价**	78.00 元